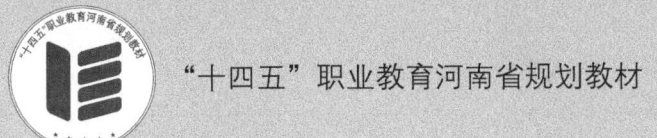

建设法规
CONSTRUCTION LAW

主　编　赵光磊　吴　琪
副主编　曹　鸽　康金华
参　编　刘志刚　王健健

河南大学出版社
HENAN UNIVERSITY PRESS
·郑州·

图书在版编目(CIP)数据

建设法规 / 赵光磊,吴琪主编. -- 郑州：河南大学出版社,2023.12(2025.8重印)
ISBN 978-7-5649-5703-2

Ⅰ.①建… Ⅱ.①赵… ②吴… Ⅲ.①建筑法－中国－高等职业教育－教材 Ⅳ.①D922.297

中国国家版本馆 CIP 数据核字(2023)第 237726 号

建设法规
JIANSHE FAGUI

策　　划	孔令刚　阮林要
责任编辑	郑华峰　时　娇
责任校对	林方丽
装帧设计	高枫叶

出版发行	河南大学出版社
	地址:郑州市郑东新区商务外环中华大厦 2401 号
	邮编:450046
	电话:0371-86059715(高等教育与职业教育出版分社)
	0371-86059701(营销部)
	网址:hupress.henu.edu.cn
排　　版	郑州市今日文教印制有限公司
印　　刷	郑州尚品数码快印有限公司
版　　次	2023 年 12 月第 1 版　　印　次　2025 年 8 月第 2 次印刷
开　　本	787 mm×1092 mm　1/16　　印　张　17
字　　数	432 千字　　　　　　　　　定　价　49.00 元

(本书如有印装质量问题,请与河南大学出版社营销部联系调换。)

前　言

　　建设工程项目投资额巨大,建设周期长,与国民经济和人民生命财产安全休戚相关,因此工程建设在国民经济中的地位举足轻重。社会主义市场经济是法治经济,要求一切经济活动必须依法进行,建设工程相关活动更是要严格纳入法治渠道。以法律来规范建设工程活动,以保证建筑产品质量、建筑安全生产和维护正常市场秩序,已成为当今社会的共识,加强和加速建设工程领域法治建设可谓势在必行。令人欣慰的是,经历几十年的建设,我国的建设工程法规体系正在得到迅速发展与完善。

　　建设工程活动远不只是一个技术劳动的过程,其成败不仅取决于技术水平的高低,更取决于能否满足建设工程法治要求。法律对于建设工程活动的程序、工程建设参与者的资格及其相互关系以及工程建设过程中各参与者的权利和义务都有明确规范。因此,土木建筑专业的学生,仅仅掌握专业技术知识还远远不够,熟悉工程建设法律知识是从事工程建设活动的必备前提。本教材的创作源泉就是来自对土木建筑专业学生普及建设法律知识的必要性。

　　近几年,我国建设工程领域法治建设不断加强,建设工程实践经验不断丰富。新法规、新规范、新经验层出不穷,这对建设工程法规理论研究工作者提出了新的要求,他们必须加快步伐,才能适应新的工程建设形势。特别是作为职业高校工作者,要培养具有法治观念和职业道德的工程建设人员,应根据习近平法治思想中关于法治人才培养的精神与要求,结合土木建筑工程人才培养定位,将建设行业法律法规人才培养的政治素质、理念信念、社会主义核心价值观等大思政理念融入建设法规之中。在培养学生工程专业知识、素质和能力的过程中,引导学生明确将来的发展路径,树立正确的世界观、人生观,建立"学法、懂法、守法、用法"的职业理念,也是我们进行教材编写的根本目的。

　　建设工程领域涉及的法规内容庞杂、头绪众多,而建设法规的教学课时较少,教学任务繁重。如何解决这一矛盾,是摆在每一位教材编写者面前的一项艰巨任务,本教材在内容选取上,突出一条主线,依照工程建设活动的一般程序,依次介绍我国现行的有关工程建设的法律法规。具体内容以《中华人民共和国建筑法》《中华人民共和国招标投标法》《中华人民共和国城乡规划法》《中华人民共和国民法典》等建筑行业法律为依托,以建筑业单行条例为补充,突出了专业背景,并与专业法律、法规相结合,方便学生理解国家颁布实施的专业法规的立法背景和法理,使学生从法律的角度重新认识所学的专业技术知识。特别针对社会上的建筑业执业资格考试的需求和变化作出了及时调整,以便学生在毕业后能够更快地适应社会需求,做到理论与实践相结合。

　　此外,本书引入"互联网+"的编写理念,在重点、难点等地方插入二维码,通过扫描二维码,可以查看相应的案例等内容,帮助学习者理解相关知识。

本教材由河南科技职业大学的赵光磊、吴琪担任主编并统稿,曹鸽、康金华担任副主编,刘志刚、王健健参编。全书共十二章,具体分工如下:曹鸽编写第一章、第二章,王健健编写第三章、第四章,康金华编写第五章、第十一章,吴琪编写第六章、第八章,刘志刚编写第七章、第十章,赵光磊编写第九章、第十二章。

在编写过程中,我们查阅和借鉴了许多建设法规方面的文献、资料和有关专家的著述,得到了河南大学出版社的大力支持,在此表示深深的谢意。

鉴于水平所限,不足之处在所难免,欢迎读者批评指正,也欢迎同行专家不吝赐教,在此深表感谢。

编　者

目　录

第一章　建设工程法规概述 …… 1
第一节　法律体系和法的形式 …… 2
第二节　民法的基本知识 …… 5
第三节　建设工程法规体系 …… 20
第四节　建设工程法规的作用 …… 21
第五节　我国工程建设的基本程序 …… 23

第二章　城乡规划与土地管理法规 …… 27
第一节　城乡规划法规 …… 28
第二节　土地管理法规 …… 39

第三章　建设许可法规 …… 47
第一节　建设工程报建制度 …… 48
第二节　建设工程施工许可 …… 50
第三节　建设工程从业单位资格许可 …… 52
第四节　建设工程专业技术人员执业资格许可 …… 56

第四章　建设工程发包与承包法规 …… 63
第一节　建设工程发包与承包的原则 …… 64
第二节　建设工程发包 …… 65
第三节　建设工程承包 …… 66
第四节　建设工程发包与承包的法律责任 …… 70
第五节　建筑市场信用体系建设 …… 75

第五章　建设工程招标投标法规 …… 80
第一节　建设工程招标投标概述 …… 81
第二节　建设工程招标 …… 85
第三节　建设工程投标 …… 89
第四节　建设工程开标、评标与定标 …… 91
第五节　建设工程招标投标的禁止性规定 …… 94

第六章　建设工程合同法规 …… 101
第一节　建设工程合同概述 …… 102

第二节　建设工程合同的订立 ………………………………………………… 105
　　第三节　建设工程合同的效力 ………………………………………………… 109
　　第四节　建设工程合同的履行 ………………………………………………… 113
　　第五节　建设工程合同的变更与终止 ………………………………………… 119
　　第六节　建设工程合同违约责任 ……………………………………………… 121

第七章　建设工程勘察、设计与监理法规 ………………………………………… 126
　　第一节　建设工程勘察设计法规 ……………………………………………… 127
　　第二节　建设工程监理法规 …………………………………………………… 134

第八章　建设工程安全生产管理法规 ……………………………………………… 144
　　第一节　建设工程安全生产管理概述 ………………………………………… 145
　　第二节　建设工程安全生产许可制度 ………………………………………… 146
　　第三节　建设工程安全生产责任制度 ………………………………………… 148
　　第四节　建设工程安全生产教育培训制度 …………………………………… 154
　　第五节　建筑安全生产劳动保护制度 ………………………………………… 155
　　第六节　生产安全事故的应急救援和调查处理 ……………………………… 157

第九章　建设工程质量管理法规 …………………………………………………… 168
　　第一节　工程建设强制性标准 ………………………………………………… 169
　　第二节　施工单位的质量责任和义务 ………………………………………… 170
　　第三节　建设单位及相关单位的质量责任和义务 …………………………… 176
　　第四节　建设工程竣工验收制度 ……………………………………………… 182
　　第五节　建设工程质量保修制度 ……………………………………………… 185

第十章　劳动合同法规 ……………………………………………………………… 193
　　第一节　劳动合同法概述 ……………………………………………………… 194
　　第二节　劳动合同的订立 ……………………………………………………… 200
　　第三节　劳动合同的履行和变更 ……………………………………………… 205
　　第四节　劳动合同的解除和终止 ……………………………………………… 206
　　第五节　违反劳动合同的法律责任 …………………………………………… 210

第十一章　建设工程相关的其他法规 ……………………………………………… 213
　　第一节　环境保护法规中与工程建设相关的内容 …………………………… 214
　　第二节　消防法规中与工程建设相关的内容 ………………………………… 216
　　第三节　节约能源法规中与工程建设相关的内容 …………………………… 219
　　第四节　档案法规中与工程建设相关的内容 ………………………………… 222
　　第五节　税收法规中与工程建设相关的内容 ………………………………… 230

第十二章　建设工程纠纷解决的相关法规 ………………………………………… 235
　　第一节　建设工程纠纷主要种类和法律解决途径 …………………………… 237

第二节	和解与调解制度	239
第三节	仲裁制度	240
第四节	民事诉讼制度	247
第五节	行政复议和行政诉讼制度	255

第一章 建设工程法规概述

教学目标

本章主要讲述建设法规的相关内容,包括建设法规的概念与特征、建设法规的作用、建设法规的体系以及建设法律关系等。通过本章学习应达到以下目标:

(1) 了解法律体系和法的形式;

(2) 熟悉建设法规所涉及的法律、法规的基本概念,熟悉建设活动的基本建设程序;

(3) 掌握民法的基本知识;

(4) 熟悉建设工程法规体系和我国工程建设的基本程序。

教学要求

知识要点	能力要求	相关知识
法律体系和法的形式	(1)了解法律体系和法的形式 (2)掌握法律体系内法的效力层级和范围	(1)法的特征 (2)法的分类
民法的基本知识	(1)了解民事法律关系 (2)掌握民事法律行为成立的要件 (3)掌握代理、债权相关概念 (4)熟悉知识产权、物权和担保相关知识	(1)民事行为能力的分类及定义 (2)自然人、法人和其他组织的概念 (3)委托代理、法定代理和指定代理的概念 (4)侵权行为、不当得利、无因管理的概念 (5)担保的方式及相关定义
建设工程法规体系	(1)了解建设工程法规的概念与特征 (2)熟悉建设工程法规体系的概念 (3)掌握建设工程法规体系构成	(1)建设工程法规的概念 (2)建设工程法规的特征 (3)建设法规体系的组成层次
我国工程建设的基本程序	掌握我国工程建设的基本程序	项目建议书阶段和可行性研究阶段的概念

基本概念

法、建设程序、民事行为、物权、债、代理

※引例

> 某建筑公司与某学校签订了一份教学楼施工合同,明确施工单位要保质、保量、保工期完成学校的教学楼施工任务。工程竣工后,承包方向学校提交了竣工报告。学校为了不影响学生上课,还没组织验收就直接投入了使用。在使用过程中,校方发现了教学楼存在质量问题,要求施工单位修理。施工单位认为,该工程未经验收,学校提前使用出现质量问题,施工单位不应再承担责任。
> 请思考:本案中建设工程法律关系的三要素分别是什么?

案例分析

第一节　法律体系和法的形式

法是由国家制定或认可的以权利和义务为调整机制并通过国家强制力保证实施调整行为关系的社会规范。法的特征如下:(1)法是通过调整人的行为进而调整社会关系的规范;(2)法是由国家规定认可和解释,并有普遍约束力的社会规范;(3)法是规定权利和义务的社会规范;(4)法是由国家强制力保证实施的社会规范。

与工程建设相关的法律有很多,这些法律尽管有着各自的主要调整范围,但是也经常互相发生作用。因此,在学习建设法规之前需要掌握我国的法律体系,以便形成规范工程建设行为的整体法律框架。

一、法律体系

法律体系(也称为部门法体系),是指一国的全部现行法律规范,按照一定的标准和原则,划分为不同的法律部门而形成的内部和谐一致、有机联系的整体。

我国的法律体系通常包括下列部门。

(一)宪法

宪法是整个法律体系的基础,主要表现形式是《中华人民共和国宪法》(以下简称《宪法》)。此外,宪法部门还包括主要国家机关组织法、选举法、民族区域自治法、特别行政区基本法、授权法、立法法、国籍法等附属的低层次的法律。

(二) 民法

民法是调整作为平等主体的公民之间、法人之间、公民和法人之间的财产关系和人身关系的法律,主要由《中华人民共和国民法典》(以下简称《民法典》)和单行民事法律组成,单行民事法律主要包括专利法、商标法、著作权法等。

(三) 商法

商法是调整平等主体之间的商事关系或商事行为的法律,主要包括公司法、证券法、保险法、票据法、企业破产法、海商法等。我国实行"民商合一"的原则,商法虽然是一个相对独立的法律部门,但民法的许多概念、规则和原则也通用于商法。

(四) 经济法

经济法是调整国家在经济管理中发生的经济关系的法律,包括建筑法、招标投标法、反不正当竞争法、税法等。

(五) 行政法

行政法是调整国家行政管理活动中各种社会关系的法律规范的总和,主要包括行政处罚法、行政复议法、行政监察法、治安管理处罚法等。

(六) 劳动法与社会保障法

劳动法是调整劳动关系的法律,主要是《中华人民共和国劳动法》(以下简称《劳动法》);社会保障法是调整有关社会保障、社会福利的法律,包括安全生产法、消防法等。

(七) 自然资源与环境保护法

自然资源与环境保护法是关于保护环境和自然资源,防治污染和其他公害的法律。自然资源法主要包括土地管理法、节约能源法等;环境保护方面的法律主要包括环境保护法、环境影响评价法、噪声污染环境防治法等。

(八) 刑法

刑法是规定犯罪和刑罚的法律,主要是《中华人民共和国刑法》(以下简称《刑法》)。一些单行法律、法规的有关条款也可能规定刑法规范。

(九) 诉讼法

诉讼法(又称诉讼程序法),是有关各种诉讼活动的法律,其作用在于从程序上保证实体法的正确实施。诉讼法主要包括民事诉讼法、行政诉讼法、刑事诉讼法,仲裁法、律师法、法官法、检察官法等法律的内容也大体属于该法律部门。

二、法的形式

根据《宪法》和《中华人民共和国立法法》(以下简称《立法法》)及有关规定,我国法的形式主要包括下列内容。

(一) 宪法

当代中国法的渊源主要是以宪法为核心的各种制定法。宪法是一个国家最根本的法的渊源,其法律地位和效力是最高的。我国的宪法是由我国的最高权力机关——全国人民代表大会制定和修改的,一切法律、行政法规和地方性法规都不得与宪法相抵触。

(二) 法律

法律包括广义的法律和狭义的法律。

广义上的法律,泛指《立法法》调整的各类法的规范性文件;狭义上的法律,仅指全国人民代表大会及其常委会制定的规范性文件。在这里,我们仅指狭义上的法律。

法律的效力低于宪法,但高于其他的法。

(三) 行政法规

行政法规是最高国家行政机关即国务院制定的规范性文件,如《建设工程质量管理条例》《建设工程勘察设计管理条例》《建设工程安全生产管理条例》《安全生产许可证条例》和《建设项目环境保护管理条例》等。行政法规的效力低于宪法和法律。

《建设工程质量管理条例》

(四) 地方性法规

地方性法规是指省、自治区、直辖市以及省、自治区人民政府所在地的市和经国务院批准的较大的市的人民代表大会及其常委会,在其法定权限内制定的法律规范性文件,如《北京市招标投标条例》《深圳经济特区建设工程施工招标投标条例》等。

地方性法规具有地方性,只在本辖区内有效,其效力低于法律和行政法规。

(五) 行政规章

行政规章是由国家行政机关制定的法律规范性文件,包括部门规章和地方政府规章。

部门规章是由国务院各部委制定的法律规范性文件,如《建筑业企业资质管理规定》(2015年1月22日住房和城乡建设部令第22号发布)等。部门规章的效力低于法律、行政法规。

地方政府规章是由省、自治区、直辖市以及省、自治区人民政府所在地的市和国务院批准的较大的市的人民政府所制定的法律规范性文件。地方政府规章的效力低于法律、行政法规,低于同级或上级地方性法规。

《立法法》第九十五条规定,地方性法规、规章之间不一致时,由有关机关依照下列规定的权限作出裁决:(1) 同一机关制定的新的一般规定与旧的特别规定不一致时,由制定机关裁决。(2)地方性法规与部门规章之间对同一事项的规定不一致,不能确定如何适用时,由国务院提出意见,国务院认为应当适用地方性法规的,应当决定在该地方适用地方性法规的规定;认为应当适用部门规章的,应当提请全国人民代表大会常务委员会裁决。(3)部门规章之间、部门规章与地方政府规章之间对同一事项的规定不一致时,由国务院裁决。

(六)最高人民法院司法解释规范性文件

最高人民法院对于法律的系统性解释文件和对法律适用的说明,对法院审判有约束力,具有法律规范的性质,在司法实践中具有重要的地位和作用。在民事领域,最高人民法院制定的司法解释文件有很多,例如《最高人民法院关于审理建设工程施工合同纠纷案件适用法律问题的解释(一)》等。

(七)国际条约

国际条约是指我国作为国际法主体同外国缔结的双边、多边协议和其他具有条约、协定性质的文件,如《建筑业安全卫生公约》等。国际条约是我国法的一种形式,对所有国家机关、社会组织和公民都具有法律效力。

此外,自治条例和单行条例、特别行政区法律等,也属于我国法的形式。

第二节　民法的基本知识

一、民事法律关系

民事法律关系是由民法规范调整的以权利义务为内容的社会关系,包括人身关系和财产关系。

法律关系都是由法律关系主体、法律关系客体和法律关系内容三个要素构成的,缺少其中一个要素就不能构成法律关系。由于三要素的内涵不同,则组成不同的法律关系,诸如民事法律关系、行政法律关系、劳动法律关系、经济法律关系等。

(一)民事法律关系主体

民事法律关系主体(简称民事主体),是指民事法律关系中享有权利,承担义务的当事人和参与者,包括自然人、法人和其他组织。

1. 自然人

自然人是依自然规律出生而取得民事主体资格的人。本来民法上只有人的概念,亦即指自然人,后来团体的法律地位被民法确认,产生了法人。为了区分人与法律拟制的"人",遂出现了"自然人"这一称谓。所以,自然人是与法人相对应的概念。

自然人包括我国公民、外国人和无国籍的人。

公民是指具有一国国籍并按该国宪法和法律享受权利和承担义务的自然人。《宪法》规定，凡具有中华人民共和国国籍的人都是中华人民共和国公民。

外国人和无国籍的人不具有我国的国籍，不属于我国的公民，但是这并不妨碍其成为我国的民事主体，享受民事权利，承担民事义务。

自然人作为民事主体的一种，能否通过自己的行为取得民事权利、承担民事义务，取决于其是否具有民事行为能力。所谓民事行为能力，是指民事主体通过自己的行为取得民事权利、承担民事义务的资格。民事行为能力分为完全民事行为能力、限制民事行为能力、无民事行为能力三种。

(1) 完全民事行为能力。18周岁以上的公民是成年人，具有完全民事行为能力，可以独立进行民事活动，是完全民事行为能力人。16周岁以上不满18周岁的公民，以自己的劳动收入为主要生活来源的，视为完全民事行为能力人。

(2) 限制民事行为能力。10周岁以上的未成年人是限制民事行为能力人。这种人可以进行与他的年龄、智力相适应的民事活动。不能完全辨认自己行为的精神病人是限制民事行为能力人。这种人可以进行与他的精神健康状况相适应的民事活动；其他民事活动由他的法定代理人代理，或者征得他的法定代理人的同意。

(3) 无民事行为能力。不满10周岁的未成年人是无民事行为能力人。这种人由他的法定代理人代理民事活动。不能辨认自己行为的精神病人是无民事行为能力人。这种人也由他的法定代理人代理民事活动。

2. 法人

法人是具有民事权利能力和民事行为能力，依法独立享有民事权利和承担民事义务的组织。

根据《民法典》第五十八条的规定，法人成立的条件：

法人应当有自己的名称、组织机构、住所、财产或者经费。法人成立的具体条件和程序，依照法律、行政法规的规定。

设立法人，法律、行政法规规定须经有关机关批准的，依照其规定。

法人也具有行为能力，法人的民事行为能力是法律赋予法人独立进行民事活动的能力，其行为能力总是有限的，由其成立的宗旨和业务范围所决定。法人的行为能力始于法人的成立而止于法人的撤销。

3. 其他组织

根据《民法典》及相关法律的规定，法人以外的其他组织也可以成为民事法律关系的主体，称为非法人组织。

(二) 民事法律关系客体

民事法律关系客体，是指民事法律关系之间权利和义务所指向的对象。法律关系客体的种类如下。

1. 财

财一般指资金及各种有价证券。在建设法律关系中表现为财的客体主要是建设资金,如基本建设贷款合同的标的,即一定数量的货币。

2. 物

物是指法律关系主体支配的、在生产上和生活上所需要的客观实体。例如,施工中使用的各种建筑材料、施工机械都属于物的范围。

3. 行为

作为法律关系客体的行为是指义务人所要完成的能满足权利人要求的结果。这种结果表现为两种:物化的结果与非物化的结果。

物化的结果,指的是义务人的行为凝结于一定的物体,产生一定的物化产品。例如,房屋、道路等建设工程项目。

非物化的结果,即义务人的行为没有转化为物化实体,而仅表现为一定的行为过程,最终产生了权利人所期望的法律效果。例如,企业对员工的培训行为。

4. 智力成果

智力成果是指通过某种物体或大脑记载下来并加以流传的思维成果。例如,文学作品就是这种智力成果。智力成果属于非物质财富,也称为精神产品。

(三) 民事法律关系内容

民事法律关系内容,是指法律关系主体之间的法律权利和法律义务。这种法律权利和法律义务的来源可以分为法定的权利、义务和约定的权利、义务。

(四) 民事法律关系的变更

构成法律关系的三个要素如果发生变化,就会导致这个特定的法律关系发生变化,所以,法律关系的变更分为主体变更、客体变更和内容变更。

1. 主体变更

主体变更有两种表现形式。

(1) 主体数目发生变化。主体数目发生变化表现为主体的数目增加或者减少。例如,总承包商将所承揽的工程进行了分包,就导致了主体数目的增加。

(2) 主体的改变。主体改变也称为合同转让,由另一个新主体代替了原主体享有权利、承担义务。

2. 客体变更

客体变更也有两种表现形式。

(1) 客体范围的变更。客体范围的变更表现为客体的规模、数量发生了变化。

(2) 客体性质的变更。客体性质的变更表现为原有的客体已经不复存在,而由新的客体代替了原来的客体。

3. 内容变更

内容变更也有两种表现形式。

(1) 权利增加。一方的权利增加,也就意味着另一方的义务的增加。例如,建设单位与施工单位之间经过协商修改了原合同,由施工单位提供工程师的办公场所。

(2) 权利减少。一方的权利减少,也就意味着另一方义务的减少。例如,建设单位与施工单位之间经过协商约定,将原合同中的"定时支付工程款"修改为"达到一定工程量的前提下,定时支付工程款"。这就导致了施工单位请求工程款的权利减少。

(五)民事法律关系的终止

民事法律关系的终止,是指民事法律关系主体之间的权利义务不复存在,彼此丧失了约束力。法律关系的终止可以分为自然终止、协议终止和违约终止。

1. 自然终止

民事法律关系自然终止,是指某类民事法律关系所规范的权利义务顺利得到履行,取得了各自的利益,从而使该法律关系达到完结。

2. 协议终止

民事法律关系协议终止,是指民事法律关系主体之间协商解除某类建设法律关系规范的权利义务,致使该法律关系归于消灭。

3. 违约终止

民事法律关系违约终止,是指民事法律关系主体一方违约,或发生不可抗力,致使某类民事法律关系规范的权利不能实现。

二、民事法律行为

民事法律行为,是指公民或者法人设立、变更、终止民事权利和民事义务的合法行为。民事法律行为分为要式法律行为和不要式法律行为。

(一)要式法律行为

要式法律行为指法律规定应当采用特定形式的民事法律行为。《民法典》第四百六十九条规定,当事人订立合同,可以采用书面形式、口头形式或者其他形式。例如,根据《民法典》第七百八十九条的规定,建设工程合同应当采用书面形式。因此,订立建设工程合同的行为,属于要式法律行为。

(二)不要式法律行为

不要式法律行为指法律没有规定特定形式,采用书面、口头或其他任何形式均可成立的民事法律行为。

《民法典》第六百六十八条规定,借款合同应当采用书面形式,但是自然人之间借款另有约定的除外。这个条款规定了自然人之间的借款属于不要式法律行为,有没有书面形式的合同均可。而非自然人之间的借款则属于要式法律行为,必须采用书面形式。

(三)民事法律行为的成立要件

民事法律行为应当具备下列条件。

(1)法律行为主体具有相应的民事权利能力和行为能力。民事权利能力是法律确认的自然人享有民事权利、承担民事义务的资格。自然人只有具备了民事权利能力,才能参加民事活动。具有民事权利能力,是自然人获得参与民事活动的资格,但能不能运用这一资格,还受自然人的理智、认识能力等主观条件制约。有民事权利能力者,不一定具有民事行为能力。

(2) 行为人意思表示真实。意思表示真实指的是行为人内心的效果意思与表示意思一致,也即不存在认识错误、欺诈、胁迫等外在因素而使得表示意思与效果意思不一致。

(3) 行为内容合法。根据法律的规定,行为内容合法表现为不违反法律和社会公共利益、社会公德。行为内容合法,首先,不得与法律、行政法规的强制性或禁止性规范相抵触;其次,行为内容合法还包括行为人实施的民事行为不得违背社会公德,不得损害社会公共利益。

(4) 行为形式合法。民事法律行为的形式也就是行为人进行意思表示的形式。凡属要式的民事法律行为,必须采用法律规定的特定形式才为合法,而不要式民事法律行为,则当事人在法律允许范围内选择口头形式、书面形式或其他形式作为民事法律行为的形式皆为合法。

三、代理

代理是代理人于代理权限内,以被代理人的名义向第三人为意思表示或受领意思表示,该意思表示直接对本人生效的民事法律行为。

公民、法人可以通过代理人实施民事法律行为。代理人在代理权限内,以被代理人名义实施民事法律行为,被代理人对代理人的代理行为,承担民事责任。

代理涉及三方当事人,分别是被代理人、代理人和代理关系的第三人。

(一) 代理的种类

根据《民法典》第一百六十三条的规定,代理包括委托代理和法定代理。

1. 委托代理

委托代理是代理人根据被代理人授权而进行的代理。

民事法律行为的委托代理,可以用书面形式,也可以用口头形式。法律规定用书面形式的,应当用书面形式。书面委托代理的授权委托书应当载明下列事项:(1)代理人的姓名或者名称;(2)代理事项、权限和期间;(3)委托人签名或者盖章。

2. 法定代理

法定代理是根据法律的直接规定而产生的代理。法定代理主要是为了维护限制民事行为能力人或者无民事行为能力人的合法权益而设计的。法定代理不同于委托代理,属于全权代理,法定代理人原则上应代理被代理人的有关财产方面的一切民事法律行为和其他允许代理的行为。

(二) 代理人与被代理人的责任承担

1. 授权不明确的责任承担

委托书授权不明确的,被代理人应当向第三人承担民事责任,代理人负连带责任。

2. 无权代理的责任承担

没有代理权、超越代理权或者代理权终止后的行为,只有经过被代理人的追认,被代理人才承担民事责任。未经追认的行为,由行为人承担民事责任。本人知道他人以本人名义实施民事行为而不作否认表示的,视为同意。

第三人知道行为人没有代理权、超越代理权或者代理权已终止还与行为人实施民事行为给他人造成损害的,由第三人和行为人负连带责任。

3. 代理人不履行职责的责任承担

代理人不履行职责而给被代理人造成损害的,应当承担民事责任。代理人和第三人串通,损害被代理人的利益的,由代理人和第三人负连带责任。

4. 代理事项违法的责任承担

代理人知道被委托代理的事项违法仍然进行代理活动的,或者被代理人知道代理人的代理行为违法不表示反对的,由被代理人和代理人负连带责任。

5. 转托他人代理的责任承担

委托代理人为被代理人的利益需要转托他人代理的,应当事先取得被代理人的同意。事先没有取得被代理人同意的,应当在事后及时告诉被代理人,如果被代理人不同意,由代理人对自己所转托的人的行为负民事责任,但在紧急情况下,为了保护被代理人的利益而转托他人代理的除外。

(三) 代理的终止

1. 委托代理的终止

有下列情形之一的,委托代理终止:(1)代理期间届满或者代理事务完成;(2)被代理人取消委托或者代理人辞去委托;(3)代理人死亡;(4)代理人丧失民事行为能力;(5)作为被代理人或者代理人的法人终止。

2. 法定代理或指定代理的终止

有下列情形之一的,法定代理或者指定代理终止:(1)被代理人取得或者恢复民事行为能力;(2)被代理人或者代理人死亡;(3)代理人丧失民事行为能力;(4)指定代理的人民法院或者指定单位取消指定;(5)由其他原因引起的被代理人和代理人之间的监护关系消灭。

四、债权

财产权体系包括三个部分,即以所有权为核心的有体财产权制度,以知识产权为主体的无体财产权制度,以债权、继承权等为内容的其他财产权制度。

根据法律规定,债是按照合同的约定或者依照法律的规定,在当事人之间产生的特定的权利和义务关系。例如,在建设工程合同关系中,承包人有请求发包人按照合同约定支付工程价款的权利,而发包人则相应地有按照合同约定向承包人支付工程价款的义务。这些都是特定当事人之间的民事法律关系,因此都是债的关系。

1. 债的发生根据

根据我国相关的法律规范的规定,能够引起债的发生的法律事实,即债的发生根据,主要有下列情形。

(1) 合同。合同,是指民事主体之间关于设立、变更和终止民事关系的协议。合同是引起债权债务关系发生的最主要、最普遍的根据。当事人之间通过订立合同设立的以债权债务为内容的民事法律关系,称为合同之债。

(2) 侵权行为。侵权行为,是指行为人不法侵害他人的财产权或人身权的行为。因侵权行为而产生的债,在我国习惯上也称之为"致人损害之债"。

(3) 不当得利。不当得利,是指没有法律或合同根据,有损于他人而取得的利益。它可能表现为得利人财产的增加,致使他人不应减少的财产减少了;也可能表现为得利人应支付的费用没有支付,致使他人应当增加的财产没有增加。不当得利一旦发生,不当得利人负有返还的义务。因而,这是一种债权债务关系。

(4) 无因管理。无因管理,是指既未受人之托,也不负有法律规定的义务,而是自觉为他人管理事务的行为。无因管理行为一经发生,便会在管理人和其事务被管理人之间产生债权债务关系,其事务被管理者负有赔偿管理者在管理过程中所支付的合理的费用及直接损失的义务。

(5) 债的其他发生根据。债的发生根据除前述几种外,遗赠、扶养、发现埋藏物等,也是债的发生根据。

2. 债的消灭

债,因一定的法律事实的出现而使既存的债权债务关系在客观上不复存在,叫作债的消灭。债因以下事实而消灭。

(1) 债因履行而消灭。债务人履行了债务,债权人的利益得到了实现,债的关系也就自然消灭了。

(2) 债因抵销而消灭。抵销,是指同类已到履行期限的对等债务,因当事人相互抵充其债务而同时消灭。用抵销方法消灭债务应符合下列的条件:必须是对等债务;必须是同一种类的给付之债,同类的对等之债都已到履行期限。

(3) 债因提存而消灭。提存,是指债权人无正当理由拒绝接受履行或其下落不明,或数人就同一债权主张权利,债权人一时无法确定,致使债务人一时难以履行债务,经公证机关证明或人民法院的裁决,债务人可以将履行的标的物提交有关部门保存的行为。

(4) 债因混同而消灭。混同,是指某一具体之债的债权人和债务人合为一体。如两个相互订有合同的企业合并,则产生混同的法律效果。

(5) 债因免除而消灭。免除,是指债权人放弃债权,从而免除债务人所承担的义务。债务人的债务一经债权人解除,债的关系自行解除。

(6) 债因当事人死亡而解除。债因当事人死亡而解除仅指具有人身性质的合同之债,因为人身关系是不可继承和转让的,所以,凡属委托合同的受托人、出版合同的约稿人等死亡时,其所签订的合同也随之解除。

五、知识产权

知识产权是指民事主体对智力成果依法享有的专有权利。《中华人民共和国建筑法》(以下简称《建筑法》)第四条规定,国家扶持建筑业的发展,支持建筑科学技术研究,提高房屋建筑设计水平,鼓励节约能源和保护环境,提倡采用先进技术、先进设备、先进工艺、新型建筑材料和现代管理方式。

(一) 知识产权的特征

1. 具有人身权和财产权的双重性质

人身权是指与民事主体的人身不可分离的,不具有直接财产内容的民事权利。人身权是财产权的对称。财产权是指民事主体所享有的具有一定物质内容并直接体现为经济利益的权利。例如,作者的署名权即是人身权,而获得稿费的权利即是财产权。

2. 专有性

知识产权的权利主体依法享有独占使用智力成果的权利,他人不得侵犯。例如,未经专利权人许可不得使用其专利就表现了专利权的专有性。

3. 地域性

知识产权只有在特定国家或地区的地域范围内有效,一国的知识产权要获得他国的法律保护,必须依照有关国际条约、双边协议或按互惠原则办理。

4. 时间性

通常情况下,依法成立的知识产权只有在法律规定的期限内有效,超过法定保护期后,该权利将不受法律保护。

(二) 著作权

著作权又称版权,是指文学、艺术和科学作品的作者及其相关主体依法对作品所享有的人身权利和财产权利。著作权主要受《中华人民共和国著作权法》(以下简称《著作权法》)的调整。

1. 著作权的保护对象

著作权法保护的对象是作品,即文学、艺术和科学领域内具有独创性并能以某种有形形式复制的智力成果。

2. 著作权的内容

根据《著作权法》第十条的规定,著作权包括人身权和财产权。

(1) 人身权。著作人身权包括发表权、署名权、修改权、保护作品完整权。

(2) 财产权。使用权,是指以复制、发行、出租、展览、表演、放映、广播、信息网络传播、摄制、改编、翻译、汇编以及其他方式使用作品的权利。

许可使用权,是指著作权人可以许可他人使用著作财产权,并依法获得报酬的权利。

转让权,是指著作权人可以全部或者部分转让著作财产权,并依法获得报酬的权利。

获得报酬权,是指著作权人依法享有的因作品的使用或转让而获得报酬的权利。

3. 著作权的侵权及保护

著作权的侵权行为,是指既未取得著作权人同意,又无法律根据,违法使用他人作品或行使著作权人专有权的行为,包括但不限于:未经著作权人许可发表其作品;歪曲、篡改、剽窃他人作品;使用他人作品,应当支付报酬而未支付等。

(三) 专利权

1. 专利权的主体

专利权主体即专利权人,是指依法享有专利权并承担相应义务的人。根据《中华人民共和国专利法》(以下简称《专利法》)及其实施细则,专利权主体主要包括以下几种。

(1) 发明人或设计人。发明人或设计人,是指对发明创造的实质性特点作出创造性贡献的人。在完成发明创造过程中,只负责组织工作的人、为物质技术条件的利用提供方便的人或者从事其他辅助工作的人,不是发明人或者设计人。

(2) 发明人或者设计人的单位。对于职务发明创造,专利权的主体是发明人或者设计人所在的单位。根据《专利法》第六条第一款的规定,执行本单位的任务或者主要是利用本单位的物质技术条件所完成的发明创造为职务发明创造。职务发明创造申请专利的权利属于该单位,申请被批准后,该单位为专利权人。

(3) 受让人。受让人是指依法通过合同或其他合法方式而取得专利权的单位或个人。

2. 专利权的客体

专利权的客体,即专利权的保护对象,是指依法应授予专利的发明创造。根据《专利法》及其实施细则的规定,专利权的客体包括发明、实用新型和外观设计。

(1) 发明,是指对产品、方法或者其改进所提出的新的技术方案。

(2) 实用新型,是指对产品的形状、构造或者其结合所提出的适于实用的新的技术方案。

(3) 外观设计,是指对产品的整体或者局部的形状、图案或者其结合以及色彩与形状、图案的结合所作出的富有美感并适于工业应用的新设计。

发明专利权的期限是20年,实用新型和外观设计专利权的期限是10年,均自申请日起计算。专利权期限届满后,专利权终止。

3. 专利权的侵权及保护

根据《专利法》及其实施细则的有关规定,专利权的侵权行为主要表现为:(1)未经专利权人许可,实施其专利;(2)假冒他人专利;(3)以非专利产品冒充专利产品;(4)侵夺发明人或者设计人的非职务发明创造专利申请权和其他相关合法权益。

发生专利权侵权行为的,行为人应当依法承担相应的民事责任、行政责任或者刑事责任。

4. 商标权

根据《中华人民共和国商标法》(以下简称《商标法》)第三条第一款的规定,经商标局核准注册的商标为注册商标,商标注册人享有商标专用权,受法律保护。

根据《商标法》第五十七条的规定,有下列行为之一的,均属侵犯注册商标专用权:(1)未经商标注册人的许可,在同一种商品上使用与其注册商标相同的商标的;(2)未经商标注册人的许可,在同一种商品上使用与其注册商标近似的商标,或者在类似商品上使用与其注册商标相同或者近似的商标,容易导致混淆的;(3)销售侵犯注册商标专用权的商品的;(4)伪造、擅自制造他人注册商标标识或者销售伪造、擅自制造的注册商标标识的;(5)未经商标注册人同意,更换其注册商标并将该更换商标的商品又投入市场的;(6)故意为侵犯他人商标专用权行为提供便利条件,帮助他人实施侵犯商标专用权行为的;(7)给他人的注册商标专用权造成其他损害的。

发生侵犯注册商标专用权的,行为人应当依法承担相应的民事责任、行政责任或者刑事责任。

六、物权

《民法典》第二编物权的立法目的是维护国家基本经济制度,维护社会主义市场经济秩序,明确物的归属,发挥物的效用,保护权利人的物权。

物权,是指权利人依法对特定的物享有直接支配和排他的权利,包括所有权、用益物权和担保物权。

所有权,是指所有权人对自己的不动产或者动产,依法享有占有、使用、收益和处分的权利。

用益物权,是指当事人依照法律规定,用益物权人对他人所有的不动产或者动产,依法享有占有、使用和收益的权利。

担保物权,是指担保物权人在债务人不履行到期债务或者发生当事人约定的实现担保物权的情形,依法享有就担保财产优先受偿的权利。

(一)物权的设立、变更、转让和消灭

1. 不动产物权的设立、变更、转让和消灭行为的生效

不动产物权的设立、变更、转让和消灭一经依法登记,发生效力;未经登记,不发生效力,但法律另有规定的除外。依法属于国家所有的自然资源,所有权可以不登记。

不动产物权的设立、变更、转让和消灭,依照法律规定应当登记的,自记载于不动产登记簿时发生效力。

2. 不动产登记与合同效力的关系

不动产登记表示的是不动产物权的设立、变更、转让和消灭行为的生效。而合同的生效表示的是合同当事人就合同的内容达成了一致意见并符合合同生效的要件而使合同对当事人产生了约束力。

合同生效与不动产登记是两个不同的事件。合同生效后,当事人可能进行了不动产登记而使得不动产物权的设立、变更、转让和消灭行为生效。也可能没有进行不动产

登记而使得不动产物权的设立、变更、转让和消灭行为不生效。此时,当事人需要为未能履行合同约定的义务而承担违约责任。

《民法典》物权编的规定进一步明确了两者之间的关系:当事人之间订立有关设立、变更、转让和消灭不动产物权的合同,除法律另有规定或者合同另有约定外,自合同成立时生效;未办理物权登记的,不影响合同效力。

3. 预告登记

正是由于合同的效力与不动产登记行为,即与不动产物权的设立、变更、转让和消灭行为的生效不存在必然的联系,可能导致当事人即使签订了合同也无法实现物权,《民法典》物权编规定了预登记制度来保障当事人的权利的实现。

《民法典》第二百二十一条规定,当事人签订买卖房屋的协议或者签订其他不动产物权的协议,为保障将来实现物权,按照约定可以向登记机构申请预告登记。预告登记后,未经预告登记的权利人同意,处分该不动产的,不发生物权效力。

预告登记后,债权消灭或者自能够进行不动产登记之日起九十日内未申请登记的,预告登记失效。

4. 动产物权设立和转让行为的生效

动产物权的设立和转让,自交付时发生效力,但法律另有规定的除外。

由于这种交付经常是一种私下的行为,不容易为外界所知晓,所以,当事人可能利用这一点规避自己应当履行的义务。为了保护善意第三人的合法权益,《民法典》第二百二十五条规定,船舶、航空器和机动车等的物权的设立、变更、转让和消灭,未经登记,不得对抗善意第三人。

5. 动产物权生效的特殊情形

除了交付动产之外,《民法典》还规定了其他几种特殊的动产物权生效的情形:(1)动产物权设立和转让前,权利人已经占有该动产的,物权自民事法律行为生效时发生效力;(2)动产物权设立和转让前,第三人占有该动产的,负有交付义务的人可以通过转让请求第三人返还原物的权利代替交付;(3)动产物权转让时,当事人又约定由出让人继续占有该动产的,物权自该约定生效时发生效力。

(二) 关于物权设立、变更、转让和消灭行为生效的其他规定

《民法典》还对一般情形之外的特殊情形作出了规定,对于以下情形享有不动产权的,处分该物权时,依照法律规定需要办理登记的,未经登记,不发生物权效力。

(1) 因人民法院、仲裁机构的法律文书或者人民政府的征收决定等,导致物权设立、变更、转让或者消灭的,自法律文书或者征收决定等生效时发生效力。

(2) 因继承取得物权的,自继承开始时发生效力。

(3) 因合法建造、拆除房屋等事实行为设立或者消灭物权的,自事实行为成就时发生效力。

(三) 建设用地使用权

建设用地使用权,指建设用地使用权人依法对国家所有的土地享有占有、使用和收

益的权利,有权利用该土地建造建筑物、构筑物及其附属设施。

1. 建设用地使用权的设立

建设用地使用权人依法对国家所有的土地享有占有、使用和收益的权利,有权利用该土地建造建筑物、构筑物及其附属设施。

建设用地使用权可以在土地的地表、地上或者地下分别设立。新设立的建设用地使用权,不得损害已设立的用益物权。

设立建设用地使用权,可以采取出让或者划拨等方式。

工业、商业、旅游、娱乐和商品住宅等经营性用地以及同一土地有两个以上意向用地者的,应当采取招标、拍卖等公开竞价的方式出让。

严格限制以划拨方式设立建设用地使用权。采取划拨方式的,应当遵守法律、行政法规关于土地用途的规定。

2. 建设用地使用权人的权利

(1) 对建设用地上的物享有所有权。建设用地使用权人建造的建筑物、构筑物及其附属设施的所有权属于建设用地使用权人。但有相反证据证明的除外。

(2) 建设用地使用权的转让、互换、出资、赠与、抵押权。建设用地使用权人有权将建设用地使用权转让、互换、出资、赠与或者抵押,但法律另有规定的除外。

建设用地使用权转让、互换、出资、赠与或者抵押的,当事人应当采取书面形式订立相应的合同。使用期限由当事人约定,但不得超过建设用地使用权的剩余期限。

建设用地使用权转让、互换、出资或者赠与的,附着于该土地上的建筑物、构筑物及其附属设施一并处分。

建筑物、构筑物及其附属设施转让、互换、出资或者赠与的,该建筑物、构筑物及其附属设施占用范围内的建设用地使用权一并处分。

(3) 获得补偿的权利。建设用地使用权期间届满前,因公共利益需要提前收回该土地的,应当依照《土地管理法》第五十八条的规定,收回国有土地使用权的,对土地使用权人应当给予适当补偿。

(4) 住宅用地期满续期的权利。住宅建设用地使用权期间届满的,自动续期。这个权利确保了住宅不因建设用地使用权期限届满而必然丧失。

非住宅建设用地使用权期间届满后的续期,依照法律规定办理。该土地上的房屋及其他不动产的归属,有约定的,按照约定;没有约定或者约定不明确的,依照法律、行政法规的规定办理。

3. 建设用地使用权人的义务

(1) 履约的义务。采取招标、拍卖、协议等出让方式设立建设用地使用权的,当事人应当采取书面形式订立建设用地使用权出让合同。建设用地使用权人负有履约的义务。

(2) 支付出让金的义务。建设用地使用权人应当依照法律规定以及合同约定支付出让金等费用。

(3) 不得改变土地用途的义务。建设用地使用权人应当合理利用土地,不得改变土地用途；需要改变土地用途的，应当依法经有关行政主管部门批准。

（4）登记的义务。设立建设用地使用权的，应当向登记机构申请建设用地使用权登记。建设用地使用权自登记时设立。登记机构应当向建设用地使用权人发放建设用地使用权证书。

变更登记的义务建设用地使用权转让、互换、出资或者赠与的，应当向登记机构申请变更登记。

建设用地使用权消灭的，出让人应当及时办理注销登记。登记机构应当收回建设用地使用权证书。

（四）了解物权的保护

物权受到侵害的，权利人可以通过和解、调解、仲裁、诉讼等途径解决。物权的保护应当采取如下方式：(1)因物权的归属、内容发生争议的，利害关系人可以请求确认权利；(2)无权占有不动产或者动产的，权利人可以请求返还原物；(3)妨害物权或者可能妨害物权的，权利人可以请求排除妨害或者消除危险；(4)造成不动产或者动产毁损的，权利人可以请求修理、重作、更换或者恢复原状；(5)侵害物权，造成权利人损害的，权利人可以请求损害赔偿，也可以请求承担其他民事责任。

这里的物权保护方式，可以单独适用，也可以根据权利被侵害的情形合并适用。侵害物权，除承担民事责任外，违反行政管理规定的，依法承担行政责任；构成犯罪的，依法追究刑事责任。

七、担保

担保方式为保证、抵押、质押、留置和定金。

（一）保证

在建设工程活动中，保证是较常用的一种担保方式。所谓保证，是指保证人和债权人约定，当债务人不履行债务时，保证人按照约定履行债务或者承担责任的行为。具有代为清偿债务能力的法人、其他组织或者公民，可以作保证人。但在建设工程活动中，由于担保的标的额较大，保证人往往是银行，也有信用较高的其他担保人，如担保公司。银行出具的保证通常称为保函，其他保证人出具的书面保证一般称为保证书。

1. 保证的基本法律规定

保证人与债权人应当以书面形式订立保证合同。

保证合同应当包括以下内容：(1)被保证的主债权种类、数额；(2)债务人履行债务的期限；(3)保证的方式；(4)保证担保的范围；(5)保证的期间；(6)双方认为需要约定的其他事项。保证合同不完全具备以上规定内容的，可以补正。

2. 保证方式

保证的方式有两种：一般保证和连带责任保证。

当事人在保证合同中约定，债务人不能履行债务时，由保证人承担保证责任的，为一般保证。

当事人对保证方式没有约定或者约定不明确的,按照一般保证承担保证责任。

3. 保证人资格

具有代为清偿债务能力的法人、其他组织或者公民,可以作为保证人。但是,以下组织不能作为保证人:(1)国家机关不得为保证人,但经国务院批准为使用外国政府或者国际经济组织贷款进行转贷的除外;(2)学校、幼儿园、医院等以公益为目的的事业单位、社会团体不得为保证人;(3)企业法人的分支机构、职能部门不得为保证人,企业法人的分支机构有法人书面授权的,可以在授权范围内提供保证。

任何单位和个人不得强令银行等金融机构或者企业为他人提供保证;银行等金融机构或者企业对强令其为他人提供保证的保证行为,有权拒绝。

4. 保证责任

保证合同生效后,保证人就应当在合同约定的保证范围和保证期间承担保证责任。

保证担保的范围包括主债权及利息、违约金、损害赔偿金和实现债权的费用。保证合同另有约定的,按照约定。当事人对保证担保的范围没有约定或者约定不明确的,保证人应当对全部债务承担责任。

保证期间,债权人依法将主债权转让给第三人的,保证人在原保证担保的范围内继续承担保证责任。保证合同另有约定的,按照约定。保证期间,债权人许可债务人转让债务的,应当取得保证人书面同意,保证人对未经其同意转让的债务,不再承担保证责任。债权人与债务人协议变更主合同的,应当取得保证人书面同意,未经保证人书面同意的,保证人不再承担保证责任。保证合同另有约定的,按照约定。

一般保证的保证人未约定保证期间的,保证期间为主债务履行期届满之日起6个月。连带责任保证的保证人与债权人未约定保证期间的,债权人有权自主债务履行期届满之日起6个月内要求保证人承担保证责任。

5. 建设工程施工常用的保证种类

(1)施工投标保证金。投标保证金是指投标人按照招标文件的要求向招标人出具的,以一定金额表示的投标责任担保。其实质是为了避免因投标人在投标有效期内随意撤回、撤销投标或中标后不能提交履约保证金和签署合同等行为而给招标人造成损失。

投标保证金除现金外,可以是银行出具的银行保函、保兑支票、银行汇票或现金支票。

(2)施工合同履约保证金。《中华人民共和国招标投标法》(以下简称《招标投标法》)规定,招标文件要求中标人提交履约保证金的,中标人应当提供。

施工合同履约保证金,是为了保证施工合同的顺利履行而要求承包人提供的担保。施工合同履约保证金多为提供第三人的信用担保(保证),一般是由银行或者担保公司向招标人出具履约保函或者保证书。

《中华人民共和国招标投标法》

(3) 工程款支付担保。《工程建设项目施工招标投标办法》规定,招标人要求中标人提供履约保证金或其他形式履约担保的,招标人应当同时向中标人提供工程款支付担保。

工程款支付担保,是发包人向承包人提交的、保证按照合同约定支付工程款的担保,通常采用由银行出具保函的方式。

《工程建设项目施工招标投标办法》(2013年修订)

(二) 抵押

根据《民法典》第三百九十四条的规定,抵押是指债务人或者第三人不转移对财产的占有,将该财产作为债权的担保。债务人不履行债务时,债权人有权依照法律规定以该财产折价或者以拍卖、变卖该财产的价款优先受偿。其中,债务人或者第三人称为抵押人,债权人称为抵押权人。

1. 抵押物

下列财产可以作为抵押物:(1)抵押人所有的房屋和其他地上定着物;(2)抵押人所有的机器、交通运输工具和其他财产;(3)抵押人依法有权处置的国有土地使用权、房屋和其他地上定着物;(4)抵押人依法有权处置的国有机器、交通运输工具和其他财产;(5)抵押人依法承包并经发包方同意抵押的荒山、荒沟、荒丘、荒滩等荒地的土地使用权;(6)依法可以抵押的其他财产。

下列财产不得抵押:(1)土地所有权;(2)耕地、宅基地、自留地、自留山等集体所有的土地使用权;(3)学校、幼儿园、医院等以公益为目的的事业单位、社会团体的教育设施、医疗卫生设施和其他社会公益设施;(4)所有权、使用权不明或者有争议的财产;(5)依法被查封、扣押、监管的财产;(6)依法不得抵押的其他财产。

2. 抵押的效力

抵押担保的范围包括主债权及利息、违约金损害赔偿金和实现抵押权的费用。当事人也可以在抵押合同中约定抵押担保的范围。

3. 抵押权的实现

债务履行期届满抵押权人未受清偿的,可以与抵押人协议以抵押物折价或者以拍卖、变卖该抵押物所得的价款受偿;协议不成的,抵押权人可以向人民法院提起诉讼。抵押物折价或者拍卖、变卖后,其价款超过债权数额的部分归抵押人所有,不足部分由债务人清偿。

(三) 质押

根据《民法典》第四百二十五条的规定,动产质权是指债务人或者第三人将其动产或权利移交债权人占有,将该动产或者权利作为债权的担保。债务人不履行债务时,债权人有权依照法律规定以该动产或者权利折价或者以拍卖、变卖该动产或权利的价款优先受偿。

(四) 留置

按照《民法典》四百四十七条留置权的一般规定,债务人不按照合同约定的期限履行债务的,债权人有权依照法律规定留置该财产,以该财产折价或者以拍卖、变卖该财产的价款优先受偿。

(五) 定金

法律规定,当事人可以约定一方向对方给付定金作为债权的担保。债务人履行债务后,定金应当抵作价款或者收回。给付定金的一方不履行约定的债务的,无权要求返还定金;收受定金的一方不履行约定的债务的,应当双倍返还定金。

第三节 建设工程法规的体系

一、建设工程法规的概念与特征

(一) 建设工程法规的概念

建设工程法规也称建设法规,是指由国家立法机关或者其授权的行政机关制定的,调整国家及其有关机构、企事业单位、社会团体和公民之间在建设活动中所发生的各种社会关系的法律规范的总称。

(二) 建设工程法规的特征

1. 行政性

行政性是建设法规区别于其他法律的主要特征。在建设法律规范中,调整方式的特点主要体现为行政强制性。调整方式有授权、命令、禁止、许可、免除、确认、计划和撤销等。

2. 广泛性

建设法规调整的是建设领域的各种社会经济关系,这种关系既有行政机关或者被授权组织与建设单位、勘察设计单位、施工单位、监理单位等"行政相对人"之间的行政管理和被管理关系,又有国家在协调经济运行过程中发生的经济关系。

3. 经济性

建设法规是经济法的重要组成部分,因此也必然带有经济性特征。建筑业和房地产业等建设活动直接为社会创造财富,为国家积累财富。如房地产开发、商品房销售、建设工程勘察设计、施工安装等都是直接为社会创造财富的活动。

4. 技术性

工程建设与人们的生存、进步和发展息息相关,建设产品的质量与人们的生命财产密切相关。这就需要诸如《生活饮用水卫生标准》《民用建筑通用规范》和《城镇燃气管网抢修与维护技术规程》等大量的标准、规范和规程来对工程建设的各个方面进行规范,这些被称为技术规范(或技术标准)。

二、建设工程法规体系的概念

建设工程法规体系是我国法律体系的重要组成部分。同时,建设法规体系又相对自成体系,具有相对独立性。法治统一原则,要求建设法规体系必须服从国家法律体系的总要求,发包方面的法律必须与宪法和相关的法律保持一致,建设行政法规、部门规章和地方性法规、规章不得与宪法、法律以及上一层次的法规相抵触。另外,建设法规应能覆盖建设事业的各个行业、各个领域以及建设行政管理的全过程,使建设活动的各个方面都有法可依、有章可循,使建设行政管理的每一个环节都纳入法治轨道。并且,在建设法规体系内部,不仅纵向不同层次的法律、法规之间应当相互衔接,不能抵触;而且横向同层次的法律、法规之间,亦应协调配套,不能互相矛盾、重复或者留有空白。

第四节 建设工程法规的作用

根据行为主体的不同,法的规范作用具体可分为指引、评价、教育、预测和强制作用。建设工程法规对建设活动主体的建设行为的规范性作用主要表现为以下几个方面。

一、教育和指引作用

人们所进行的各种具体行为必须遵循一定的准则。只有在法律规定的范围内进行的行为才能得到国家的承认与保护,才能实现行为人预期的目的。从事各种具体的建设活动所应遵循的行为规范,即建设法律规范。通过对合法行为的肯定和对违法行为的否定来教育违法者和其他建设活动主体严格遵守建设法规。同时,也为行为主体提出了指导性的规定。

建设工程法规中规定有些建筑行为必须做,如《建筑法》第五十八条规定的"建筑施工企业必须按照工程设计图纸和施工技术标准施工",即为义务性的建筑行为规定;有些建筑行为禁止做,如《招标投标法》第三十二条规定的"投标人不得相互串通投标报价,不得排挤其他投标人的公平竞争,损害招标人或者其他投标人的合法权益""投标人不得与招标人串通投标,损害国家利益、社会公共利益或者他人的合法权益""禁止投标人以向招标人或者评标委员会成员行贿的手段谋取中标",即为禁止性的建筑行为规定。

建设工程法规中同时规定人们有权选择某种建筑行为。它既不禁止人们做出这种建筑行为,也不要求人们必须做出这种建筑行为,而是赋予了一个权利,做与不做都不违反法律,一切由当事人自己决定。如《建筑法》第二十四条规定的"建筑工程的发包单位可以将建筑工程的勘察、设计、施工、设备采购一并发包给一个工程总承包单位,也可以将建筑工程勘察、设计、施工、设备采购的一项或者多项发包给一个工程总承包单位",就属于授权性的建筑行为。

二、保护和惩罚作用

(一)保护合法建设行为

建设工程法规的作用不仅在于对建设主体的行为加以规范和指导,还应对一切符合法规的建筑行为给予确认和保护。这种确认和保护一般是通过建设法规的原则规定反映的。如《建筑法》第四条规定的"国家扶持建筑业的发展,支持建筑科学技术研究,提高房屋建筑设计水平,鼓励节约能源和保护环境,提倡采用先进技术、先进设备、先进工艺、新型建筑材料和现代管理方式",第五条规定的"任何单位和个人都不得妨碍和阻挠依法进行的建筑活动"即属于保护合法建筑行为的规定。

(二)处罚违法建设行为

建设工程法规既要对合法行为加以保护,又要对违法行为给予制裁。要实现对建设行为的规范和指导作用,必须对违法建设行为给予应有的处罚。否则,建设法规所确定的法律制度由于得不到实施过程中强制手段的法律保障,就会变成无实际意义的规范。因此,建设法规都有对违法建设行为的处罚规定。如《建筑法》第七十二条规定,建设单位违反本法规定,要求建筑设计单位或者建筑施工企业违反建筑工程质量、安全标准,降低工程质量的,责令改正,可以处以罚款;构成犯罪的,依法追究刑事责任,即属于处罚违法建筑行为的规定;再如《建筑法》第二十八条规定,禁止承包单位将其承包的全部建筑工程转包给他人,禁止承包单位将其承包的全部建筑工程肢解以后以分包的名义分别转包给他人。正是由于有了上述法律的规定,建设行为主体才明确了自己可以为、不得为和必须为的一定的建设行为,并以此指导制约自己的行为,体现出建设法规对具体建设行为的规范和指导作用。

三、评价和预测作用

建设工程法规具有评价作用,它对违法行为的制裁就是一种否定性评价,如我国《建设工程质量管理条例》第六十四条规定,施工单位在施工中偷工减料的,使用不合格的建筑材料、建筑构配件和设备的,或者有不按照工程设计图纸或者施工技术标准施工的其他行为的,责令改正,处工程合同价款 2%以上 4%以下的罚款;情节严重的,责令停业整顿,降低资质等级或者吊销资质证书。同时建设工程法规还具有预测作用,如《建筑法》就对建设单位、施工单位以及勘察设计单位提出了许多预测性规定,《建设工程质量管理条例》第九条规定,建设单位必须向有关的勘察、设计、施工、工程监理等单位提供与建设工程有关的原始资料。

第五节　我国工程建设的基本程序

建设程序是指一项建设工程从设想、提出到决策,经过设计、施工,直至投产或交付使用的整个过程中应当遵循的内在规律。

按照建设工程的内在规律,投资建设一项工程应当经过投资决策、建设实施和交付使用三个发展时期。每个发展时期又可分为若干个阶段,各阶段以及每个阶段内的各项工作之间存在着不能随意颠倒的严格先后顺序关系。科学的建设程序应当在坚持"先勘察、后设计、再施工"的原则基础上,突出优化决策、竞争择优、委托监理的原则。

一、项目建议书阶段

项目建议书是向国家提出建设某一项目的建议性文件,是建设工程中最初阶段的工作,是投资决策前对拟建项目的轮廓设想。其主要作用是通过论述拟建项目的建设必要性、可行性,以及获利、获益的可能性,向国家推荐建设项目、供国家选择并确定是否进行下一步工作。项目建议书根据拟建项目规模报送有关部门审批。

二、可行性研究阶段

可行性研究是指在项目决策之前,通过调查、研究、分析与项目有关的工程、技术、经济等方面的条件和情况,对可能的多种方案进行比较论证,同时对项目建成后的经济效益进行预测和评价的一种投资决策分析方法和科学分析活动。

其主要作用是为建设项目投资决策提供依据,同时也为建设项目设计、银行贷款、申请开工建设、建设项目实施、项目评估、科学实验、设备制造等提供依据。

可行性研究主要解决项目建设是否必要,技术方案是否可行,生产建设条件是否具备,项目建设是否经济合理等问题。

三、设计阶段

设计是对拟建工程的实施在技术上和经济上所进行的全面而详细的安排,是项目建设计划的具体化,是组织施工的依据。设计质量直接关系到建设工程的质量,是建设工程的决定性环节。

一般项目进行两阶段设计,即初步设计和施工图设计。技术上复杂而又缺乏设计经验的项目,在初步设计后加技术设计。

四、建设准备阶段

在工程开工建设之前,应当切实做好各项准备工作。其中包括:组建项目法人;征地、拆迁和场地平整;做到水通、电通、路通;组织设备、材料订货;建设工程报建;委托工程监理;组织施工招标投标,择优选定施工单位;办理施工许可证。

五、施工安装阶段

建设工程具备了开工条件并取得施工许可证后才能开工。这是项目决策的实施、建成投产发挥效益的关键环节。新开工建设的时间,是指项目计划文件中规定的任何一项永久性工程第一次破土开槽开始施工的日期。本阶段的主要任务是按设计进行施工安装,建成工程实体。

六、生产准备阶段

生产准备的内容很多,不同类型的项目对生产准备的要求也各不相同,但从总的方面看,生产准备的主要内容有:招收和培训人员,生产组织准备,生产技术准备,生产物资准备。

七、竣工验收阶段

建设工程按设计文件规定的标准全部完成,并按规定将工程内外全部清理完毕后,达到竣工验收条件,建设单位即可组织勘察、设计、施工、监理等有关单位进行竣工验收。竣工验收是考核建设成果、检验设计和施工质量的关键步骤,是由投资成果转入生产或使用的标志。竣工验收合格后,建设工程方可交付使用。

本章小结

本章主要对法律体系和法的形式、民法的基本知识、建设工程法规的作用、建设工程法规的体系等内容进行了阐述。

建设工程法规又称建设法规,是指国家立法机关或其授权的行政机关制定的,调整国家及其有关机构、企事业单位、社会团体、公民之间在建设活动中所发生的各种社会关系的法律规范的总称。建设法规具有行政性、广泛性、经济性和技术性。

在建设法规作用中,重点介绍了教育和指引作用、保护和惩罚作用及评价和预测作用;在建设法规体系中,主要介绍了建设法规体系的概念、建设法规体系的构成及我国现行建设法规颁布情况。

习 题

一、单项选择题

1. 调整平等主体的公民之间、法人之间及公民与法人之间的财产关系和人身关系的法律规范总称是(　　)。
   A. 商法　　　　　　B. 社会法　　　　　　C. 经济法　　　　　　D. 民法

2. 下列关于工程建设审计结论的说法中,错误的是(　　)。
   A. 当事人可以约定以审计结论作为合同的结算依据
   B. 审计结论与合同价款不一致并不必然影响合同效力
   C. 审计结论任何时候都不能作为合同案件的判决依据
   D. 合同约定不明或约定无效时,审计结论可以作为判决依据

3. 下列法律中,属于民法商法的是(　　)。
   A.《中华人民共和国劳动法》　　　　B.《中华人民共和国公司法》
   C.《中华人民共和国劳动合同法》　　D.《中华人民共和国审计法》

4. 下列法律中,属于经济法的是(　　)。
   A.《中华人民共和国标准化法》　　　B.《中华人民共和国消防法》
   C.《中华人民共和国招标投标法》　　D.《中华人民共和国劳动法》

5. 下列法律中,属于行政法的是(　　)。
   A.《中华人民共和国统计法》　　　　B.《中华人民共和国建筑法》
   C.《中华人民共和国预算法》　　　　D.《中华人民共和国土地管理法》

6. 关于法的效力层级,下列表述中错误的是(　　)。
   A. 宪法至上　　　　　　　　　　　B. 新法优于旧法
   C. 特别法优于一般法　　　　　　　D. 一般法优于特别法

7. 按照上位法与下位法的法律地位与效力,下列说法中错误的是(　　)。
   A.《中华人民共和国建筑法》高于《建设工程质量管理条例》
   B.《建设工程质量管理条例》高于《注册建造师管理规定》
   C.《建设工程安全生产管理条例》高于《建设工程施工现场管理规定》
   D.《北京市建筑市场管理条例》高于《河南省建筑市场管理条例》

二、多项选择题

1. 下列法律中,属于社会法的有(   )。
   A.《中华人民共和国残疾人保障法》   B.《中华人民共和国劳动法》
   C.《中华人民共和国职业病防治法》   D.《中华人民共和国环境影响评价法》
   E.《中华人民共和国矿山安全法》

2. 我国现行的建设行政法规主要有(   )。
   A.《建设工程质量管理条例》   B.《建设工程安全生产管理条例》
   C.《建设工程勘察设计管理条例》   D.《城市房地产开发经营管理条例》
   E.《市政公用设施抗灾设防管理规定》

3. 下列立法成果中属于地方性法规、自治条例或单行条例的有(   )。
   A.《北京市招标投标条例》   B.《建筑安装工程招标投标试行办法》
   C.《重庆市建设工程造价管理规定》   D.《宁波市建设工程造价管理办法》
   E.《新疆维吾尔自治区建筑市场管理条例》

4. 关于建设民商事法律关系的特点,下列说法正确的是(   )
   A. 该法律关系主要是财产关系
   B. 该法律关系主要是人身关系
   C. 该法律关系是平等主体之间的关系
   D. 该法律关系的保障措施具有补偿性和财产性
   E. 该法律关系是主体之间的民商事权利和民商事义务关系

5. 某施工企业中标省人民医院门诊楼工程项目,工程完成后审计机关对其进行审计,作出审计结论。对此过程中产生的法律关系,下列说法中正确的是(   )。
   A. 该施工企业与医院之间是民事法律关系
   B. 该施工企业与医院之间法律地位平等
   C. 审计机关与该医院之间是民事法律关系
   D. 审计机关与该施工企业之间是行政法律关系
   E. 审计机关与该施工企业之间法律地位不平等

三、简答题

1. 建设法规有哪些表现形式?它有何作用?我国现行的建设法规主要由哪些规范组成?

2. 代理有哪些基本种类?与建设工程建设活动密切相关的代理有哪些?

习题答案

第二章　城乡规划与土地管理法规

教学目标

本章主要讲述城乡规划法和土地管理法规的相关内容，包括城乡规划的基本概念、制定、实施和土地管理的概念、使用制度等内容。通过本章学习，应达到以下目标：

(1) 了解城乡规划的基本概念、分类、制定实施的原则；
(2) 熟悉城乡规划的编制内容；
(3) 掌握城乡规划实施的有关内容以及违反城乡规划法的法律责任；
(4) 了解土地管理法的概念；
(5) 掌握建设用地的使用制度以及违反土地管理规定的法律责任。

《中华人民共和国城乡规划法》

教学要求

知识要点	能力要求	相关知识
城乡规划法规	(1) 了解城乡规划的基本概念、分类 (2) 掌握城乡规划的编制内容 (3) 掌握城乡规划实施的有关内容	(1) 中国城乡一体的概念 (2) 中国行政管理层次 (3) 不同类型城乡规划的具体作用 (4) 建设工程规划违法的种类
土地管理法规	(1) 了解土地管理法的概念 (2) 掌握建设用地的使用制度 (3) 掌握土地管理中的监督检查	(1) 土地管理法的立法目的 (2) 土地权属登记 (3) 国有土地使用权收回
建设法律关系	(1) 掌握违反城乡规划法的法律责任 (2) 掌握违反土地管理规定的法律责任	(1) 建设工程规划违法的种类 (2) 建设用地违法的种类

基本概念

城乡规划法、城市化、行政许可证、规划编制、建设用地、土地使用权、出让

※引例

> 经政府有关部门批准,甲方(某研究所)建设 4800 m^2 的住宅工程。乙方(某建筑公司)中标后,与甲方签订了工程施工合同。乙方按甲方提供的施工平面位置(规划部门批准的位置)放线后,发现拟建工程北端应拆除的临时建筑花房因未拆除影响正常施工。甲方代表察看现场后,作出将总平面位置进行修改的决定,通知乙方将平面位置向南平移 2 m 后开工。正当乙方按平移后的工程位置挖完基坑时,规划监督工作人员进现场检查发现问题,要求立即停工,向甲方开具 5 万元罚款,并要求工程按原批准的位置施工,不得变动。乙方接到甲方仍按原平面位置施工的书面通知后,提出 15 万元的索赔和工期顺延 20 天。甲方审核后,批准了乙方的索赔。
>
> 请思考:该案例中,甲方是否有错?错在哪里?

案例分析

第一节 城乡规划法规

一、城乡规划法概述

(一)基本概念

1. 城乡的概念

城市是指一定区域内政治、经济、文化的中心,包括国家按行政建制设立的直辖市、市、建制镇。集镇是指乡、民族乡人民政府所在地和经县级人民政府确认由集市发展而形成的作为农村一定区域经济文化和生活服务中心的非建制镇。村庄是指农村村民居住和从事各种生产的聚居点。

2. 城乡规划的概念

城乡规划是指为了促进城乡经济社会全面协调可持续发展,改善人居环境,确定城市、镇、村庄的发展规模、发展方向、步骤和建设标准,合理利用城乡土地,协调城乡空间布局和各项建设的综合部署和具体安排。

3. 城乡规划法的概念

广义的城乡规划法是指调整城市、镇及村庄规划制订、实施和管理过程中各种社会关系的法律规范的总称。狭义的城乡规划法是指 2007 年 10 月 28 日由中华人民共和国第十届全国人民代表大会常务委员会第三十次会议通过的《中华人民共和国城乡规划法》(以下简称《城乡规划法》),该法律自 2008 年 1 月 1 日起施行,包括总则、城乡规划的制定、城乡规划的实施、城乡规划的修改、监督检查、法律责任、附则,共七章七十条。

《国务院关于调整城市规模划分标准的通知》

(二)立法现状

城乡规划法规体系是一个由多部法规组成的复杂而又具有相互联系的法规体系,它是以《城乡规划法》为核心,由配套规章、技术标准和技术规范构成的专门法规体系。

我国现行的城乡规划法是 2008 年 1 月 1 日实施的《城乡规划法》,此前指导我国城市规划的《中华人民共和国城市规划法》同时废止。城乡规划法是仅次于宪法处于第二位阶的法律,是城乡规划与建设领域的核心法律,也是其他配套章程的前提。与《城乡规划法》配套的法规章程有:《村庄和集镇规划建设管理条例》(1993 年 11 月 1 日施行),《城市规划编制单位资质管理规定》(2001 年 3 月 1 日施行),《历史文化名城名镇名村保护条例》(2008 年 7 月 1 日施行),《省域城镇体系规划编制审批办法》(2010 年 7 月 1 日施行),《城市、镇控制性详细规划编制审批办法》(2011 年 1 月 1 日施行),《城乡规划违法违纪行为处分办法》(2013 年 1 月 1 日施行)等。

二、城乡规划的分类

城乡规划包括城镇体系规划、城市规划和镇规划、乡规划和村庄规划。

(一)城镇体系规划

城镇体系是指一定区域范围内在经济社会和空间发展上具有有机联系的城镇群体。

(二)城市规划和镇规划

城市规划和镇规划是从宏观上控制城市、镇土地利用和空间布局,引导城市、镇合理发展的总体部署。城市规划、镇规划的主要任务是:综合研究和确定城镇性质、规模和空间发展形态,统筹安排城镇各项建设用地,合理配置城市、镇各项基础设施。处理好远期发展与近期建设的关系,指导城市、镇合理发展。

(三)乡规划和村庄规划

乡规划和村庄规划是指为了实现一定时期内的乡、村庄的经济和社会发展目标,而对乡、村庄的性质、规模和发展方向,土地的合理利用,乡、村庄的合理布局所进行的总体设计和具体安排。村庄是指农村村民居住和从事各种生产的聚集点。乡则是指县以下的农村行政区域,地域是由村庄组成。对乡进行的规划为乡规划,对村庄进行的规划为村庄规划。

三、城乡规划的方针和基本原则

(一) 城乡规划的方针

城乡规划的制定和实施,应改善生态环境,促进资源、能源节约和综合利用,保护耕地等自然资源和历史文化遗产,保持地方特色、民族特色和传统风貌,防止污染和其他公害,符合区域人口发展、国防建设、防灾减灾和公共卫生、公共安全的需要。

城乡规划必须从经济社会发展的实际出发,合理确定城市、镇的发展规模、步骤和建设标准。

(二) 城乡规划的基本原则

在《城乡规划法》中,明确规定以下原则:(1)城乡统筹的原则;(2)合理布局的原则;(3)节约土地的原则;(4)集约发展的原则;(5)先规划后建设的原则。

四、城乡规划的制定

(一) 城镇体系规划的编制

1. 城镇体系规划的分类和编制的组织与审批

(1) 城镇体系规划的分类。城镇体系规划一般分为全国城镇体系规划、省域(或自治区区域)城镇体系规划两个基本层次。

(2) 城镇体系规划编制的组织与审批。国务院城乡规划主管部门会同国务院有关部门组织编制全国城镇体系规划,用于指导省域城镇体系规划、城镇总体规划的编制。全国城镇体系规划由国务院城乡规划主管部门报国务院审批。

2. 城镇体系规划的任务和期限

(1) 城镇体系规划的任务是综合评价城镇发展条件,制定区域城镇发展战略,预测区域人口增长和城镇化水平,拟定各相关城镇的发展方向与规模,协调城镇发展与产业配置的时空关系,统筹安排区域基础设施和社会设施,引导和控制区域城镇的合理发展与布局,指导城镇总体规划的编制。

(2) 城镇体系规划的期限,一般为20年。

(二) 城市总体规划、镇总体规划的编制

1. 城市总体规划、镇总体规划编制的组织与审批

城市人民政府组织编制城市总体规划。直辖市的城市总体规划由直辖市人民政府报国务院审批。省、自治区人民政府所在地的城市以及国务院确定的城市的总体规划,由省、自治区人民政府审查同意后,报国务院审批。其他城市的总体规划,由城市人民政府报省、自治区人民政府审批。

县人民政府组织编制县人民政府所在地镇的总体规划,报上一级人民政府审批,其

他镇的总体规划由镇人民政府组织编制,报上一级人民政府审批。

根据实际需要,在编制总体规划前可以编制城市总体规划、镇总体规划纲要,大、中城市可以在总体规划的基础上编制分区规划。

2. 城市总体规划、镇总体规划纲要的任务、内容和成果

(1) 城市总体规划、镇总体规划纲要的任务是研究确定城市总体规划、镇总体规划的重大原则,并作为编制城市总体规划、镇总体规划的依据。

(2) 城市总体规划、镇总体规划纲要的内容包括以下几个方面:论证城镇国民经济和社会发展条件,原则确定规划期内城镇发展目标;论证城镇在区域发展中的地位,原则确定规划期内城镇发展目标;原则确定城镇性质、规模、总体布局,选择城镇发展用地,提出城镇规划区范围的初步意见;研究确定城镇能源、交通、供水等城镇基础设施开发建设的重大原则指导性问题,以及实施城镇规划的重要措施。

(3) 城市总体规划、镇总体规划纲要的成果包括文字说明和必要的示意性图纸。

3. 城市总体规划、镇总体规划的任务和期限

(1) 城市总体规划、镇总体规划的任务是综合研究和确定城市、镇性质、规模和空间发展形态,统筹安排城市、镇各项建设用地,合理配置城市、镇各项基础设施,处理好远期与近期建设的关系,指导城市、镇合理发展。

(2) 城市总体规划、镇总体规划的规划期限一般为 20 年,近期建设规划期限一般为 5 年。

4. 城市总体规划、镇总体规划的内容

城市总体规划、镇总体规划的内容应当包括:城市、镇的发展布局,功能分区,用地布局,综合交通体系,禁止、限制和适宜建设的地域范围,各类专项规划等。

(三) 城市详细规划、镇详细规划的编制

1. 城市详细规划、镇详细规划编制的组织与审批

城市人民政府城乡规划主管部门根据城市总体规划的要求,组织编制城市的控制性详细规划,经本级人民政府批准后,报本级人民代表大会常务委员会和上一级人民政府备案。镇人民政府根据镇总体规划的要求,组织编制镇的控制性详细规划,报上一级人民政府审批。县人民政府所在镇的控制性详细规划,由县人民政府城乡规划主管部门根据镇总体规划的要求组织编制,经县人民政府批准后,报本级人民代表大会常务委员会和上一级人民政府备案。

2. 城市详细规划、镇详细规划的任务

城市详细规划的主要任务是以总体规划或者分区规划为依据,详细规定建设用地的各项控制指标和其他规划管理要求,或者直接对建设做出具体的安排和规划设计。

3. 城市详细规划、镇详细规划的内容

控制性详细规划的内容包括以下几个方面:土地使用性质及其兼容性等功能控制要求;容积率、建筑高度、建筑密度、绿地率等用地指标;基础设施、公共服务设施、公共安全设施的用地规模、范围及具体控制要求,地下管线控制要求;道路规划的控制界线

（红线）、基础设施用地的控制界线（黄线）、各类绿地范围的控制线（绿线）、历史文化街区和历史建筑的保护界线（紫线）、地表水体保护和控制的地域界线（蓝线），即"五线"及其控制要求。

修建性详细规划的内容包括以下几个方面：建设条件分析及综合技术经济论证；做出建筑、道路和绿地等的空间布局和景观规划设计，布置总平面图；道路交通规划设计；绿地系统规划设计；工程管线规划设计；竖向规划设计；估算工程量、拆迁量和总造价，分析投资效益。

（四）乡规划、村庄规划的编制

1. 乡规划、村庄规划编制的组织、审批和内容

乡、镇人民政府组织编写乡规划、村庄规划，报上一级人民政府审批。村庄规划在报送审批前，应当经村民委员会或者村民代表会议讨论同意。

乡规划、村庄规划的内容应当包括规划区范围，住宅、道路、供水、排水、供电、垃圾收集、畜禽养殖场所等农村生产、生活服务设施、公益事业等各项建设的用地布局、建设要求，以及对耕地等自然资源和历史文化遗产保护、防灾减灾等的具体安排。乡规划还应当包括本行政区域内的村庄发展布局。

乡规划、村庄规划期限，由省、自治区、直辖市人民政府根据本地区实际情况规定。

2. 乡总体规划、村庄总体规划

乡总体规划、村庄总体规划是乡级行政区域内村庄和集镇布点规划及相应的各项建设的整体部署。乡总体规划、村庄总体规划的主要内容包括：乡级行政区域的村庄、集镇布点，村庄和集镇的位置、性质、规模和发展方向，村庄和集镇的交通、供水、供电、邮电、商业、绿化等生产和生活服务设施的配置。

3. 乡建设规划、村庄建设规划

乡建设规划、村庄建设规划应当在乡、村庄总体规划指导下，具体安排乡、村庄的各项建设。乡建设规划的主要内容包括：住宅、乡村企业、乡公共设施、公益事业等各项建设的用地布局、用地规模，有关的技术经济指标，近期建设工程以及重点地段建设具体安排。

《村庄和集镇规划建设管理条例》

五、城乡规划的实施

（一）城乡规划实施的原则

城乡规划的实施，是经过法律程序批准的城乡规划设计方案的实施过程，在实施过程中应遵循以下原则：（1）根据当地经济社会发展水平，量力而行的原则；（2）尊重群众

意愿的原则；(3)有计划分步骤地实施的原则。

(二) 城乡规划公布制度

城乡规划公布制度是指在规划报批前和批准后，采用适当的方式向全社会公布。

公布城乡规划有以下两个方面的作用：(1)有利于公众了解并参与城乡规划；(2)有利于公众监督城乡规划的实施。

(三) 选址意见书

1. 选址意见书概述

选址意见书是指建设工程(主要指新建大、中型工业与民用项目)在立项过程中，上报的设计任务书必须附有由城乡规划行政主管部门提出的关于建设项目选在哪个方位的意见。

2. 建设项目选址意见书的内容

建设项目选址意见书的内容包括：(1)建设项目的基本情况，主要是指建设项目的名称、性质、用地与建设规模供水与能源的需求量，采取的运输方式与运输量，以及废水、废气、废渣的排放方式和排放量。(2)建设项目规划选址的主要依据：经批准的项目建议书；建设项目与城市规划布局是否协调；建设项目与城市交通、通信、能源、市政、防灾规划是否衔接与协调建设项目配套的生活设施与城市生活居住及公共设施规划是否衔接与协调；建设项目对于城市环境可能造成的污染影响，以及与城市环境保护规划和风景名胜、文物古迹保护规划是否协调。(3)建设项目选址、用地范围和具体规划要求。

3. 建设项目选址意见书的核发程序

建设项目选址意见书的核发程序主要包括：(1)选址申请；(2)参加选址；(3)选址审查；(4)核发选址意见书。

(四) 建设用地规划许可证制度

建设用地规划许可证是建设单位和个人提出建设用地申请，城乡规划行政主管部门根据规划和建设项目的用地需要，确定建设用地位置、面积、界限的法定凭证。在城市、镇规划区内进行建设需要用地的，必须得到批准取得建设用地规划许可证。它是申请工程开工的必备证件。

1. 划拨地的建设用地规划许可证

《城乡规划法》第三十七条规定，在城市、镇规划区内以划拨方式提供国有土地使用权的建设项目，经有关部门批准、核准、备案后，建设单位应当向城市、县人民政府城乡规划主管部门提出建设用地规划许可申请，由城市、县人民政府城乡规划主管部门依据控制性详细规划核定建设用地的位置、面积、允许建设的范围，核发建设用地规划许可证。建设单位在取得建设用地规划许可证后，方可向县级以上地方人民政府土地主管部门申请用地，经县级以上人民政府审批后，由土地主管部门划拨土地。

建设单位建设用地审批程序分为以下几个步骤：(1)建设用地规划许可申请；(2)现场踏勘；(3)审查总平面，核定用地面积；(4)核发建设用地规划许可证。

2. 出让地的建设用地规划许可证

《城乡规划法》第三十八条规定,在城市、镇规划区内以出让方式提供国有土地使用权的,在国有土地使用权出让前,城市、县人民政府城乡规划主管部门应当依据控制性详细规划,提出出让地块的位置、使用性质、开发强度等规划条件,作为国有土地使用权出让合同的组成部分。未确定规划条件的地块,不得出让国有土地使用权。以出让方式取得国有土地使用权的建设项目,建设单位在取得建设项目的批准、核准、备案文件和签订国有土地使用权出让合同后,向城市、县人民政府城乡规划主管部门领取建设用地规划许可证。

建设用地审批程序分为以下几个步骤:(1)建设用地规划许可申请;(2)审查出让的国有土地;(3)签订国有土地使用权出让合同;(4)领取建设用地规划许可证。

(五)建设工程规划许可证制度

1. 建设工程规划许可证概述

建设工程规划许可证制度是对城市、镇规划区域内的建设项目,城乡规划主管部门向建设单位或个人核发的确认其建设工程符合城乡规划要求的证件。它也是申请工程开工的必备证件。

《城乡规划法》第四十条规定,在城市、镇规划区内进行建筑物、构筑物、道路、管线和其他工程建设的,建设单位或者个人应当向城市、县人民政府城乡规划主管部门或者省、自治区、直辖市人民政府确定的镇人民政府申请办理建设工程规划许可证。

2. 建设工程规划许可证的核发程序

建设工程规划许可证的核发程序如下。

(1)申请单位或个人需提交必要材料。提交的材料主要包括:使用土地的有关证明文件和建设工程设计方案等文件;需要编制修建性详细规划的建设项目,提交修建性详细规划。

(2)审批机关的审查。城市、县人民政府城乡规划主管部门或者省、自治区、直辖市人民政府确定的镇人民政府,根据控制性详细规划和其他规划条件,对上述材料进行审查,符合要求的,予以核发建设工程规划许可证。

(3)修建性详细规划和建设工程设计方案的总平面图的公布。城市、县人民政府城乡规划主管部门或者省、自治区、直辖市人民政府确定的镇人民政府应当依法将经审定的修建性详细规划、建设工程设计方案的总平面图予以公布。

(六)乡村建设规划许可证制度

1. 乡村建设规划许可证制度概述

乡村建设规划许可证制度是对乡、村庄规划区域内的建设项目,城乡规划主管部门向建设单位或者个人核发的确认其建设工程符合城乡规划要求的证件。

2. 乡村建设规划许可证制度的核发程序

乡村建设规划许可证制度的核发程序如下。

(1)提出申请建设单位或者个人向乡、镇人民政府提出申请。

（2）市、县规划部门审核乡、镇人民政府在受理申请后，报市、县人民政府城乡规划主管部门审核。

（3）核发乡村建设规划许可证。审核通过后，由市、县规划主管部门核发乡村建设规划许可证。

（七）城乡规划编制单位资格管理制度

《城乡规划法》第二十四条第一款规定，城乡规划组织编制机关应当委托具有相应资质等级的单位承担城乡规划的具体编制工作。

从事城乡规划编制的单位首先应具备以下条件：(1)有法人资格；(2)有规定数量的经国务院城乡规划主管部门注册的规划师；(3)有规定数量的相关专业技术人员；(4)有相应的技术装备；(5)有健全的技术、质量、财务管理制度。

具备以上条件的单位，应经国务院城乡规划主管部门或者省、自治区、直辖市人民政府城乡规划主管部门依法审查合格，取得相应等级的资质证书后，方可在资质等级许可的范围内从事城乡规划编制工作。

六、城乡规划的修改

（一）省域城镇体系规划、城镇总体规划的修改

省域城镇体系规划、城市总体规划、镇总体规划的组织编制机关，应当组织有关部门和专家定期对规划实施情况进行评估，并采取论证会、听证会或者其他方式征求公众意见。组织编制机关应当向本级人民代表大会常务委员会、镇人民代表大会和原审批机关提出评估报告并附具征求意见的情况。

有下列情形之一的，组织编制机关方可按照规定的权限和程序修改省域城镇体系规划、城市总体规划、镇总体规划：(1)上级人民政府制定的城乡规划发生变更、提出修改规划要求的；(2)行政区划调整确需修改规划的；(3)因国务院批准重大建设工程确需修改规划的；(4)经评估确需修改规划的；(5)城乡规划的审批机关认为应当修改规划的其他情形。

（二）详细规划的修改

修改控制性详细规划的，组织编制机关应当对修改的必要性进行论证，征求规划地段内利害关系人的意见，并向原审批机关提出专题报告，经原审批机关同意后，方可编制修改方案。修改后的控制性详细规划，应当依照《城乡规划法》规定的控制性详细规划审批程序报批，控制性详细规划修改涉及城市总体规划、总体规划的强制性内容的，应当先修改总体规划。

七、城乡规划的监督检查

（一）监督检查的责任主体和内容

县级以上人民政府及其城乡规划主管部门应当加强对城乡规划编制、审批、实施、

修改的监督检查。

(二) 人民政府向人大报告规划实施情况制度

地方各级人民政府应当向本级人民代表大会常务委员会或者乡、镇人民代表大会报告城乡规划的实施情况,并接受监督。

(三) 规划行政主管部门的监督检查权

县级以上人民政府城乡规划主管部门对城乡规划的实施情况进行监督检查,有权采取以下措施:(1)要求有关单位和人员提供与监督事项有关的文件、资料,并进行复制;(2)要求有关单位和人员就监督事项涉及的问题作出解释和说明,并根据需要进入现场进行勘测;(3)责令有关单位和人员停止违反有关城乡规划的法律、法规的行为。

(四) 对规划行政主管部门的监督

依照城乡规划法规定应当给予行政处罚,而有关城乡规划主管部门不给予行政处罚的,上级人民政府城乡规划主管部门有权责令其作出行政处罚决定或者建议有关人民政府责令其给予行政处罚。

《城乡规划违法违纪行为处分办法》

八、违反《城乡规划法》的法律责任

《城乡规划法》第六章明确规定了违反《城乡规划法》所应当承担的法律责任。主要有以下内容。

《城乡规划法》第五十八条规定,对依法应当编制城乡规划而未组织编制,或者未按法定程序编制、审批、修改城乡规划的,由上级人民政府责令改正,通报批评;对有关人民政府负责人和其他直接责任人员依法给予处分。

《城乡规划法》第五十九条规定,城乡规划组织编制机关委托不具有相应资质等级的单位编制城乡规划的,由上级人民政府责令改正,通报批评;对有关人民政府负责人和其他直接责任人员依法给予处分。

《城乡规划法》第六十条规定,镇人民政府或者县级以上人民政府城乡规划主管部门有下列行为之一的,由本级人民政府、上级人民政府城乡规划主管部门或者监察机关依据职权责令改正,通报批评;对直接负责的主管人员和其他直接责任人员依法给予处分:(1)未依法组织编制城市的控制性详细规划、县人民政府所在地镇的控制性详细规划的;(2)超越职权或者对不符合法定条件的申请人核发选址意见书、建设用地规划许可证、建设工程规划许可证、乡村建设规划许可证的;(3)对符合法定条件的申请人未在法定期限内核发选址意见书、建设用地规划许可证、建设工程规划许可证、乡村建设规划许可证的;(4)未依法对经审定的修建性详细规划、建设工程设计方案的总平面图予以公布的;(5)同意修改修建性详细规划、建设工程设计方案的总平面图前未采取听证会等形式听取利害关系人的意见的;(6)发现未依法取得规划许可或者违反规划许可的规定在规划区内进行建设的行为,而不予查处或者接到举报后不依法处理的。

《城乡规划法》第六十二条规定,城乡规划编制单位有下列行为之一的,由所在地城市、县人民政府城乡规划主管部门责令限期改正,处合同约定的规划编制费1倍以上2倍以下的罚款;情节严重的,责令停业整顿,由原发证机关降低资质等级或者吊销资质证书;造成损失的,依法承担赔偿责任:(1)超越资质等级许可的范围承揽城乡规划编制工作的;(2)违反国家有关标准编制城乡规划的。

未依法取得资质证书承揽城乡规划编制工作的,由县级以上地方人民政府城乡规划主管部门责令停止违法行为,依照前款规定处以罚款;造成损失的,依法承担赔偿责任。

以欺骗手段取得资质证书承揽城乡规划编制工作的,由原发证机关吊销资质证书,依照本条第一款规定处以罚款;造成损失的,依法承担赔偿责任。

《城乡规划法》第六十三条规定,城乡规划编制单位取得资质证书后,不再符合相应的资质条件的,由原发证机关责令限期改正;逾期不改正的,降低资质等级或者吊销资质证书。

《城乡规划法》第六十四条规定,未取得建设工程规划许可证或者未按照建设工程规划许可证的规定进行建设的,由县级以上地方人民政府城乡规划主管部门责令停止建设;尚可采取改正措施消除对规划实施的影响的,限期改正,处建设工程造价5%以上10%以下的罚款;无法采取改正措施消除影响的,限期拆除,不能拆除的,没收实物或者违法收入,可以并处建设工程造价10%以下的罚款。

《城乡规划法》第六十五条规定,在乡、村庄规划区内未依法取得乡村建设规划许可证或者未按照乡村建设规划许可证的规定进行建设的、由乡、镇人民政府责令停止建设、限期改正;逾期不改正的,可以拆除。

《城乡规划法》第六十六条规定,建设单位或者个人有下列行为之一的,由所在地城市、县人民政府城乡规划主管部门责令限期拆除,可以并处临时建设工程造价一倍以下的罚款:未经批准进行临时建设的;未按照批准内容进行临时建设的;临时建筑物、构筑物超过批准期限不拆除的。

《城乡规划法》第六十七条规定,建设单位未在建设工程竣工验收后六个月内向城乡规划主管部门报送有关竣工验收资料的,由所在地城市、县人民政府城乡规划主管部门责令限期补报;逾期不补报的,处1万元以上5万元以下的罚款。

《城乡规划法》第六十九条规定,违反本法规定,构成犯罪的,依法追究刑事责任。

9起违反城乡规划典型案例

应用案例 1

某市一房地产开发公司经市规划局批准,在该市建设一栋公寓大厦。该大厦规划批准的层数为18层,建设规模为2万 m²。在建设过程中,该房地产公司自主加层,将18层增加至22层,建筑面积增加约为4500m²。公寓大厦层数增加以后,影响了周边建筑的采光和通风,给周边居民的生活造成较大影响。周边的居民认为该公寓大厦违章加层,影响了他们的正常生活,侵犯了他们的合法权益,并多次与房地产开发商交涉,但双方未能达成一致。于是,周边的居民向法院提出行政诉讼。

法院受理该案件后,对公寓大厦进行实地调查,调查发现该公寓大厦存在擅自加层、房屋周边间距不符合城乡规划法律法规的有关规定等问题,认定该大厦已违章,并依法对房地产开发公司处以一定的罚款。

案例分析

应用案例 2

某村位于某城市规划区范围内,该村委会为了加快农业结构调整,在村北约222万 m² 的农业用地上建了蔬菜大棚,占用了100万 m² 土地;又经村委会集体研究,报镇政府同意,利用剩余的122万 m² 土地建设了自用的工业厂房。该市规划部门发现后,责令其立即停止施工并等待处罚。

问题:

(1)村委会的哪些行为是违法的?

(2)该镇政府是否有审批的权力?

(3)本案应如何解决?

案例分析

应用案例 3

某市一工厂位于市区内,因生产不景气,经总公司批准,同意改建一座高层宾馆,占地面积32000m²,总公司在批准时指出市委、市规划主管部门根据规划,经研究并口头同意该厂用地使用性质可以调整。随后该厂便与合作方签订协议,由合作方出资建成以后各得一半的建筑面积,合作双方的建设方案报经总公司批准后,即着手进行建设。正当开始施工时,城乡规划主管部门查处了该建设工程,责令立即停工,听候处理。

问题:

(1)该工程为什么会受到城乡规划主管部门的查处?

(2)城乡规划主管部门应如何处置?

案例分析

应用案例 4

某市有一引资宾馆工程,有关领导部门特别重视该项建设。投资方坚持要占用该市总体规划中心地区的一块规划绿地。有关领导自引资开始至选址、设计方案均迁就投资方要求,市城乡规划主管部门曾提出过不同意见,建议另行选址,但未被采纳,也未坚持。之后,投资方依据设计方案擅自开工,市城乡规划主管部门未予以制止。省城乡规划主管部门在监督检查中发现此事,立即责成市城乡规划主管部门依法查处。

问题:

(1)该工程为什么受到查处?

(2)省、市城乡规划主管部门该如何处理这件事?

案例分析

第二节 土地管理法规

一、概述

土地是人类可利用的一切自然资源中最基本、最宝贵的资源,也是人类赖以生存和发展的基础。然而,土地资源的稀缺性和人类生活需求的无限性造成了土地供求与利用关系中的巨大矛盾,因此,如何从法律的角度有效地规范和调整土地关系,保护与合理利用土地资源,成为世界各国政府和人民所关注的基本问题。在我国,由于人多地少,土地供需矛盾尖锐,土地利用尚不充分,土地退化、流失和毁损严重,滥用耕地问题突出。因此,珍惜土地,严格保护和合理利用每一寸土地,对于我国来说具有特别重要的意义。

(一) 土地管理法的概念

土地管理法是调整人们在开发、利用、管理和保护土地过程中所形成的权利和义务关系的法律规范的总称。

(二) 土地管理法的立法目的

《中华人民共和国土地管理法》(以下简称《土地管理法》)第一条规定,为了加强土地管理,维护土地的社会主义公有制,保护、开发土地资源,合理利用土地,切实保护耕地,促进社会经济的可持续发展,根据宪法,制定本法。这条规定明确了土地管理法的立法目的。具体来讲,主要有:(1)维护土地的社会主义公有制;(2)加强土地管理;(3)保护、开发土地资源,合理利用土地;(4)切实保护耕地;(5)促进社会经济的可持续发展。

(三) 土地管理法的调整对象

土地管理法有它自己特定的调整对象。土地管理法的调整对象就是土地关系。土地关系根据性质的不同可以分为两类。

1. 土地民事法律关系

土地民事法律关系主要是指平等主体之间就土地的开发、利用、交易所发生的财产性的社会关系。如土地所有权制度,土地使用权出让、出租、抵押等制度。这种土地关系当事人之间权利义务的设定遵循诚实信用、自愿互利、等价有偿、协商一致等民法原则。

2. 土地行政法律关系

土地行政法律关系是指国家土地行政管理部门依法履行土地监督管理职责时与个人、组织之间发生的社会关系。这是一种不平等主体之间纵向的、管理与被管理的土地行政管理关系,如土地利用规划制度、土地权属登记制度、土地用途管制制度、土地划拨制度、土地征用制度、土地行政执法制度等。

二、建设用地使用制度

(一) 建设用地的概念

建设用地是指建造建筑物、构筑物的土地,包括城乡住宅和公共设施用地、工矿用地、交通水利设施用地、旅游用地、军事设施用地等。从广义上讲,建设用地是指一切非农建设和农业建设用地。依据《土地管理法》的规定,建设用地可以分为国有建设用地和农村集体建设用地。

(二) 国有建设用地

国有建设用地是指国家进行各项经济、文化、国防建设以及举办社会公共事业所需要使用的土地,包括城市市区的土地,铁路、公路、机场、国有企业、港口等国家所有土地中的建设用地。

1. 国有建设用地使用权的取得

国有建设用地的土地所有权归国家所有,建设单位或者个人使用,必须获得土地使用权,建设单位或者个人获得土地使用权的具体方式有有偿使用和划拨两种方式。

国有土地有偿使用的方式一般采用合同的形式进行。划拨方式属于使用权的无偿授予,一般采用行政文件的形式。

2. 国有建设用地的使用和收回

《土地管理法》第五十五条、五十六条、五十八条规定了国有建设用地的使用和收回,具体内容如下。

以出让等有偿使用方式取得国有土地使用权的建设单位,按照国务院规定的标准和办法,缴纳土地使用权出让金等土地有偿使用费和其他费用后,方可使用土地。

建设单位使用国有土地的,应当按照土地使用权出让等有偿使用合同的约定或者土地使用权划拨批准文件的规定使用土地;确需改变该幅土地建设用途的,应当经有关人民政府自然资源主管部门同意,报原批准用地的人民政府批准。其中,在城市规划区内改变土地用途的,在报批前,应当先经有关城市规划行政主管部门同意。

有下列情形之一的,由有关人民政府自然资源主管部门报经原批准用地的人民政府或者有权批准的人民政府批准,可以收回国有土地使用权:(1)为实施城市规划进行旧城区改建以及其他公共利益需要,确需使用土地的;(2)土地出让等有偿使用合同约定的使用期限届满,土地使用者未申请续期或者申请续期未获批准的;(3)因单位撤销、迁移等原因,停止使用原划拨的国有土地的;(4)公路、铁路、机场、矿场等经核准报废的。

《中华人民共和国城镇国有土地使用权出让和转让暂行条例》

(三) 国家建设用地

国家建设征用土地,是指国家为了公共利益的需要,将集体所有土地转变为国有土地的强制手段。征用农用地的,应当先行办理农用地转用审批。征用土地的各项费用应当自征地补偿、安置方案批准之日起 3 个月内全额支付。

《土地管理法》第四十八条规定,征收土地应当给予公平、合理的补偿,保障被征地农民原有生活水平不降低、长远生计有保障。

征收土地应当依法及时足额支付土地补偿费、安置补助费以及农村村民住宅、其他地上附着物和青苗等的补偿费用,并安排被征地农民的社会保障费用。

具体的补偿标准如下。

(1) 征收农用地的土地补偿费、安置补助费标准由省、自治区、直辖市通过制定公布区片综合地价确定。制定区片综合地价应当综合考虑土地原用途、土地资源条件、土地产值、土地区位、土地供求关系、人口以及经济社会发展水平等因素,并至少每三年调整或者重新公布一次。

(2) 征收农用地以外的其他土地、地上附着物和青苗等的补偿标准,由省、自治区、直辖市制定。

(3) 对其中的农村村民住宅,应当按照先补偿后搬迁、居住条件有改善的原则,尊重农村村民意愿,采取重新安排宅基地建房、提供安置房或者货币补偿等方式给予公平、合理的补偿,并对因征收造成的搬迁、临时安置等费用予以补偿,保障农村村民居住的权利和合法的住房财产权益。

(4) 县级以上地方人民政府应当将被征地农民纳入相应的养老等社会保障体系。被征地农民的社会保障费用主要用于符合条件的被征地农民的养老保险等社会保险缴费补贴。被征地农民社会保障费用的筹集、管理和使用办法,由省、自治区、直辖市制定。

1. 农用地转用

农用地转用是农用地转为建设用地的简称。《土地管理法》第四十四条规定,建设占用土地,涉及农用地转为建设用地的,应当办理农用地转用审批手续。

永久基本农田转为建设用地的,由国务院批准。

在土地利用总体规划确定的城市和村庄、集镇建设用地规模范围内,为实施该规划而将永久基本农田以外的农用地转为建设用地的,按土地利用年度计划分批次按照国务院规定由原批准土地利用总体规划的机关或者其授权的机关批准。在已批准的农用地转用范围内,具体建设项目用地可以由市、县人民政府批准。

在土地利用总体规划确定的城市和村庄、集镇建设用地规模范围外,将永久基本农田以外的农用地转为建设用地的,由国务院或者国务院授权的省、自治区、直辖市人民政府批准。

2. 临时用地

临时用地是指在建设施工过程中或者地质勘查过程中需要临时使用国有或者集体所有的土地,使用完毕后,即恢复土地原状或改善土地使用状况,并归还土地所有人的土地。

(四) 农村集体建设用地

1. 农村集体建设用地的概念

农村集体建设用地,即农村非农业建设用地,是指农民集体所有的用于建造建筑物、构筑物的土地,包括原有的建设用地和经批准办理农用地转用手续的农用地。《土地管理法》中所称"乡(镇)村建设"也是指非农业建设。乡(镇)村建设所占有的土地为农民集体所有。乡(镇)村企业、农村居民对农民集体所有的土地只享有使用权。

2. 农村集体建设用地的使用范围

根据《土地管理法》相关规定,农村集体建设用地的使用范围包含以下三种情况:(1)兴办乡镇企业使用本集体的土地;(2)村民建设住宅使用本集体的土地;(3)乡(镇)村公共设施和公益事业使用本集体的土地,包括农村道路、水利设施、学校、通信设施、医疗卫生设施、敬老院、幼儿园、村委会办公室等。

3. 农村集体建设用地的审批

根据《土地管理法》第六十条的规定,乡(镇)企业用地的审批由县级以上地方人民政府批准;其中,涉及占用农用地的,依照本法第四十四条规定办理审批手续。

乡(镇)村公共设施、公益事业建设,需要使用土地的,经乡(镇)人民政府审核,向县级以上地方人民政府自然资源主管部门提出申请,由县级以上地方人民政府批准。

农村村民住宅用地,由乡(镇)人民政府审核批准。农村村民出卖、出租住房后,再申请宅基地的,不予批准。

4. 农村集体建设用地的收回

根据《土地管理法》第六十六条规定,有下列情形之一的,农村集体经济组织报经原批准用地的人民政府批准,可以收回土地使用权:(1)为乡(镇)村公共设施和公益事业建设,需要使用土地的;(2)不按照批准的用途使用土地的;(3)因撤销、迁移等原因而停止使用土地的。

三、土地管理与违法承担的法律责任

(一) 土地管理中的监督检查

县级以上人民政府自然资源主管部门履行监督检查职责时,有权采取下列措施:(1)要求被检查的单位或者个人提供有关土地权利的文件和资料,进行查阅或者予以复制(2)要求被检查的单位或者个人就有关土地权利的问题做出说明;(3)进入被检查单位或者个人非法占用的土地现场进行勘测;(4)责令非法占用土地的单位或者个人停止违反土地管理法律、法规的行为。

(二) 土地管理中违法行为承担的法律责任

买卖或者以其他形式非法转让土地的,由县级以上人民政府自然资源主管部门没收违法所得;对违反土地利用总体规划擅自将农用地改为建设用地的,限期拆除在非法转让的土地上新建的建筑物和其他设施,恢复土地原状,对符合土地利用总体规划的,没收在非法转让的土地上新建的建筑物和其他设施;可以并处罚款;对直接负责的主管人员和其他直接责任人员,依法给予处分;构成犯罪的,依法追究刑事责任。

占用耕地建窑、建坟或者擅自在耕地上建房、挖砂、采石、采矿、取土等,破坏种植条件的,或者因开发土地造成土地荒漠化、盐渍化的,由县级以上人民政府自然资源主管部门、农业农村主管部门等按照职责责令限期改正或者治理,可以并处罚款;构成犯罪的,依法追究刑事责任。

拒不履行土地复垦义务的,由县级以上人民政府自然资源主管部门责令限期改正;逾期不改正的,责令缴纳复垦费,专项用于土地复垦,可以处以罚款。

未经批准或者采取欺骗手段骗取批准,非法占用土地的,由县级以上人民政府自然资源主管部门责令退还非法占用的土地,对违反土地利用总体规划擅自将农用地改为建设用地的,限期拆除在非法占用的土地上新建的建筑物和其他设施,恢复土地原状,对符合土地利用总体规划的,没收在非法占用的土地上新建的建筑物和其他设施,可以并处罚款;对非法占用土地单位的直接负责的主管人员和其他直接责任人员,依法给予处分;构成犯罪的,依法追究刑事责任。超过批准的数量占用土地,多占的土地以非法占用土地论处。

超过省、自治区、直辖市规定的标准,多占的土地以非法占用土地论处。

无权批准征收、使用土地的单位或者个人非法批准占用土地的,超越批准权限非法批准占用土地的,不按照土地利用总体规划确定的用途批准用地的,或者违反法律规定的程序批准占用、征收土地的,其批准文件无效,对非法批准征收、使用土地的直接负责的主管人员和其他直接责任人员,依法给予处分;构成犯罪的,依法追究刑事责任。非法批准、使用的土地应当收回,有关当事人拒不归还的,以非法占用土地论处。

非法批准征收、使用土地,对当事人造成损失的,依法应当承担赔偿责任。

侵占、挪用被征收土地单位的征地补偿费用和其他有关费用,构成犯罪的,依法追究刑事责任;尚不构成犯罪的,依法给予处分。

依法收回国有土地使用权当事人拒不交出土地的,临时使用土地期满拒不归还的,或者不按照批准的用途使用国有土地的,由县级以上人民政府自然资源主管部门责令交还土地,处以罚款。

依照《土地管理法》规定,责令限期拆除在非法占用的土地上新建的建筑物和其他设施的,建设单位或者个人必须立即停止施工,自行拆除;对继续施工的,做出处罚决定的机关有权制止。建设单位或者个人对责令限期拆除的行政处罚决定不服的,可以在接到责令限期拆除决定之日起 15 日内,向人民法院起诉;期满不起诉又不自行拆除的,由做出处罚决定的机关依法申请人民法院强制执行,费用由违法者承担。

应用案例 5

2019 年 9 月,某工厂经本市计委批准立项,进行某种电子产品项目建设,并于同年 12 月经县政府批准,同意其征用李村土地 6600 m²,其中农业用地 3300 m²,非农业用地 3300 m²。后由于电子市场行情发生变化,该工厂的技改项目一直未开工建设。为使企业摆脱困境,2020 年 10 月,该工厂将 6600 m² 土地作为出资与乙公司联营,乙公司在签约以后,即在土地上圈起了围墙。

问题:

(1)该工厂用地 6600 m² 是否合法?

(2)该工厂为了摆脱困境,将 6600 m² 土地转让给乙公司的行为属于什么性质?

(3)对乙公司圈起的土地如何处理?

案例分析

应用案例 6

某市政府 2021 年 3 月发布公告,欲公开拍卖一块国有土地的使用权。同年 4 月 17 日,甲公司以 700 万元的出让金获得了该块土地的使用权,并经过公证与市国土局签订了土地使用权合同,预付了 100 万元作为定金,按合同规定,国土局在甲公司全部交纳出让金之后予以发证。但事隔不久,甲公司与市国土局交涉,指出拍卖公告中称"土地用途是宿舍楼和单身公寓",对土地用途交代不清楚,使他们误以为可以开发商品房,而导致错误竞拍,地价偏高。据此,他们正式向市政府打报告,要求更改土地用途,如不改变就不再交剩余的出让金。市国土局认为拍卖当日签订的土地使用权合同以及有关这次拍卖文件,都对这块土地用途作了明确说明。况且,自拍卖公告之时至公开拍卖之日,有一个月的充裕时间。在这段时间里甲公司未曾提过土地用途规定不清的问题。因此,市国土局决定收回这块土地使用权,并且不退还该公司的 100 万元定金。双方引发纠纷,诉至法院。

问题:

(1)土地使用权出让可以采用什么方式?本案中双方签订的出让合同是否有效?

(2)甲公司应该在多长时间的期限内交清全部出让金?否则将会承担什么后果?

(3)法院将如何判决?说明理由。

(4)假设双方对出让金没有任何争议,但国土局在合同约定的期限内迟迟没有为甲公司确权发证,甲公司遂将国土局诉至法院。此时法院将如何判决?说明理由。

案例分析

本章小结

本章主要介绍了城乡规划法的基本概念、分类,城乡规划制定实施的原则,城乡规划的编制内容,城乡规划实施的有关内容以及违反城乡规划法的法律责任;土地管理法的概念,建设用地的使用制度,以及违反土地管理规定的法律责任。

一、简答题

1. 城乡规划的定义和分类是什么?
2. 城乡规划实施的基本原则是什么?
3. 建设用地规划许可证的核发程序是什么?
4. 城乡规划主管部门进行监督的权利和义务有哪些?
5. 简述土地管理法的概念与立法目的。
6. 简述国家建设用地的基本要求。
7. 简述农村建设用地的基本要求。
8. 简述违反《中华人民共和国土地管理法》的责任。

二、案例分析题

某村位于某城乡规划区范围以内,该村委会为了发展当地的经济,对农业结构进行调整。经村委会集体研究,将村中原规划用于种植蔬菜的约100万 m^2 改为建自用的工业厂房,并报镇政府同意。该市规划部门发现后,责令其立即停止施工并等待处罚。

问题:你认为该案件应如何处理?请用《中华人民共和国城乡规划法》及相关法规分析此案例。

三、社会调查

查询国土资源主管部门网站,以及采取到国土资源主管部门实地调查的方式,详细了解土地管理法规的内容和施行情况;利用假期社会实践或者结合实习,选择一个土地征用项目,深入了解土地征用的程序和过程情况,并书写一份3000—5000字的调查报告。

习题答案

第三章　建设许可法规

教学目标

本章主要讲述建设许可法规的相关内容，包括建设工程报建制度、建设工程施工许可、建设工程从业单位资格许可以及建设工程专业技术人员执业资格许可等。通过本章学习应达到以下目标：

(1) 熟悉工程报建；
(2) 掌握施工许可相关规定；
(3) 了解从业单位的资质与审批；
(4) 了解专业技术人员注册与执业。

教学要求

知识要点	能力要求	相关知识
建设工程报建制度	(1) 了解建设工程报建的相关概念 (2) 掌握建设工程报建的范围和内容	(1) 工程建设程序 (2) 建设工程报建的程序 (3) 建设工程报建的内容
建设工程施工许可	(1) 了解建筑施工许可的相关概念 (2) 掌握实施施工许可证的范围 (3) 掌握申请领取施工许可证的条件 (4) 熟悉申请办理施工许可证的程序	(1) 建筑许可、建筑施工许可制度和施工许可证的定义 (2) 不需要办理施工许可的工程范围 (3) 施工许可证的有效期与延期、自行废止有关规定 (4) 中止施工的特殊情况
建设工程从业单位资格许可	(1) 了解从业单位的法定条件 (2) 熟悉建筑业企业资质管理 (3) 熟悉勘察设计企业、监理企业资质相关内容	(1) 建筑业企业资质分类 (2) 申请建筑业企业资质应当提交的材料 (3) 不予批准企业的资质升级申请和增项申请的情形
建设工程专业技术人员执业资格许可	(1) 了解建筑业已建立的执业资格的类型 (2) 熟悉各执业资格证的报考条件	

基本概念

报建、施工许可、资质、中止施工、开工报告、执业资格许可

※引例

> 2020年10月,某市帆布厂(以下简称甲方)与某市修建工程队(以下简称乙方)订立了建设工程承包合同。合同规定:乙方为甲方建一框架厂房,跨度12m,总造价98.9万元;承包方式为包工包料;建设工程工期由2020年11月2日至2022年3月10日。从工程开工直到2022年底,工程仍未能完工,而且已完工工程质量部分不合格,这期间甲方付给乙方工程款、材料垫付款共101.6万元。为此,双方发生纠纷。经查明:乙方在工商行政管理机关登记的经营范围为维修和承建小型非生产性建设工程,无资格承包此工程。经有关部门鉴定:该项工程造价为98.9万元,未完工程折价为11.7万元,已完工程的厂房屋面质量不合格,返工费5.6万元。
>
> 请思考:此纠纷应如何解决?

案例分析

第一节 建设工程报建制度

为有效掌握建设规模,规范工程建设实施阶段程序管理,统一工程项目报建的有关规定,达到加强建筑市场管理的目的,国家在相关法律规范中,确立了建设工程报建、建设工程许可、从业单位资质许可、专业技术人员执业资格许可和相关的法律责任。

一、建设工程报建的相关概念

工程建设项目是指各类房屋建筑、土木工程、设备安装、管道线路敷设、装饰装修等固定资产投资的新建、扩建、改建以及技改等建设项目。

工程建设程序是指工程建设全过程中各项工作都必须遵守的先后次序。建设工程报建制度,是指建设单位在工程项目通过项目建议书(可分初步可行性研究或预可行性研究)、可行性研究、编制设计任务书、选择建设地点、立项审批、规划许可等前期筹备工作结束后,向建设行政主管部门申请转入工程建设的实施阶段,由建设行政主管部门依法对建设工程是否具备发包条件进行审查的一项制度。

我国于1994年出台了《工程建设项目报建管理办法》,要求建设单位或其代理机构在工程项目可行性研究报告或其他立项文件被批准后,须向当地建设行政主管部门或其授权机构进行报建登记,交验工程项目立项的批准文件,包括银行出具的资信证明以及批准的建设用地等其他有关文件。

《工程建设项目报建管理办法》

二、建设工程报建的范围和内容

(一)建设工程报建的范围

按照《工程建设项目报建管理办法》规定,凡在中华人民共和国境内投资兴建的工程建设项目,包括外国独资、合资、合作的工程项目,都必须实行报建制度,接受当地建设行政主管部门或其授权机构的监督管理。

(二)建设工程报建的内容

工程建设项目的报建内容主要包括:(1)工程名称;(2)建设地点;(3)投资的规模;(4)资金来源;(5)当年投资额;(6)工程规模;(7)开工、竣工日期;(8)发包方式;(9)工程筹建情况。

三、建设工程报建的程序

项目报建由建设单位或其代理机构申请办理,一般按下列程序进行:(1)建设单位到建设行政主管部门或其授权机构领取《工程建设项目报建表》;(2)按报建表的内容及要求认真填写;(3)向建设行政主管部门或其授权机构报送《工程建设项目报建表》及相关材料,并按要求进行招标准备;(4)接受报建的建设行政主管部门或其授权机构,对报建的文件、资料进行认真核验、审查合格的,发给《工程发包许可证》。

项目报建需提交的相关材料有:(1)企业法人营业执照或其他组织证明;(2)建设工程立项的批准文件原件和复印件;(3)建设单位工程专业技术人员和管理人员核定申报表;(4)专业技术人员和管理人员技术职称证书原件和复印件;(5)法定代表人授权委托书(委托经办人办理报建)。

四、建设工程报建的审批权限和职责

按照《工程建设项目报建管理办法》规定,工程建设项目报建实行分级管理,分管的权限由各地自行规定。

建设行政主管部门在下列几方面对工程建设项目报建实施管理:(1)贯彻实施《建筑市场管理规定》和有关的方针政策;(2)管理监督工程项目的报建登记;(3)对报建的

工程建设项目进行核实、分类、汇总;(4)向上级主管机关提供综合的工程建设项目报建情况;(5)查处隐瞒不报违章建设的行为。

第二节　建设工程施工许可

《建筑法》第七条规定,建设工程开工前,建设单位应当按照国家有关规定向工程所在地县级以上人民政府建设行政主管部门申请领取施工许可证。这个规定确立了我国工程建设的施工许可制度。

一、建筑施工许可的相关概念

建筑许可是指建设行政主管部门或者其他有关行政主管部门准许、变更和终止公民、法人和其他组织从事建筑活动的具体行政行为。建筑许可的表现形式为施工许可证、开工报告、资质证书和执业资格证书等。

建筑施工许可制度是指由国家授权有关行政主管部门,在建设工程施工开始以前,对该项工程是否符合法定的开工条件进行审查,对符合条件的建设工程发给施工许可证,允许该工程开工建设的一项制度。

施工许可证是指建设工程开始施工前,建设单位向建设行政主管部门申请的可以施工的证明,是建设单位能够从事建设工程开工活动的法律凭证。

二、实施施工许可证的范围

住房和城乡建设部2021年3月30日发布的《建筑工程施工许可管理办法》(2021年修订)规定,在中华人民共和国境内从事各类房屋建筑及其附属设施的建造、装饰装修和与其配套的线路、管道、设备的安装,以及城镇市政基础设备工程的施工,建设单位在开工前应当依照本办法的规定,向工程所在地县级以上人民政府建设行政主管部门申请领取施工许可证。

《建筑工程施工许可管理办法》

在我国并不是所有的建设工程都必须办理领取施工许可证,有以下六类工程不需要办理。(1)国务院建设行政主管部门确定的限额以下的小型工程。《建筑工程施工许可管理办法》第二条对不需要申领施工许可证的工程的限额作了规定,工程投资额在

30万元以下或者建筑面积在300平方米以下的建设工程,可以不申请办理施工许可证。(2)按照国务院规定的权限和程序批准开工报告的建设工程。(3)抢险救灾工程和临时性建筑。(4)农民自建两层以下(含两层)住宅工程。(5)作为文物保护的建设工程。(6)军用房屋建筑。

三、申请领取施工许可证的条件

施工许可证是建设单位能够从事建设工程开工活动的法律凭证,关系到公民、法人或者其他组织的合法权益,根据《建筑工程施工许可管理办法》第四条规定,建设单位申请领取施工许可证,应当具备下列条件,并提交相应的证明文件:(1)依法应当办理用地批准手续的,已经办理该建筑工程用地批准手续。(2)依法应当办理建设工程规划许可证的,已经取得建设工程规划许可证。(3)施工场地已经基本具备施工条件,需要征收房屋的,其进度符合施工要求。(4)已经确定施工企业。按照规定应当招标的工程没有招标,应当公开招标的工程没有公开招标,或者肢解发包工程,以及将工程发包给不具备相应资质条件的企业的,所确定的施工企业无效。(5)有满足施工需要的资金安排、施工图纸及技术资料,建设单位应当提供建设资金已经落实承诺书,施工图设计文件已按规定审查合格。(6)有保证工程质量和安全的具体措施。施工企业编制的施工组织设计中有根据建筑工程特点制定的相应质量、安全技术措施。建立工程质量安全责任制并落实到人。专业性较强的工程项目编制了专项质量、安全施工组织设计,并按照规定办理了工程质量、安全监督手续。

四、申请办理施工许可证的程序

建设单位申请办理施工许可证,应当按照下列程序进行:(1)建设单位提出书面申请。建设单位向发证机关领取"建设工程施工许可证申请表。(2)建设单位持加盖单位及法定代表人印鉴的"建筑工程施工许可证申请表",并附《建筑工程施工许可管理办法》第四条规定的证明文件,向发证机关提出申请。(3)发证机关在收到建设单位报送的"建筑工程许可证申请表"和所附证明文件后,对于符合条件的,应当自收到申请之日起7日内颁发施工许可证。

五、施工许可证的管理

(一)施工许可证的有效期与延期

建设单位应当自领取施工许可证之日起3个月内开工。建设单位因客观原因不能开工的,在施工许可证期满前建设单位可以向发证机关提出延期申请,并说明理由。延期以两次为限,每次不得超过3个月。也就是说,延期最长6个月,再加上领取施工许可证之日起的3个月,建设单位有理由不开工的最长期限为9个月。如果超过9个月仍不开工,该施工许可证即失去效力。

(二) 施工许可证的自行废止

施工许可证自行废止有两种情况:一是既不在3个月内开工,又不向发证机关申请延期;二是超过延期的次数和时限,即建设单位在申请的延期内仍没有开工。建设工程自颁发施工许可证之日起,不论何种原因,均须在9个月内开工,否则施工许可证自行废止。施工许可证废止后,建设单位须按规定重新领取施工许可证,方可开工。

(三) 中止施工与恢复施工

中止施工是指建设工程开工后,在施工过程中因为发生特殊情况而中途停止施工的一种行为。造成中止施工的特殊情况主要有以下几种:(1)地震、洪水和台风等法律规定的不可抗力事件;(2)宏观调控压缩基建规模;(3)停建、缓建在建工程;(4)建设资金不到位等。

恢复施工是指建设工程中止施工后,造成中止施工的情况消除,建设单位可以继续进行施工的一种行为。建设工程恢复施工时,中止施工不满一年的,建设单位应当向发证机关报告恢复施工的有关情况;中止施工满一年的工程恢复施工前,建设单位应当报发证机关核验施工许可证。发证机关重新确定其是否仍具备组织施工的条件,如果符合条件的,施工许可证继续有效,应允许恢复施工;对不符合条件的,施工许可证收回,不允许恢复施工,待具备条件后,建设单位重新申领施工许可证。

(四) 建设工程开工报告的管理

按照国务院规定的权限和程序批准开工报告的建设工程,不再领取施工许可证。具体管理的内容如下:(1)开工报告批准后,按照国务院有关规定批准开工报告的建设工程,因特殊情况不能按期开工的,应当及时向批准机关报告情况;(2)在施工过程中,因发生特殊情况而中途停止施工的,建设单位应当尽快向发证机关报告中止施工的有关情况,包括中止施工的时间、原因、施工现状、维护管理措施等;(3)因发生特殊情况而不能按期开工超过6个月的,开工报告自行失效,建设单位应当按照国务院有关规定重新向批准开工报告机关申请办理开工报告的批准手续。

第三节 建设工程从业单位资格许可

为了建立和维护建筑市场的正常秩序,确立建筑活动主体进入建筑市场从事建筑活动的准入规则,世界绝大多数国家都对从事建设活动主体必须具备的资格作出了严格规定。要求从事建设工程的新建、扩建、改建和拆除等活动的单位,必须在资金、技术、装备等方面具备相应的资质条件。

一、从业单位的法定条件

《建筑法》第十二条规定,从事建筑活动的建筑施工企业、勘察单位、设计单位和工程监理单位,应当具备下列条件:(1)有符合国家规定的注册资本;(2)有与其从事的建筑活动相适应的具有法定执业资格的专业技术人员;(3)有从事相关建筑活动所应有的技术装备;(4)法律、行政法规规定的其他条件。

二、从业单位的资质

从事建筑活动的建筑施工企业、勘察单位、设计单位和工程监理单位,应当按照其拥有的注册资本、专业技术人员、技术装备和已完成的建设工程业绩等资质条件申请资质,经资质审查合格,划分为不同的资质等级,取得相应等级的资质证书后,方可在其资质等级许可的范围内从事建筑活动。

三、建筑业企业资质管理

(一)资质等级与资质标准

依据住房和城乡建设部关于修改《建筑业企业资质管理规定》等三部规章的规定,建筑业企业资质分为施工总承包资质、专业承包资质和专业作业资质。

施工综合资质不分类别与等级。施工总承包资质、专业承包资质按照工程性质和技术特点分别划分为若干资质类别。各资质类别按照规定的条件划分为甲、乙两个等级,部分专业承包资质不分等级。专业作业资质实行备案制,不分类别与等级。

(二)资质申请与审批

下列建筑业企业资质,由国务院住房和城乡建设主管部门许可:(1)施工综合资质;(2)公路、水运、水利、通信、铁路、民航方面的施工总承包甲级资质及专业承包甲级资质;(3)铁路、民航方面的施工总承包乙级资质及专业承包乙级资质。

下列建筑业企业资质,由企业注册地省、自治区、直辖市人民政府住房和城乡建设主管部门许可:(1)除第九条规定外的施工总承包甲级资质及专业承包甲级资质;(2)公路、水运、水利、通信方面的施工总承包乙级资质及专业承包乙级资质。

下列建筑业企业资质,由企业注册地设区的市人民政府住房和城乡建设主管部门许可:(1)施工总承包乙级资质及专业承包乙级资质;(2)燃气燃烧器具安装、维修企业资质。

首次申请或者增项申请建筑业企业资质,应当提交以下材料:(1)建筑业企业资质申请表及相应的电子文档;(2)企业法人营业执照副本;(3)企业章程;(4)企业负责人和技术、财务负责人的身份证明、职称证书、任职文件及相关资质标准要求提供的材料;(5)建筑业企业资质申请表中所列注册执业人员的身份证明、注册执业证书;(6)建筑业企业资质标准要求的非注册的专业技术人员的职称证书、身份证明及养老保险凭证；(7)部分资质标准要求企业必须具备的特殊专业技术人员的职称证书、身份证明及养老保险凭证；(8)建筑业企业资质标准要求的企业设备、厂房的相应证明；(9)建筑业企业安全生产条件有关材料；(10)资质标准要求的其他有关材料。

取得建筑业企业资质的企业，申请资质升级、资质增项，在申请之日起前一年内有下列情形之一的，资质许可机关不予批准企业的资质升级申请和增项申请：(1)超越本企业资质等级或以其他企业的名义承揽工程，或允许其他企业或个人以本企业的名义承揽工程的；(2)与建设单位或者企业之间相互串通投标，或者以行贿等不正当手段谋取中标的；(3)未取得施工许可证擅自施工的；(4)将承包的工程转包或者违法分包的；(5)违反国家工程建设强制性标准的；(6)恶意拖欠分包企业工程款或者劳务人员工资的；(7)隐瞒或谎报、拖延报告工程质量安全事故、破坏事故现场、阻碍对事故调查的；(8)按照国家法律、法规和标准规定需要持证上岗的现场管理人员和技术工种作业人员未取得证书上岗的；(9)未依法履行工程质量保修义务或者拖延履行保修义务；(10)伪造、变造、出租、出借或者以其他形式非法转让建筑业企业资质证书；(11)发生过较大以上质量安全事故或者发生过两起以上一般质量安全事故的；(12)其他违反法律、法规的行为。

建筑业企业资质条件符合资质等级标准，且未发生上述所列行为的，建设行政主管部门颁发相应资质等级的《建筑业企业资质证书》。《建筑业企业资质证书》分为正本和副本，由国务院建设行政主管部门统一印制，正、副本具有同等法律效力。

（三）承包工程范围

取得施工总承包资质的企业，可以承接施工总承包工程。施工总承包企业可以对所承接的施工总承包工程内各专业工程全部自行施工，也可以将专业工程或劳务作业依法分包给具有相应资质的专业承包企业或劳务分包企业。

取得劳务分包资质的企业，可以承接施工总承包企业或专业承包企业分包的劳务作业。

（四）监督与管理

建设主管部门、其他有关部门履行监督检查职责时，有权采取下列措施：(1)要求被检查企业提供建筑业企业资质证书、企业有关人员的注册执业证书，职称证书、岗位证书和考核或者培训合格证书，有关施工业务的文档，有关质量管理、安全生产管理、合同管理、档案管理、财务管理等企业内部管理制度的文件；(2)进入被检查企业进行检查，查阅相关资料；(3)纠正违反有关法律、法规和本规定及有关规范和标准的行为。

有下列情形之一的，资质许可机关或者其上级机关，根据利害关系人的请求或者依据职权，可以撤销建筑业企业资质：(1)资质许可机关工作人员滥用职权、玩忽职守准予资质许可的；(2)超越法定职权准予资质许可的；(3)违反法定程序准予资质许可的；(4)对不符合资质标准条件的申请企业准予资格许可的；(5)依法可以撤销资质证书的其他情形。

有下列情形之一的,资质许可机关应当依法注销建筑业企业资质,并公告其资质证书作废,建筑业企业应当及时将资质证书交回资质许可机关:(1)资质证书有效期届满,未依法申请延续的;(2)企业依法终止的;(3)资质证书依法被撤销、撤回或吊销的;(4)企业提出注销申请的;(5)法律、法规规定的应当注销建筑业企业资质的其他情形。

四、建设工程勘察设计企业资质

2006年12月30日颁布,2007年9月1日起实施的《建设工程勘察设计企业资质管理规定》对勘察设计企业的资质等级及标准、申请与审批、业务范围等作了明确规定。

住房和城乡建设部关于修改《建筑业企业资质管理规定》等三部规章的决定(征求意见稿)

(一)资质等级和资质标准

工程勘察资质分级标准是核定工程勘察单位工程勘察资质等级的依据。

工程勘察资质范围包括建设工程项目的岩土工程、水文地质勘察和工程测量等专业。

工程勘察资质分为工程勘察综合资质、工程勘察专业资质。工程勘察综合资质不分等级,工程勘察专业资质设甲级、乙级。

工程设计资质分为工程设计综合资质、工程设计行业资质、工程设计专业资质和工程设计事务所资质。

工程设计综合资质不分等级;工程设计行业资质、工程设计专业资质设甲级、乙级;工程设计事务所资质不分等级。

(二)承担任务范围

取得工程勘察综合资质的企业,可以承接各专业、各等级工程勘察业务。取得工程勘察专业资质的企业,可以承接本专业相应等级的工程勘察业务。

取得工程设计综合资质的企业,可以承接各行业、各等级的建设工程设计业务;取得工程设计行业资质的企业,可以承接相应行业相应等级的工程设计业务及本行业范围内同级别的相应专业工程设计业务;取得工程设计专业资质的企业,可以承接本专业相应等级的专业工程设计业务;取得工程设计事务所资质的企业,可以承接建筑工程相应专业设计业务。

五、建设工程监理企业资质

为了加强工程监理企业资质管理,规范建设工程监理活动,维护建筑市场秩序,住房和城乡建设部制定了《工程监理企业资质管理规定》于2007年8月1日起施行。

（一）资质等级和资质标准

工程监理企业资质分为综合资质、专业资质和事务所资质。其中，专业资质按照工程性质和技术特点划分为若干工程类别。

综合资质、事务所资质不分级别。专业资质分为甲级、乙级；其中，房屋建筑、水利水电、公路和市政公用专业资质可设立丙级。

（二）业务范围

工程监理企业资质分为综合资质、专业资质。

综合资质不分类别与等级。专业资质按照工程性质和技术特点划分为若干资质类别。各资质类别按照规定的条件分为甲级、乙级两个等级。

工程监理企业的资质等级标准和取得相应资质的企业可以承担工程的具体范围，由国务院住房和城乡建设主管部门制定。

（三）资质申请与审批

申请综合资质、专业甲级资质的，应当向企业工商注册所在地的省、自治区、直辖市人民政府建设主管部门提出申请。

第四节　建设工程专业技术人员执业资格许可

专业技术人员执业资格许可是指对具备一定专业学历、资历的从事建筑活动的专业技术人员，通过考试和注册，取得执业技术资格的一种制度。《建筑法》第十四条明确规定，从事建筑活动的专业技术人员，应当依法取得相应的执业资格证书，并在执业资格证书许可的范围内从事建筑活动。目前，我国已建立起注册建筑师、注册城市规划师、注册结构工程师、注册土木工程师（岩土）、监理工程师、造价工程师等执业资格制度。本章重点介绍的是注册建筑师、注册建造师制度。

一、注册建筑师

注册建筑师，是指依法取得注册建筑师证书并从事房屋建筑设计及相关业务的人员。

注册建筑师分为一级注册建筑师和二级注册建筑师。国家实行注册建筑师全国统一考试制度。注册建筑师全国统一考试办法，由国务院建设行政主管部门会同国务院人事行政主管部门及国务院其他有关行政主管部门共同制定，由全国注册建筑师管理委员会组织实施。

(一) 注册建筑师的报考条件

符合下列条件之一的,可以申请参加一级注册建筑师考试:(1)取得建筑学硕士以上学位或者相近专业工学博士学位,并从事建筑设计或者相关业务2年以上的;(2)取得建筑学学士学位或者相近专业工学硕士学位,并从事建筑设计或者相关业务3年以上的;(3)具有建筑学专业大学本科毕业学历并从事建筑设计或者相关业务5年以上的,或者具有建筑学相近专业大学本科毕业学历并从事建筑设计或者相关业务7年以上的;(4)取得高级工程师技术职称并从事建筑设计或者相关业务3年以上的,或者取得工程师技术职称并从事建筑设计或者相关业务5年以上的;(5)不具有前四项规定的条件,但设计成绩突出,经全国注册建筑师管理委员会认定达到前四项规定的专业水平的。

符合下列条件之一的,可以申请参加二级注册建筑师考试:(1)具有建筑学或者相近专业大学本科毕业以上学历,从事建筑设计或者相关业务2年以上的;(2)具有建筑设计技术专业或者相近专业大专毕业以上学历,并从事建筑设计或者相关业务3年以上的;(3)具有建筑设计技术专业4年制中专毕业学历,并从事建筑设计或者相关业务5年以上的;(4)具有建筑设计技术相近专业中专毕业学历,并从事建筑设计或者相关业务7年以上的;(5)取得助理工程师以上技术职称,并从事建筑设计或者相关业务3年以上的。

(二) 注册建筑师的注册

注册建筑师考试合格,取得相应的注册建筑师资格的,可以申请注册。

一级注册建筑师的注册,由全国注册建筑师管理委员会负责;二级注册建筑师的注册,由省、自治区、直辖市注册建筑师管理委员会负责。

《中华人民共和国注册建筑师条例》第十三条规定,有下列情形之一的,不予注册:(1)不具有完全民事行为能力的;(2)因受刑事处罚,自刑罚执行完毕之日起至申请注册之日止不满5年的;(3)因在建筑设计或者相关业务中犯有错误受行政处罚或者撤职以上行政处分,自处罚、处分决定之日起至申请注册之日止不满2年的;(4)受吊销注册建筑师证书的行政处罚,自处罚决定之日起至申请注册之日止不满5年的;(5)有国务院规定不予注册的其他情形的。

准予注册的申请人,分别由全国注册建筑师管理委员会和省、自治区、直辖市注册建筑师管理委员会核发由国务院建设行政主管部门统一制作的一级注册建筑师证书或者二级注册建筑师证书。注册建筑师注册的有效期为两年。有效期届满需要继续注册。

(三) 注册建筑师的执业范围

注册建筑师的执业范围有建筑设计,建筑设计技术咨询,建筑物调查与鉴定,对本人主持设计的项目进行施工指导和监督,国务院建设行政主管部门规定的其他业务。

注册建筑师执行业务,应当加入建筑设计单位。

建筑设计单位的资质等级及其业务范围,由国务院建设行政主管部门规定。

一级注册建筑师的执业范围不受建筑规模和工程复杂程度的限制,二级注册建筑师的执业范围不得超越国家规定的建筑规模和工程复杂程度。

(四)权利和义务

注册建筑师享有的权利有:(1)注册建筑师有权以注册建筑师的名义执行注册建筑师业务;(2)非注册建筑师不得以注册建筑师的名义执行注册建筑师业务;(3)二级注册建筑师不得以一级注册建筑师的名义执行业务,也不得超越国家规定的二级注册建筑师的执业范围执行业务;(4)国家规定的一定跨度、跨径和高度以上的房屋建筑,应当由注册建筑师进行设计;(5)任何单位和个人修改注册建筑师的设计图纸,应当征得该注册建筑师同意;但是,因特殊情况不能征得该注册建筑师同意的除外。

注册建筑师应履行的义务有:(1)遵守法律、法规和职业道德,维护社会公共利益;(2)保证建筑设计的质量,并在其负责的设计图纸上签字;(3)保守在执业中知悉的单位和个人的秘密;(4)不得同时受聘于两个以上建筑设计单位执行业务;(5)不得准许他人以本人名义执行业务。

二、建造师注册执业制度简介

人事部、建设部于2002年12月9日联合发布了《关于印发〈建造师执业资格制度暂行规定〉的通知》(人发〔2002〕111号),规定必须取得建造师资格并经注册,方能担任建设工程项目总承包及施工管理的项目施工负责人。该暂行规定为我国推行建造师制度奠定了基础。

本教材主要介绍建造师制度框架体系、考试管理、注册管理、执业管理、继续教育管理、信用档案管理、监督管理等内容。

(一)建造师制度框架体系

建造师执业资格制度的实施工作由人力资源和社会保障部与住房和城乡建设部共同负责,两个部门在具体实施工作中既有合作,又有分工,《关于印发〈建造师执业资格制度暂行规定〉的通知》(人发〔2002〕111号)中明确规定了两个部门相应的职责与分工。

《建造师执业资格制度暂行规定》

建造师管理体制遵循"分级管理、条块结合"的原则。住房和城乡建设部负责对全国注册建造师实行统一的监督管理,国务院各专业部门按照职责分工,负责对本专业注册建造师监督管理。各省建设厅和同级的各专业部门负责本省和本专业的二级注册建造师监督管理。

建造师执业资格制度遵循"分级别、分专业"的原则。根据我国现行行政管理体制实际情况,结合现行的施工企业资质管理办法,将建造师划分为两个级别,每个级别划分若干个专业。其中,一级设置10个专业,二级设置6个专业。

注册建造师制度体系由"1+6"个文件构成:"1"为《注册建造师管理规定》;"6"为《一级建造师注册实施办法》《注册建造师执业工程规模标准》(试行)、《注册建造师施工管理签章文件目录》(试行)、《注册建造师执业管理办法》(试行)、《注册建造师继续教育管理暂行办法》和《注册建造师信用档案管理办法》(征求意见稿)。其中,执业制度体系由"1+3"个文件构成:"1"为《注册建造师管理规定》;"3"为《注册建造师执业管理办法》(试行)、《注册建造师执业工程规模标准》(试行)和《注册建造师施工管理签章文件目录》(试行)。

建造师执业资格制度体系由六大标准作为支撑,即职业实践标准(含职业道德标准)、教育和评估标准、考试标准、注册标准、执业标准和继续教育标准。

(二)建造师考试管理

我国建造师执业资格分一级建造师和二级建造师两个级别。

一级建造师执业资格考试实行"统一大纲、统一命题、统一组织"的考试制度,由国家统一组织,人力资源和社会保障部、住房和城乡建设部共同负责具体组织实施。

二级建造师执业资格实行全国统一大纲,各省、自治区、直辖市组织命题考试的制度。同时,考生也可以选择参加二级建造师执业资格全国统一考试。全国统一考试由国家统一组织命题和考试。

(三)建造师注册管理

注册建造师,是指通过考核认定或考试合格取得中华人民共和国建造师资格证书经过注册,取得中华人民共和国注册建造师注册执业证书和执业印章,担任施工单位项目负责人及从事施工管理相关活动的专业技术人员。

(四)建造师执业管理

一级注册建造师可在全国范围内以一级注册建造师名义执业。通过二级建造师资格考核认定,或参加全国统一考试取得二级建造师资格证书并经注册人员,可在全国范围内以二级注册建造师名义执业。

建设工程施工活动中形成的有关工程施工管理文件,应当由注册建造师签字并加盖执业印章。在施工单位签署质量合格的文件上,必须有注册建造师的签字盖章。注册建造师签章完整的工程施工管理文件方为有效。

注册建造师执业工程规模标准依据不同专业设置为多个工程类别,不同的工程类别又进一步细分为不同的项目。这些项目依据相应的、不同的计量单位分为大型、中型和小型工程。大中型工程项目施工负责人必须由本专业注册建造师担任,其中大型工程项目负责人必须由本专业一级注册建造师担任。

(五)建造师继续教育管理

注册建造师在每一个注册有效期内应当达到国务院建设主管部门规定的继续教育要求。

(六)建造师信用档案管理

注册建造师及其聘用单位应当按照要求,向注册机关提供真实、准确、完整的注册建造师信用档案信息。

注册建造师信用档案应当包括注册建造师的基本情况、业绩、良好行为、不良行为等内容。违法违规行为、被投诉举报处理、行政处罚等情况应当作为注册建造师的不良行为记入其信用档案。

注册建造师信用档案信息按照有关规定向社会公示。

(七)建造师监督管理

县级以上人民政府建设主管部门、其他有关部门应当依照有关法律、法规和规定,对注册建造师的注册、执业和继续教育实施监督检查。

注册建造师违法从事相关活动的,违法行为发生地县级以上地方人民政府建设主管部门或者其他有关部门应当依法查处,并将违法事实、处理结果告知注册机关;依法应当撤销注册的,应当将违法事实、处理建议及有关材料报注册机关。

应用案例

> 原告蒋某与被告崔某于2019年10月16日签订"建房协议书"一份。约定,蒋永海为崔东峰承建厂房,地点为沈阳市于洪区某某乡某某村,包工不包料。按实际米数45元/m²,分三次付清,房屋保修费5000元整,房屋竣工后2个月验收合格后付清。厂房长约35 m,宽12 m,高4 m,南窗10个,北窗6个,门2个,厂房结构砖混37墙,里外勾缝,水泥地面,梯角线房顶防水,地基深1 m,地梁、圆梁;墙内墙、小仓库原告负责拆;工期为从签订之日起15日。合同签订后,蒋永海按约定拆除了原有的院墙、小仓库,承建厂房,施工至同年11月中旬,撤出工地。在撤出工地时,蒋永海基本完成了约定的工程量,只未能进行屋顶防水及水泥地面。蒋某已承建的房屋面积为420 m²,劳务费按约定每平方米45元计算,总计人工费18900元。崔某在施工过程中,以借款形式已向蒋某支付人工费10150元。2021年1月,蒋某以要求给付尚欠工程款为由,诉至沈阳市于洪区人民法院。
>
> 根据《中华人民共和国建筑法》第十四条规定,从事建筑活动的专业技术人员,应当依法取得相应的执业资格证书,并在执业资格证书许可的范围内从事建筑活动。蒋某在本案中,从事建筑活动时未能取得相应的执业资格证书,故崔某与蒋某签订的建房协议无效。蒋某已付出劳务,崔某应赔偿蒋某人工费损失,其数额双方约定的45元/m²计算,计人工费为18900元,扣除未完工部分的人工费1863.48元及已付款10150元。

本章小结

本章内容主要是建筑工程报建的范围、时间、内容;建筑工程施工许可证的申领时间、范围、申领条件;办理施工许可证的程序;施工许可证争议的解决;施工许可证的有效期与延期;中止施工与恢复施工;从业单位的条件和资质;专业技术人员执业资格许可制度。

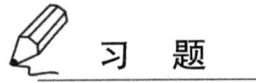习　题

一、单项选择题

1. 工程项目报建标志着工程建设的(　　)已经结束。
   A. 可行性研究工作　　B. 立项审批工作　　C. 前期准备工作　　D. 资金筹集工作

2. 某建设项目为住宅楼工程,中标价为 500 万元,招标文件规定合同工期为 15 个月,建设单位在申请施工许可证时,其落实的资金最低不得少于(　　)万元。
   A. 250　　　　　　B. 200　　　　　　C. 150　　　　　　D. 100

3. 某建设单位 2021 年 7 月 5 日领取施工许可证,最迟应当自(　　)开工,否则应该申请办理延期手续。
   A. 2021 年 8 月 5 日　　　　　　　　B. 2021 年 9 月 5 日
   C. 2021 年 10 月 5 日　　　　　　　D. 2022 年 5 月 5 日

4. 某建设单位 2020 年 3 月 5 日领取施工许可证,由于周边关系协调问题一直没有开工,也未办理延期手续。同年 12 月 7 日准备开工,下列表述正确的是(　　)
   A. 建设单位应当向发证机关报告
   B. 建设单位应当报发证机关核验施工许可证
   C. 建设单位应当重新领取施工许可证
   D. 是否重新办理施工许可证由发证机关决定

5. 下列人员中不属于建设工程从业人员的是(　　)
   A. 注册资产评估师　　　　　　　　B. 注册建造工程师
   C. 注册建筑师　　　　　　　　　　D. 注册监理工程师

二、多项选择题

1. 以下工程不需要申请施工许可证的有(　　)。
   A. 某公园的喷泉工程投资 38 万元　　B. 某配电房建筑面积 200m²
   C. 已经领取开工报告的会议中心　　　D. 为修建青藏铁路而建的临时性建筑
   E. 某军区建的军事指挥所

2. 下列申报施工许可证的材料中,不符合颁发施工许可证条件的有( )。

A. 已经交了土地出让金,但土地证尚未办好

B. 没有规划许可证,但规划局出具正在办理的便函

C. 有拆迁许可证,拆迁已经结束

D. 已经订立施工合同,但中标施工企业资质不能满足要求

E. 办理了质量监督手续

3. 我国对建筑业从业人员实行资格管理,不同专业从业人员资格管理的共同点有( )。

A. 可以用同一专业的资格在两个不同单位进行注册

B. 需要进行注册

C. 需要参加不同专业的统一考试

D. 有各自的执业范围

E. 须接受继续教育

4. 建筑业企业的资质分为( )。

A. 设计承包　　　　　　　　B. 施工总承包

C. 劳务承包　　　　　　　　D. 专业承包

E. 劳务分包

5. 某公司改建办公大楼,该工程由某建筑集团承建,根据《中华人民共和国建筑法》关于施工许可证的有关规定,下列说法正确的有( )

A. 该工程无须领取施工许可证

B. 应由该公司向建设行政主管部门申请领取施工许可证

C. 应由该建筑集团向建设行政主管部门申请领取施工许可证

D. 即使未领取施工许可证,该工程也可以开工

E. 未领取施工许可证,该工程不得开工

三、简答题

1. 建设单位领取施工许可证必须具备哪些必要的条件?

2. 简述施工许可证的有效期和延期的处理方式。

3. 中止施工后,施工单位和建设单位分别应该做好哪些相应的工作?恢复施工时,建设单位要办理哪些手续?

4. 我国建筑施工企业分为哪几个资质序列?

5. 对注册建造师的受聘单位有什么要求和限制?

习题答案

第四章 建设工程发包与承包法规

教学目标

本章主要讲述建设工程发包与承包的相关内容,包括建设工程发包与承包的原则、建设工程发包与承包的规定和建设工程发包与承包的法律责任等。通过本章学习应达到以下目标:

(1) 熟悉工程发包与承包的制度;
(2) 了解跨越资质承包、转包或者违法分包的法律责任;
(3) 掌握发包与承包方式及关于资质管理的规定。

教学要求

知识要点	能力要求	相关知识
建设工程发包与承包的原则	(1)掌握建设工程发包与承包的概念 (2)了解建设工程发包与承包的原则	(1)建设工程发包与承包的制度 (2)招标代理 (3)招投标
建设工程发包	(1)了解建设工程肢解发包弊端 (2)掌握建设工程发包方式	(1)直接发包的情形 (2)总承包 (3)肢解发包
建设工程承包	(1)了解承包单位资质管理法律规定 (2)掌握建设工程承包方式 (3)熟悉建设工程联合承包	(1)房屋建筑和市政基础设施工程施工分包管理办法 (2)建设工程承包行为规范
建设工程发包与承包的法律责任	(1)了解建设单位、勘察单位、设计单位、建筑施工企业、工程监理单位的法律责任 (2)熟悉工程发包与承包中的索贿、受贿、行贿的法律责任	(1)承包单位违法分包的法律责任 (2)资质不良 (3)注册建造师不良行为记录的认定

基本概念

承包、发包、招投标、资质、联合体、不良行为、法律责任

※引例

> A公司(以下简称A)因建生产厂房与B公司(以下简称B)签订了工程总承包合同。其后,经A公司同意,B将工程勘察设计任务和施工任务分别发包给C设计单位(以下简称C)和D建筑公司(以下简称D),并各自签订书面合同。合同约定由D根据C提供的设计图纸进行施工,工程竣工时依据国家有关规定、设计图纸进行质量验收。合同签订后,C按时交付设计图纸,D依照图纸进行施工。工程竣工后,A会同有关质量监督部门对工程进行验收,发现工程存在严重质量问题,是由于C未对现场进行仔细勘查,设计不符合规范所致。A遭受重大损失,但C称与A不存在合同关系拒绝承担责任,B以自己不是设计人为由也拒绝赔偿。
>
> 请思考:
> (1) A、B、C、D在承发包合同中各自身份是什么?
> (2) B发包工程项目的做法是否符合法律规定?
> (3) B、C拒绝承担责任的理由是否充分?为什么?
>
> 引例点评:
> (1) 本案中,A是发包人,B是总承包人,C、D是分包人。
> (2) 本案中B作为总承包人不自行施工,而将工程全部转包他人,虽经发包人同意,但违反《中华人民共和国建筑法》第二十八条的禁止性规定,其与C、D所签订的两个分包合同是无效的。
> (3) 对工程质量问题,B作为总承包人应承担责任,C、D也应该依法分别向发包人A承担责任。B、C拒绝承担责任的理由违反了《中华人民共和国建筑法》二十九条的规定,因此B、C应共同承担连带责任。

第一节　建设工程发包与承包的原则

一、建设工程发包与承包概念

建设工程发包,是指建设单位或受其委托的招标代理机构通过招标方式或直接发包方式将建设工程的全部或部分交由他人承包,并支付相应费用的行为。

建设工程承包,是指通过招标方式或直接发包方式取得建设工程的全部或部分,取得相应费用并完成建设工程的全部或部分的行为。

二、建设工程发包与承包原则

为保证建设工程发包、承包活动顺利、高效、公平地进行。《建筑法》将这些基本原则以法律的形式作了如下规定。

(一) 建设工程发包、承包实行以招标发包为主、直接发包为辅的原则

工程发包可以分为招标发包与直接发包两种形式。招标发包是一种科学先进的发包方式,也是国际通用的形式,受到社会和国家的重视。因此,《建筑法》规定,建设工程依法实行招标发包,对不适于招标发包的可以直接发包。

(二) 禁止发包、承包双方采取不正当竞争手段的原则

发包单位及其工作人员在建设工程发包中不得收受贿赂、回扣或者索取其他好处。承包单位及其工作人员不得利用向发包单位及其他工作人员行贿、提供回扣或者给予其他好处等不正当手段承揽工程。

(三) 建设工程确定合同价款的原则

建设工程合同价款应当按照国家有关规定,由发包单位与承包单位在合同中约定。

全部或者部分使用国有资金投资或者国家融资的建设工程,应当按照国家发布的计价规则和标准编制招标文件、进行评标定标、确定工程承包合同价款。

2001年11月5日,住房和城乡建设部以第107号部令形式,发布了《建筑工程施工发包与承包计价管理办法》,自2001年12月1日起施行。2013年12月11日住房和城乡建设部令第16号公布《建筑工程施工发包与承包计价管理办法》(简称《计价管理办法》),自2014年2月1日起施行,原办法废止。根据该《计价管理办法》,工程发包、承包计价包括编制施工预算、招标标底、投标报价、工程结算和签订合同价等活动。《计价管理办法》还对以上工程发包、承包计价的原则以及具体方法作出了详细规定。

《建筑工程施工发包与承包计价管理办法》

第二节 建设工程发包

一、建设工程发包方式

建设工程的发包方式主要有两种:招标发包和直接发包。

建筑工程实行公开招标的,发包单位应当依照法定程序和方式,在具备相应资质条件的投标者中,择优选定中标者。建筑工程实行招标发包的,发包单位应当将建筑工程发包给依法中标的承包单位。建筑工程实行直接发包的,发包单位应当将建筑工程发包给具有相应资质条件的承包单位。

二、提倡实行工程总承包

《建筑法》第二十四条第一款规定，提倡对建筑工程实行总承包。第二款规定，建筑工程的发包单位可以将建筑工程的勘察、设计、施工、设备采购一并发包给一个工程总承包单位，也可以将建筑工程勘察、设计、施工、设备采购的一项或者多项发包给一个工程总承包单位。

三、禁止将建设工程肢解发包

肢解发包指的是建设单位将应当由一个承包单位完成的建设工程分解成若干部分发包给不同的承包单位的行为。《建筑法》第二十四条规定，禁止将建筑工程肢解发包……不得将应当由一个承包单位完成的建筑工程肢解成若干部分发包给几个承包单位。

第三节　建设工程承包

一、承包单位资质管理法律规定

《建筑法》第二十六条明确规定，承包建筑工程的单位应当持有依法取得的资质证书，并在其资质等级许可的业务范围内承揽工程。所谓资质证书，是指承包建设工程的单位承包建设工程所必需的凭证。承包建设工程的单位包括建筑施工企业、监理单位和勘察设计单位。因其单位性质和技术、设备不同，其资质等级也不完全一样。级别不同，所从事的业务范围也不完全相同。

《建筑法》第二十六条还规定，禁止建筑施工企业超越本企业资质等级许可的业务范围或者以任何形式用其他建筑施工企业的名义承揽工程。禁止建筑施工企业以任何形式允许其他单位或者个人使用本企业的资质证书、营业执照，以本企业的名义承揽工程。这一规定要求建筑施工企业必须根据自己所具备的资质等级从事建设工程的承揽活动，不能以借用其他建筑施工企业的资质或者以挂靠等形式以其他建筑施工企业的名义来承揽工程。另外，建筑施工企业也不得出借或者出租自己的资质证书、营业执照，不得允许其他建筑施工企业挂靠在自己企业的名下来承揽工程。这一规定是强制性规定，建筑施工企业必须遵守，否则应承担相应的法律责任。

二、建设工程承包方式

(一) 建设工程总承包

《建筑法》第二十四条规定,提倡建筑工程实行总承包,即提倡将一个建筑工程由一个承包单位负责组织实施,由其统一指挥协调,并向发包单位承担统一的经济法律责任的承包形式。

建设工程总承包制度是建设工程承包方式多样化的产物,是我国工程建设领域改革不断深入的结果,也是借鉴国际建设工程管理经验的结果。它有利于充分发挥那些在建设工程方面具有较强的技术力量、丰富的经验和组织管理能力的大承包商的专业优势,综合协调工程建设中的各种关系,强化对工程建设的统一指挥和组织管理,保证工程质量和进度,缩短建设工期,减少开支,提高投资效益。因此,国家明确提倡工程总承包制度,并予以鼓励和推荐。

(二) 建设工程分承包

建设工程分承包是指对建设工程实行总承包的单位,将其总承包的工程项目的某一部分或某几部分,再发包给其他的承包人,与其签订总承包合同项下的分包合同。2004年2月3日,住房和城乡建设部以第124号令发布了《房屋建筑和市政基础设施工程施工分包管理办法》,对房屋建筑和市政基础设施工程施工分包活动的行为规范作了明确规定。

(1) 建设工程总承包单位可以将承包工程中的部分工程发包给具有相应资质的分包单位。但主体结构工程不能分包出去,必须由总承包单位自行完成。

(2) 分包工程承包人必须具有相应的资质,并在其资质等级许可的范围内承揽业务。严禁个人承揽分包工程业务。

(3) 专业工程分包除在施工总承包合同中有约定外,必须经建设单位认可。专业分包工程承包人必须自行完成所承包的工程。

(4) 劳务作业分包由劳务作业发包人与劳务作业承包人通过劳务合同约定。劳务作业承包人必须自行完成所承包的任务。

(5) 分包工程发包人和分包工程承包人应当依法签订分包合同,并按照合同履行约定的义务。分包合同必须明确约定支付工程款和劳务工资的时间、结算方式以及保证按期支付的相应措施,确保工程款和劳务工资的支付。

(6) 分包工程发包人应当在订立分包合同后7个工作日内,将合同送工程所在地县级以上地方人民政府建设行政主管部门备案。分包合同发生重大变更的,分包工程发包人应当自变更后7个工作日内,将变更协议送原备案机关备案。

(7) 分包工程发包人应当设立项目管理机构,组织管理所承包工程的施工活动。项目管理机构应当具有与承包工程的规模、技术复杂程度相适应的技术、经济管理人员。其中,项目负责人、技术负责人、项目核算负责人、质量管理人员、安全管理人员必须是本单位的人员。具体要求由省、自治区、直辖市人民政府住房城乡建设主管部门规定。

（8）分包工程发包人可以就分包合同的履行，要求分包工程承包人提供分包工程履约担保；分包工程承包人在提供担保后，要求分包工程发包人同时提供分包工程付款担保的，分包工程发包人应当提供。

（9）分包工程发包人对施工现场安全负责，并对分包工程承包人的安全生产进行管理。专业分包工程承包人应当将其分包工程的施工组织设计和施工安全方案报分包工程发包人备案，专业分包工程发包人发现事故隐患，应当及时做出处理。分包工程承包人就施工现场安全向分包工程发包人负责，并应当服从分包工程发包人对施工现场的安全生产管理。

（10）建设工程总承包单位按照总承包合同的约定对建设单位负责，分包单位按照分包合同的约定对总承包单位负责。

（11）分包工程承包人应当按照分包合同的约定对其承包的工程向分包工程发包人负责。分包工程发包人和分包工程承包人就分包工程对建设单位承担连带责任。

应用案例1

> 某29层写字楼工程建设项目，其初步设计已经完成，建设用地和筹资也已落实，某300人的建设工程公司，凭借150名工程技术人员，10名国家一级资质的项目经理的雄厚实力，以及近五年来的优秀业绩，与另一个一级企业联合，通过竞标取得了该项目的总承包任务，并签订了工程承包合同。
>
> 问题：该项目由该企业承包是否可行？为什么？

案例分析

三、建设工程联合承包

联合承包是指由两个以上的单位共同组成非法人的联合体，以该联合体的名义承包某项建设工程的承包形式。

（一）联合承包的前提条件

承包单位联合承包的前提是大型建设工程或者是结构复杂的建设工程。也就是说，一些中小型工程以及结构不复杂的不可以采取联合承包工程的方式。大型建设工程和结构复杂的建设工程应以国务院、地方政府或者国务院有关部门确定的标准为准。大型建设工程应当以建筑面积或者总造价来划分；结构复杂的建设工程一般应是结构专业性较强的建设工程。大型建设工程或者结构复杂的建设工程，工程任务量大、技术要求复杂、建设周期较长，需要承包方有较强的经济、技术实力和抗风险的能力。由多家单位组成联合体共同承包,可以集中各方的经济、技术力量,发挥各自的优势,大大增强投标竞争的实力;对发包方来说,也有利于提高投资效益,保证工程建设质量。

(二)联合承包的责任承担

联合承包的各方对承包合同的履行应承担连带责任。所谓连带责任,是指一方不能履行义务时,由另一方来承担责任。连带责任是对他方讲的,对于联合共同承包的内部各方来讲应当根据自己各自的过错承担责任。联合承包既然是共同施工、共同承包、共享利润,相应地必须共担风险、共负亏损。

(三)高资质与低资质联合承包

《建筑法》第二十七条第二款规定,两个以上不同资质等级的单位实行联合共同承包的,应当按照资质等级低的单位的业务许可范围承揽工程。

(四)不同类别资质联合承包

两个以上不同资质等级的单位实行联合共同承包的,应当按照资质等级低的单位的业务许可范围承揽工程。

四、建设工程承包行为规范

(1)建设单位不得直接指定分包工程承包人。任何单位和个人不得对依法实施的分包活动进行干预。

(2)承包单位及其工作人员不得利用向发包单位及其工作人员行贿、提供回扣或者给予其他好处等不正当手段承揽工程。

(3)禁止转让、出借企业资质证书或者以其他方式允许他人以本企业名义承揽工程。

(4)禁止将承包的工程进行违法分包。建设工程违法分包行为有:①分包工程发包人将专业工程或者劳务作业分包给不具备相应资质条件的分包工程承包人的。②施工总承包合同中未有约定,又未经建设单位认可,分包工程发包人将承包工程中的部分专业工程分包给他人的。禁止总承包单位将工程分包给不具备相应资质条件的单位。

(5)禁止建设工程转包。国务院颁布施行的《建设工程质量管理条例》第七十八条第三款规定,本条例所称转包,是指承包单位承包建设工程后,不履行合同约定的责任和义务,将其承包的全部建设工程转给他人或者将其承包的全部建设工程肢解以后以分包的名义分别转给其他单位承包的行为。也就是说,转包是指承包单位不行使承包者的管理职能,将所承包的工程完全转手给他人承包的行为。

转包的形式有两种:一种是承包单位将其承包的全部建设工程转包给他人,另一种是承包单位将其承包的全部工程肢解以后以分包的名义发包给他人即变相的转包。分包工程发包人将工程分包后,未在施工现场设立项目管理机构和派驻相应人员,并未对该工程的施工活动进行组织管理的,视同转包行为。

第四节 建设工程发包与承包的法律责任

一、建设单位法律责任

(一) 发包单位将工程发包给不具有相应资质条件的承包单位的法律责任

根据《建筑法》第二十二条的规定,在建设工程发包中,发包单位应当将建筑工程发包给具有相应资质条件的承包单位。这里讲的"相应资质条件",是指该承包单位已依照本法第十三条的规定,取得了从事建筑活动的资质证书,并按其资质证书载明的资质等级许可的业务范围,符合承包该项发包工程的条件。

根据《建筑法》第六十五条第一款的规定,对发包单位将工程发包给不具有相应资质条件的承包单位的……责令改正,处以罚款。

(二) 发包单位将建设工程肢解发包的法律责任

根据《建筑法》第二十四条规定,提倡对建筑工程实行总承包,禁止将建筑工程肢解发包。一旦建设行政主管部门和其他有关部门发现肢解发包的情形,就应当及时向建设单位发出通知,应责令其改正,将不应肢解的建设工程重新发包给一个承包单位。对于违反法律这一规定的行为,应依照《中华人民共和国建筑法》第二十四条第一款规定追究法律责任。

根据《建筑法》第二十四条第一款的规定,对发包单位将建设工程肢解发包的,由有关行政执法机关责令改正,处以罚款。除此以外,行政执法机关还要对发包单位处以罚款。根据《建设工程质量管理条例》第五十五条规定,应当处工程合同价款0.5%以上1%以下的罚款;同时还规定,全部或者部分使用国有资金的项目,一旦发现工程肢解发包的,除责令改正,处工程合同价款0.5%以上1%以下的罚款外,并可以暂停项目执行或者暂停资金拨付。

二、勘察单位、设计单位、建筑施工企业、工程监理单位的法律责任

(一) 超越本单位资质等级承揽工程的法律责任

禁止其超越本企业资质等级许可的业务范围承揽工程。对承包单位违反本法规定,超越其经依法核定的资质等级所许可的业务范围承揽工程的行为,应依照《建筑法》第六十五条第二款的规定追究其法律责任。依照本条第二款的规定,对承包单位超越本单位资质等级承揽工程业务的行为,给予以下处罚。

责令停止违法行为,处以罚款。这里讲的"责令停止违法行为",是指有关行政执法机关以行政决定的形式,责令立即停止超越本单位资质等级承揽工程业务的违法行为同时还应对其处以罚款;可以责令停业整顿,降低资质等级。在对违法单位实施责令停

止违法行为、处以罚款的处罚后,对违法行为情节较轻、影响不大的,允许其继续从事符合其资质等级的建筑活动,不再给予其他处罚。对违法行为情节较重、管理混乱的承包单位,行政执法机关则应责令其在一段时间内停止业务活动予以整顿,并降低其资质等级,待整顿好以后再按其降低后的资质等级从事相关建筑活动;也可以只给予其停业整顿的处罚,不降低其资质等级;对情节严重的,吊销资质证书。资质证书是建筑勘察、设计单位、建筑施工企业、工程监理单位从事有关建筑活动的资格证书。吊销资质证书即意味着取消了其从事建筑活动的资格,因此这是一种严厉的行政处罚措施,只有对违法行为情节严重的才实施这种处罚。这里讲的"情节严重",一般可包括采用较为恶劣的欺骗手段越级承包的,超越多级次承包的,属于屡犯的,或者其承建的工程存在严重的质量问题等。

对上述的承包单位超越资质等级承揽业务有违法所得的,予以没收。这里的"违法所得"是指超越资质等级承揽工程的所得。

《建设工程质量管理条例》第六十条第一款规定,违反本条例规定,勘察、设计、施工、工程监理单位超越本单位资质等级承揽工程的,责令停止违法行为,对勘察、设计单位或者工程监理单位处合同约定的勘察费、设计费或者监理酬金1倍以上2倍以下的罚款;对施工单位处工程合同价款2%以上4%以下的罚款,可以责令停业整顿,降低资质等级;情节严重的,吊销资质证书;有违法所得的,予以没收。

(二) 未取得资质证书承揽工程的行为的法律责任

根据《建筑法》第十三条的规定,从事建筑活动的建筑施工企业、勘察单位、设计单位和工程监理单位,按照一定的资质条件,划分为不同的资质等级,经资质审查合格,取得相应等级的资质证书后,方可在其资质等级许可的范围内从事建筑活动。违反法律的这一规定,未取得资质证书承揽建设工程的,应依法追究其法律责任。

(三) 以欺骗手段取得资质证书的法律责任

根据《建筑法》第六十五条第四款的规定,以欺骗手段取得资质证书的,吊销资质证书,处以罚款;构成犯罪的,依法追究刑事责任。勘察、设计、施工、监理任务的承包单位虽有资质证书,但其资质证书是以欺骗方法,如隐瞒事实、假借资金和技术人员等取得主管部门认可并颁发证书的,同样是一种严重违法行为,无论是否造成损害后果都必须吊销资质证书。

以欺骗手段取得资质证书的行为,是指建筑施工企业、勘察单位、设计单位和工程监理单位用瞒报、谎报其拥有的注册资金、专业技术人员、技术装备和已完成的建设工程业绩等手段欺骗资质等级管理机关取得资质证书的行为。

《建设工程质量管理条例》第六十条第三款规定,依照本条第一款规定处以罚款,是指勘察、设计单位或者工程监理单位以欺骗手段取得资质证书承揽工程的,处合同约定的勘察费、设计费或者监理酬金1倍以上2倍以下的罚款;对施工单位处工程合同价款2%以上4%以下的罚款。

(四) 建筑施工企业转让、出借资质证书或者以其他方式允许他人以本企业的名义承揽工程的法律责任的规定

根据《建筑法》第二十六第二款的规定,建筑施工企业不得以转让、出借本企业的资质证书或其他任何形式允许其他单位或者个人以本企业的名义承揽工程。

《建筑法》第六十六条对建筑施工企业转让、出借本企业的资质证书或者以其他方式允许他人以本企业的名义承揽工程的违法行为,规定了其应承担的行政责任和民事责任,即建筑施工企业转让、出借资质证书或者以其他方式允许他人以本企业的名义承揽工程的,责令改正,没收违法所得,并处罚款,可以责令停业整顿,降低资质等级;情节严重的,吊销资质证书。对因该项承揽工程不符合规定的质量标准造成的损失,建筑施工企业与使用本企业名义的单位或者个人承担连带赔偿责任。

(五) 承包单位将承包的工程转包或者违反法律规定进行分包的法律责任的规定

1. 承包单位将承包的工程转包的法律责任

根据《建筑法》第二十八条的规定,禁止承包单位将其承包的全部建筑工程转包给他人,禁止承包单位将其承包的全部建筑工程肢解以后以分包的名义分别转包给他人。对违反本法规定转包工程的行为,应依照本条规定追究其法律责任。

根据《建筑法》第六十七条的规定,承包单位将承包的工程转包的,或者违反本法规定进行分包的,责令改正,没收违法所得,并处罚款,可以责令停业整顿,降低资质等级;情节严重的,吊销资质证书。

承包单位有前款规定的违法行为的,对因转包工程或者违法分包的工程不符合规定的质量标准造成的损失,与接受转包或者分包的单位承担连带赔偿责任。本条规定,承包单位将其承包的工程转包的行为应承担的法律责任包括以下几项:(1)责令改正,即由行政执法机关责令承包单位将其转包的工程收回,违法签订的转包合同属无效合同应予终止,因此而造成的损失,应按照《民法典》的有关规定处理。(2)没收违法所得。这里讲的"违法所得",是指承包单位通过转包工程的所获得的转包价格与原承包合同价格之间的差额。实践中,违法转包的单位正是通过这种"层层转包、层层剥皮"的办法,来获取不正当利益的。(3)并处罚款。除了没收违法所得外,还要对违法者并处罚款,加重对其经济上的处罚。(4)根据违法行为的情节,除给予没收违法所得、并处罚款的处罚外,还可以责令停业整顿,降低资质等级。(5)情节严重的,还应吊销资质证书,取消其从事建筑活动的资格。(6)对因转包的工程不符合规定的质量标准造成的损失,由转包的承包单位与接受转包的单位承担连带赔偿责任,受损失方可要求承包单位和接受转包单位的任何一方承担全部赔偿的责任。

2. 承包单位违法分包的法律责任

根据《建筑法》的有关规定,建筑工程总承包单位对其承包的工程进行分包应当遵守以下条件:一是总承包单位只能将部分工程分包给具有相应资质条件的单位;二是分包的工程必须是总承包合同约定可以分包的工程,合同中没有约定的必须经建设单位认可;三是实行施工总承包的,建筑工程的主体结构必须由总承包单位自行完成,不得

分包;四是分包单位不得将其承包的工程再分包。对违反法律规定进行工程分包的行为,依照本条规定追究其法律责任。

根据《建筑法》第六十七条、《建设工程质量管理条例》第六十二条的规定,对承包单位违反本法规定进行分包的应承担的法律责任包括以下:(1)责令改正。这里所讲的"责令改正",是指有关行政执法机关以行政决定的形式,责令承包单位改正不符合本法第二十九条规定的分包行为,将违法分包出去的工程收回;已签订的分包合同应属无效。(2)没收违法所得。这里讲的"违法所得",应是指违法分包的单位以低于总承包合同确定的工程承包价进行工程分包所获得的非法利益。(3)并处罚款。对勘察、设计单位处合同约定的勘察费、设计费25%以上50%以下的罚款;对施工单位处工程合同价款0.5%以上1%以下的罚款;工程监理单位转让工程监理业务的,责令改正,没收违法所得,处合同约定的监理酬金25%以上50%以下的罚款。(4)可以责令停业整顿,降低资质等级。(5)情节严重的,吊销资质证书。(6)对违法分包的不符合规定的质量标准造成的损失,由违法分包的单位与接受分包的单位承担连带赔偿的民事责任。

应用案例 2

> 甲为发包人,乙为总包人,乙将全部工程转包给丙,丙将部分工作分包给丁(该分包项目撇开乙,经甲确认)。
> 问题:如果甲乙之间的工程施工合同有效的话,丙与丁之间分包合同的效力如何?

案例分析

三、建设行政主管部门法律责任

建设行政主管部门的法律责任有以下方面。

(1)《建筑法》规定,对不具备相应资质等级条件的单位颁发该等级资质证书的,由其上级机关责令收回所发的资质证书,对直接负责的主管人员和其他直接责任人员给予行政处分;构成犯罪的,依法追究刑事责任。

(2)《建筑法》规定,政府及其所属部门的工作人员违反本法规定,限定发包单位将招标发包的工程发包给指定的承包单位的,由上级机关责令改正;构成犯罪的,依法追究刑事责任。

(3)《建筑法》规定,负责颁发建设工程施工许可证的部门及其工作人员对不符合施工条件的建筑工程颁发施工许可证的,负责工程质量监督检查或者竣工验收的部门及其工作人员对不合格的建筑工程出具质量合格文件或者按合格工程验收的,由上级机关责令改正,对责任人员给予行政处分;构成犯罪的,依法追究刑事责任;造成损失的,由该部门承担相应的赔偿责任。

(4)《建设工程质量管理条例》规定,违反本条例规定,供水、供电、供气、公安消防等部门或者单位明示或者暗示建设单位或者施工单位购买其指定的生产供应单位生产的建筑材料、建筑构配件和设备的,责令改正。

(5)《建设工程安全生产管理条例》规定,违反本条例的规定,县级以上人民政府建设行政主管部门或者其他有关行政管理部门的工作人员,有下列行为之一的,给予降级或者撤职的行政处分;构成犯罪的,依照刑法有关规定追究刑事责任。①对不具备安全生产条件的施工单位颁发资质证书的;②对没有安全施工措施的建设工程颁发施工许可证的;③发现违法行为不予查处的;④不依法履行监督管理职责的其他行为。

四、工程发包与承包中的索贿、受贿、行贿的法律责任

(一)在工程发包与承包过程中的索贿、受贿、行贿的刑事责任

《建筑法》第十七条规定,发包单位及其工作人员在建筑工程发包中不得收受贿赂、回扣或者其他好处。承包单位及其工作人员不得利用向发包单位及其工作人员行贿、提供回扣或者给予其他好处等不正当手段承揽工程。对违反法律的上述规定,在工程发包与承包中的索贿、受贿、行贿的,本条重申应依法追究其刑事责任。这里讲的"依法追究刑事责任",是指依照《刑法》有关受贿罪、行贿罪等的规定追究刑事责任。

1. 受贿犯罪

《刑法》第三百八十五条规定,国家工作人员利用职务上的便利,索取他人财物的,或者非法收受他人财物,为他人谋取利益的,是受贿罪。第三百八十六条规定,对犯受贿罪的,根据受贿所得数额及情节,给予拘役直至死刑、并处罚金或者没收财产的刑事处罚。对不属于国家工作人员范围的非国有公司、企业的工作人员在工程发包中索贿、受贿的,应依照《刑法》第一百六十三条的规定,处三年以下有期徒刑或者拘役;数额巨大的,处三年以上十年以下有期徒刑,可以并处罚金。另外,发包单位工作人员在工程发包与承包中,违反国家规定,收受各种名义的回扣、手续费,归个人所有的,以受贿论处。

《中华人民共和国刑法》

《刑法》第三百八十七条规定,国家机关、国有公司、企业、事业单位、人民团体,索取、非法收受他人财物,为他人谋取利益,情节严重的,对单位判处罚金,并对其直接负责的主管人员和其他直接责任人员,处三年以下有期徒刑或者拘役。在经济往来中,暗中收受各种名义的回扣、手续费的,以受贿论。在建设工程发包活动中,单位受贿犯罪主要表现在发包单位在工程发包中为本单位索取、非法收受他人财物,为他人谋取利

益,情节严重的行为。发包单位在工程发包与承包中,暗中收受各种名义的回扣、手续费的,以受贿论。

2. 行贿犯罪

《刑法》第三百八十九条规定,为谋取不正当利益,给予国家工作人员以财物的,是行贿罪。第三百九十条对犯行贿罪的刑事责任作了规定,在经济往来中,违反国家规定,给予国家工作人员以财物,数额较大的,或者违反国家规定,给予国家工作人员以各种名义的回扣、手续费的,以行贿论处。同时,《刑法》第三百九十一条还规定,为谋取不正当利益,给予国家机关、国有公司、企业、事业单位、人民团体以财物的,或者在经济往来中,违反国家规定,给予各种名义的回扣、手续费的,处三年以下有期徒刑或者拘役,并处罚金。单位犯前款罪的,对单位判处罚金,并对其直接负责的主管人员和其他直接责任人员,依照前款的规定处罚。第一百六十四条规定,为谋取不正当利益,给予公司、企业或者其他单位的工作人员以财物、数额较大的,处三年以下有期徒刑或者拘役;数额巨大的,处三年以上十年以下有期徒刑,并处罚金。单位犯前款罪的,对单位判处罚金,并对其直接负责的主管人员和其他直接责任人员,依照前款规定处罚。

（二）工程发包与承包

在工程发包与承包中索贿、受贿、行贿的行政责任在工程发包与承包中的索贿、受贿、行贿,情节轻微,不构成犯罪的,应依照本条规定追究其行政责任,包括:(1)处以罚款;(2)没收贿赂的财物;(3)对直接负责的主管人员和其他直接责任人员给予处分。

第五节　建筑市场信用体系建设

《建筑业企业资质管理规定》中规定,企业应当按照有关规定,向资质许可机关提供真实、准确、完整的企业信用档案信息。企业的信用档案应当包括企业基本情况、业绩、工程质量和安全、合同履约等情况。被投诉举报和处理、行政处罚等情况应当作为不良行为记入其信用档案。企业的信用档案信息按照有关规定向社会公示。

《建筑业企业资质管理规定》

《注册建造师管理规定》中规定,注册建造师及其聘用单位应当按照要求,向注册机关提供真实、准确、完整的注册建造师信用档案信息。注册建造师信用档案应当包括注册建造师的基本情况、业绩、良好行为、不良行为等内容。违法违规行为、被投诉举报处理、行政处罚等情况应当作为注册建造师的不良行为记入其信用档案。注册建造师信用档案信息按照有关规定向社会公示。

一、建筑市场诚信行为信息的分类

建筑市场诚信行为信息分为良好行为记录和不良行为记录两大类。

（一）良好行为记录

良好行为记录是指建筑市场主体在工程建设过程中严格遵守有关工程建设的法律、法规、规章或强制性标准，行为规范，诚信经营，自觉维护建筑市场秩序，受到各级建设行政主管部门和相关专业部门的奖励和表彰所形成的良好行为记录。

（二）不良行为记录

不良行为记录是指建筑市场主体在工程建设过程中违反有关工程建设的法律、法规、规章或强制性标准和执业行为规范，经县级以上建设行政主管部门或者委托的执法监督机构查实和行政处罚所形成的不良行为记录。

二、建筑市场施工主体不良行为记录认定标准

在《全国建筑市场各方主体不良行为记录认定标准》中，对涉及建筑市场最主要的责任主体，即建设单位、勘察、设计、施工、监理、工程检测、招标代理、造价咨询、施工图审查等单位的不良行为，制定了具体的认定标准。特别是强化了对社会反映强烈的建设单位行为的规范问题，突出了建筑许可、市场准入、招标投标、发承包交易、质量管理、安全生产、拖欠工程款和农民工工资、治理商业贿赂等相关内容。此外，在《注册建造师执业管理办法》（试行）中，对注册建造师的不良行为也制定了具体认定标准。

《注册建造师执业管理办法》（试行）

（一）施工单位不良行为记录的认定标准

施工单位不良行为记录认定标准如下。

1. 资质不良行为认定标准

未取得资质证书承揽工程的，或超越本单位资质等级承揽工程的；以欺骗手段取得资质证书承揽工程的；允许其他单位或个人以本单位名义承揽工程的；未在规定期限内办理资质变更手续的；涂改、伪造、出借、转让《建筑业企业资质证书》的；按照国家规定需要持证上岗的技术工种的作业人员未经培训、考核，未取得证书上岗，情节严重的。

2. 承揽业务不良行为认定标准

利用向发包单位及其工作人员行贿、提供回扣或给予其他好处等不正当手段承揽业务的；相互串通投标或与招标人串通投标的，以向招标人或评标委员会成员行贿的手

段谋取中标的;以他人名义投标或以其他方式弄虚作假,骗取中标的;不按照与投标人订立的合同履行义务,情节严重的;将承包的工程转包或违法分包的。

3. 工程质量不良行为认定标准

在施工中偷工减料的,使用不合格建筑材料、建筑构配件和设备的,或有不按照工程设计图纸或施工技术标准施工的其他行为的;未按照节能设计进行施工的;未对建筑材料、建筑构配件、设备和商品混凝土进行检测,或未对涉及结构安全的试块、试件以及有关材料取样检测的;工程竣工验收后,不向建设单位出具质量保修书的,或质量保修的内容、期限违反规定的;不履行保修义务或者拖延履行保修义务的。

(二) 注册建造师不良行为记录的认定标准

《注册建造师执业管理办法》(试行)规定,注册建造师有下列行为之一,经有关监督部门确认后由工程所在地建设主管部门或有关部门记入注册建造师执业信用档案:(1)《注册建造师执业管理办法》(试行)第二十二条所列行为;(2)未履行注册建造师职责造成质量、安全、环境事故的;(3)泄露商业秘密的;(4)无正当理由拒绝或未及时签字盖章的;(5)未按要求提供注册建造师信用档案信息的;(6)未履行注册建造师职责造成不良社会影响的;(7)未履行注册建造师职责导致项目未能及时交付使用的;(8)不配合办理交接手续的;(9)不积极配合有关部门监督检查的。

《注册建造师执业管理办法》(试行)规定,注册建造师不得有下列行为:(1)不按设计图纸施工;(2)使用不合格建筑材料;(3)使用不合格设备、建筑构配件;(4)违反工程质量、安全、环保和用工方面的规定;(5)在执业过程中,索贿、行贿、受贿或者谋取合同约定费用外的其他不法利益;(6)签署弄虚作假或在不合格文件上签章的;(7)以他人名义或允许他人以自己的名义从事执业活动;(8)同时在两个或者两个以上企业受聘并执业;(9)超出执业范围和聘用企业业务范围从事执业活动;(10)未变更注册单位,而在另一家企业从事执业活动;(11)所负责工程未办理竣工验收或移交手续前,变更注册到另一企业;(12)伪造、涂改、倒卖、出租、出借或以其他形式非法转让资格证书、注册证书和执业印章;(13)不履行注册建造师义务和法律、法规、规章禁止的其他行为。

本章小结

本章主要介绍了建设工程发包与承包概念和原则,建设工程发包方式和建设工程发包行为规范;重点介绍了承包单位资质管理、建设工程承包方式、建设工程联合承包、建设工程承包行为规范等四大内容;还介绍了建设单位、勘察单位、设计单位、建筑施工企业、工程监理单位、建设行政主管部门在工程发包和承包过程中的法律责任和工程发包与承包中的索贿、受贿、行贿等法律责任及建筑市场信用体系建设的有关规定。

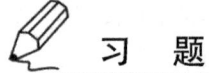 习 题

一、单项选择题

1. 建设单位将工程将建设工程肢解发包的（　　）
   A. 由工商行政管理机关吊销营业执照
   B. 处工程合同价款 0.5% 以上 1% 以下的罚款
   C. 发包无效，并承担赔偿损失
   D. 构成犯罪的，依法追究刑事责任

2. 建设单位将建设工程发包给不具有相应资质等级的勘察、设计、施工单位（　　）
   A. 由工商行政管理机关吊销营业执照
   B. 处 50 万元以上 100 万元以下的罚款
   C. 发包无效，并承担赔偿损失
   D. 构成犯罪的，依法追究刑事责任

3. 两个以上不同资质等级的单位实行联合承包，应当按照（　　）业务许可范围承揽工程。
   A. 资质等级较高的单位　　　B. 资质等级较低的单位
   C. 联合各方平均资质等级　　D. 双方协商确定的资质等级

4. 下面没有违反《中华人民共和国建筑法》承揽工程的有（　　）
   A. 借用其他施工企业的名义承揽工程
   B. 与其他承包单位联合共同承包大型建设工程
   C. 经建设单位同意，某施工企业超越本企业资质承揽工程
   D. 某一级企业与二级企业联合承包了只有一级企业才有资质承包的项目

5. 下列选项中《中华人民共和国建筑法》未禁止的行为是（　　）。
   A. 将建设工程肢解发包　　　B. 由两个以上不同资质等级的单位联合承包
   C. 分包单位将工程再分包　　D. 用其他建筑施工企业的名义承揽工程

二、多项选择题

1. 建筑施工企业有下列（　　）行为的，对因该工程不符合规定的质量标准造成的损失承担连带赔偿责任。
   A. 转让、出借资质证书
   B. 将工程发包给不具有相应资质条件的承包单位
   C. 允许他人以本企业的名义承揽工程
   D. 将承包的工程转包
   E. 违反建筑法规定进行分包

2. 某公司的新办公大楼项目分勘察、设计、施工、设备采购招标，多家有资质的承包单位竞标。根据《中华人民共和国建筑法》关于建设工程承发包的有关规定，该公司可以（　　）。

A. 把勘察、设计工作发包给甲承包单位,把施工、设备采购发包给乙承包单位

B. 把整个工程肢解发包给若干家承包单位

C. 把整个工程一并发包给一家工程总承包单位

D. 把勘察任务肢解发包给多家承包单位

E. 把设计任务肢解发包给多家承包单位

3. 下列做法中,不符合《中华人民共和国建筑法》关于建设工程发承包的规定的是（　　）。

A. 发包单位将应当由一个承包单位完成的建设工程肢解成若干部分发包给几个承包单位

B. 某建筑施工企业超越本企业资质等级许可的业务范围承揽工程

C. 某建筑施工企业将其承包的全部建设工程肢解以后,以分包的名义分别转包给他人

D. 发包单位将建设工程的勘察、设计、施工、设备采购一并发包给一个工程总承包单位

E. 某建筑施工企业将所承包工程主体结构的施工分包给其他单位

4. 根据《中华人民共和国建筑法》,关于建设项目实行联合承包的前提条件包括（　　）。

A. 专业齐全的建设工程　　B. 大型建设工程

C. 结构复杂的建设工程　　D. 住宅建设工程

E. 节能保温的建设工程

5. 建设工程发承包,《中华人民共和国建筑法》作出禁止规定的有（　　）

A. 将建设工程肢解发包

B. 承包人将其承包的建设工程分包他人

C. 承包人超越本企业资质等级许可的业务范围承揽工程

D. 分包人将其承包的工程再分包

E. 两个不同资质等级的单位联合共同承包

三、简答题

1. 建设工程发包有哪些方式？各适用于什么情况？
2. 建设工程的承包单位应当具备哪些基本条件？
3. 什么是建设工程总承包制度？总承包的方式有哪些？
4. 什么是共同承包制度？共同承包的前提条件哪些？
5. 何谓违法分包？何谓转包？法律为什么要禁止违法分包和转包行为？

习题答案

第五章　建设工程招标投标法规

教学目标

本章主要讲述建设工程招标投标过程中的有关法律制度和程序要求，通过本章学习，应达到以下目标：

（1）熟悉建设工程招标、投标应遵循的基本原则；

（2）掌握建设工程项目的招标、投标、开标、评标和定标的法律规定。

教学要求

知识要点	能力要求	相关知识
建设工程招标投标概述	（1）熟悉招标投标应遵循的基本原则 （2）了解建设工程招标投标的项目范围和规模标准 （3）掌握规避招标的法律责任及影响公平竞争的法律责任	（1）招标投标应遵循的基本原则 （2）建设工程招标投标的项目范围和规模标准 （3）规避招标的法律责任及影响公平竞争的法律责任
建设工程项目招标	（1）掌握工程项目招标方式 （2）熟悉招标项目应满足的条件 （3）了解自行招标和代理招标	（1）工程项目招标方式 （2）招标项目应满足的条件 （3）自行招标和代理招标
建设工程项目投标	（1）了解投标人及联合体投标的要求 （2）熟悉投标行为的要求 （3）掌握禁止投标人实施的不正当行为的种类	（1）投标人及联合体投标的要求 （2）投标行为的要求 （3）禁止投标人实施的不正当行为的种类
建设工程项目的开标、评标和定标	熟悉开标、评标、定标的要求	开标、评标、定标在法律上的要求
招标投标法律责任	（1）掌握招标人、投标人及中标人的法律责任 （2）熟悉招标代理机构及国家行政机关工作人员的法律责任 （3）掌握评标委员会成员的法律责任	（1）招标人、投标人及中标人的法律责任 （2）招标代理机构及国家行政机关工作人员的法律责任 （3）评标委员会成员的法律责任

基本概念

招标人、公开招标、邀请招标、投标人、联合体投标

※引例

根据某市纪委监委驻市城管局纪检组提供的"山羊新区十里河某小学新建运动场工程"施工企业投标资料,市住建局针对该项目施工招投标存在串(围)标行为,迅速组织技术人员对所报资料进行认真复核。

经复核,依据《房屋建筑和市政基础设施工程施工招标串(围)标行为认定和处理的暂行规定》(豫建〔2011〕179号)文件第八条、《中华人民共和国招标投标法》第五十三条规定,该项目四家投标单位施工招投标过程中存在串(围)标行为,并由市住房和城乡建设局依法处理并公示。

评标专家在评标过程中未能尽职尽责,未对投标文件进行比较评审,未能及时发现投标人串(围)标行为,通过对评标专家进行约谈调查,给予评标专家王某、张某、雒某、彭某、裴某禁止其6个月评标资格处理。

第一节　建设工程招标投标概述

一、招标投标的概念

考察招标投标概念的不同表述方式,可以发现第一种表述方式与第二种表述方式的区别在于:第一种表述方式把招标投标看成一个完整的交易行为,而第二种表述方式则分别把招标和投标看成交易行为的"买"和"卖"两个方面。《招标投标法》也把招标与投标理解为交易行为的两个方面。事实上,招标投标首先是一个完整的交易行为,因此首先应当对招标投标做一个整体的定义,然后再分别对招标和投标进行界定,这样才能对招标投标有一个全面的理解。

对招标投标可以作如下界定:招标投标是在市场经济条件下进行大宗货物的买卖、工程建设项目的发包与承包,以及服务项目的采购与提供时,愿意成为卖方(提供方)者提出自己的条件,采购方选择条件最优者成为卖方(提供方)的一种交易方式。招标与投标是相互对应的一对概念,是同一个问题的两个方面。具体地说,招标,是指招标人对货物、工程和服务实现公布采购的条件和要求,以一定的方式邀请不特定或者一定数量的自然人、法人或者其他组织投标,而招标人按照公开规定的程序和条件确定中标人的行为;而投标,则是指投标人响应招标人的要求参加投标竞争的行为。

在这种交易方式下,通常是由项目采购(包括货物的购买、工程的发包和服务的采购)的采购方作为招标人,通过发布招标公告或者向一定数量的特定供应商、承包商发出投标邀请等方式发出招标采购信息,提出所需采购项目的性质及其数量、质量、技术要求、交货期、竣工期或者提供服务的时间,以及对供应商、承包商的资格要求等招标采购条件,表明将选择最能够满足采购要求的供应商、承包商与之签订采购合同的意向,由各有意提供采购所需货物、工程或者服务项目的供应商、承包商作为投标人,向招标人书面提出自己拟提供的货物、工程或者服务的报价及其他响应招标要求的条件,参加投标竞争。招标人对各投标人的报价及其他条件进行审查比较后,从中择优选定中标者,并与其签订采购合同。

二、建设工程招标投标的适用范围和规模标准

(一)建设工程必须进行招标的范围

《招标投标法》第三条规定,在中华人民共和国境内进行下列工程建设项目包括项目的勘察、设计、施工、监理以及与工程建设有关的重要设备、材料等的采购,必须进行招标:(1)大型基础设施、公用事业等关系社会公共利益、公众安全的项目;(2)全部或者部分使用国有资金投资或者国家融资的项目;(3)使用国际组织或者外国政府贷款、援助资金的项目。

其中,全部或者部分使用国有资金投资或者国家融资的项目包括:(1)使用预算资金 200 万元人民币以上,并且该资金占投资额 10% 以上的项目;(2)使用国有企业事业单位资金,并且该资金占控股或者主导地位的项目。

其中,使用国际组织或者外国政府贷款、援助资金的项目包括:(1)使用世界银行、亚洲开发银行等国际组织贷款、援助资金的项目;(2)使用外国政府及其机构贷款、援助资金的项目。

上述第(1)、(2)、(3)项范围内的项目,其勘察、设计、施工、监理以及与工程建设有关的重要设备、材料等的采购达到下列标准之一的,必须招标:(1)施工单项合同估算价在 400 万元人民币以上;(2)重要设备、材料等货物的采购,单项合同估算价在 200 万元人民币以上;(3)勘察、设计、监理等服务的采购,单项合同估算价在 100 万元人民币以上。同一项目中可以合并进行的勘察、设计、施工、监理以及与工程建设有关的重要设备、材料等的采购,合同估算价合计达到上述规定标准的,必须招标。

根据《必须招标的基础设施和公用事业项目范围规定》,不属于上述第(2)、(3)项规定情形的大型基础设施、公用事业等关系社会公共利益、公众安全的项目,必须招标的具体范围包括:(1)煤炭、石油、天然气、电力、新能源等能源基础设施项目;(2)铁路、公路、管道、水运,以及公共航空和 A1 级通用机场等交通运输基础设施项目;(3)电信枢纽、通信信息网络等通信基础设施项目;(4)防洪、灌溉、排涝、引(供)水等水利基础设施项目;(5)城市轨道交通等城建项目。

按照国家有关规定需要履行项目审批、核准手续的依法必须进行招标的项目,其招标范围、招标方式、招标组织形式应当报项目审批、核准部门审批、核准。项目审批、核准部门应当及时将审批、核准确定的招标范围、招标方式、招标组织形式通报有关行政监督部门。

(二)可以不进行招标的项目范围和情形

建设项目的勘察、设计,采用特定专利或者专有技术的,或者其建筑艺术造型有特

殊要求的,经项目主管部门批准,可以不进行招标。

涉及国家安全、国家秘密、抢险救灾或者属于利用扶贫资金实行以工代赈、需要使用农民工等特殊情况,不适宜进行招标的项目,按照国家有关规定可以不进行招标,即可以直接发包。

除上述可以不进行招标的特殊情况外,有下列情形之一的,可以不进行招标:(1)需要采用不可替代的专利或专有技术;(2)采购人依法能够自行建设、生产或者提供;(3)已通过招标方式选定的特许经营项目投资人依法能够自行建设、生产或者提供;(4)需要向原中标人采购工程、货物或者服务,否则将影响施工或者功能配套要求;(5)国家规定的其他特殊情形。以上所述是指符合招标的规定,但是不适宜进行招标的项目范围。

此外,对于依法必须进行招标的具体范围和规模标准以外的建设工程项目,可以不进行招标,采用直接发包的方式。

三、建设工程招标投标原则

建设工程招标投标活动应该遵循公开、公平、公正和诚实信用的原则。

公开原则,就是要求招标投标活动必须具有较高的透明度,招标信息、招标程序、开标过程、中标结果都必须公开,使每一个人投标人获得同等的信息。

公平原则,就是要求招标人本着平等互利的原则拟定招标文件,给予所有投标人平等机会,使其享有平等的权利并履行相应的义务。

公正原则,就是要求评标时按事先公布的标准进行评标,使所有投标人平等地享有同等权利,公正地对待每一个投标人。另外,设定的标准、招标投标的过程要公平,不得以不合理的条件排斥或限制潜在的投标人。

诚实信用原则,是所有民事活动都应遵循的基本原则之一。它要求当事人应以诚实、守信的态度行使权利、履行义务,保证彼此都能得到自己应得的利益,同时不得损害第三人和社会的利益,不得规避招标、串通投标、泄露标底、骗取中标、转包合同等诸多义务。

依法必须进行招标的项目,其招标投标活动不受地区或者部门的限制。任何单位和个人不得违法限制或者排斥本地区、本系统以外的法人或者其他组织参加投标,不得以任何方式非法干涉招标投标活动。

四、建设工程招标组织

建设工程的招标单位可以自行招标,也可以委托建设工程招标代理机构进行招标。

(一)自行招标

招标人具有编制招标文件和组织评标能力的,可以自行办理招标事宜。任何单位和个人不得强制其委托招标代理机构办理招标事宜。依法必须进行招标的项目,招标人自行办理招标事宜的,应当向有关行政监督部门备案。

（二）委托招标

招标代理机构是依法设立、从事招标代理业务并提供相关服务的社会中介组织。

招标代理机构应当具备下列条件：(1)有从事招标代理业务的营业场所和相应资金；(2)有能够编制招标文件和组织评标的相应专业力量。

招标代理机构与行政机关和其他国家机关不得存在隶属关系或者其他利益关系。

五、建设工程招标方式

（一）公开招标与邀请招标

建设工程招标分为公开招标与邀请招标。

1. 公开招标

公开招标是指招标人以招标公告的方式邀请不特定的法人或者其他组织投标。

2. 邀请招标

邀请招标是指招标人以投标邀请书的方式邀请特定的法人或者其他组织投标。

招标人采用邀请招标方式的，应当向三个以上具备承担招标项目的能力、资信良好的特定的法人或者其他组织发出投标邀请书。

国务院发展计划部门确定的国家重点项目和省、自治区、直辖市人民政府确定的地方重点项目不适宜公开招标的，经国务院发展计划部门或者省、自治区、直辖市人民政府批准可以进行邀请招标。

国有资金占控股或者主导地位的依法必须进行招标的项目，应当公开招标；但有下列情形之一的，可以邀请招标：(1)技术复杂、有特殊要求或者受自然环境限制，只有少量潜在投标人可供选择；(2)采用公开招标方式的费用占项目合同金额的比例过大。

（二）其他招标方式

1. 总承包招标

招标人可以依法对工程以及与工程建设有关的货物、服务全部或者部分实行总承包招标。以暂估价形式包括在总承包范围内的工程、货物、服务属于依法必须进行招标的项目范围且达到国家规定规模标准的，应当依法进行招标。

以上所称暂估价，是指总承包招标时不能确定价格而由招标人在招标文件中暂时估定的工程、货物、服务的金额。

2. 两阶段招标

对技术复杂或者无法精确拟定技术规格的项目，招标人可以分两阶段进行招标：

第一阶段，投标人按照招标公告或者投标邀请书的要求提交不带报价的技术建议，招标人根据投标人提交的技术建议确定技术标准和要求，编制招标文件。

第二阶段，招标人向在第一阶段提交技术建议的投标人提供招标文件，投标人按照招标文件的要求提交包括最终技术方案和投标报价的投标文件。

招标人要求投标人提交投标保证金的，应当在第二阶段提出。

第二节　建设工程招标

建设工程招标是指建设工程发包方通过公告或者其他方式，发布拟建建设工程的有关信息，表明其将邀请具有相应资质的建设工程承包方承包建筑工程项目的意向，由各建设工程承包方按照发包方的要求提出各自的建筑工程报价和其他承包条件，参加承揽建筑工程任务的竞争，最后由发包方从中择优选定中标单位作为该项建筑工程的承包方，与其签订建筑工程承包合同。从法律上讲，建设工程招标属于要约邀请。

一般来说，建设工程招标程序包括：(1)设立招标组织，进行必要的前期准备工作；(2)编制招标文件和标底；(3)发布招标公告或发出投标邀请书；(4)对潜在投标人进行资格审查；(5)发售招标文件；(6)组织投标人勘察现场；(7)召开投标预备会；(8)接受投标文件；(9)开标；(10)评标；(11)定标、发出中标通知书；(12)签订合同；(13)终止招标。

一、进行必要的前期准备工作以及设立招标组织

(一) 进行必要的前期准备工作

《房屋建筑和市政基础设施工程施工招标投标管理办法》第七条规定，工程施工招标应当具备下列条件：(1)按照国家有关规定需要履行项目审批手续的，已经履行审批手续；(2)工程资金或者资金来源已经落实；(3)有满足施工招标需要的设计文件及其他技术资料；(4)法律、法规、规章规定的其他条件。

招标项目按照国家有关规定需要履行项目审批手续的，应当先履行审批手续，取得批准。招标人应当有进行招标项目的相应资金或者资金来源已经落实，并应当在招标文件中如实载明。

按照国家有关规定需要履行项目审批、核准手续的依法必须进行招标的项目，其招标范围、招标方式、招标组织形式应当报项目审批、核准部门审批、核准。项目审批、核准部门应当及时将审批、核准确定的招标范围、招标方式、招标组织形式通报有关行政监督部门。

(二) 设立招标组织

建设单位可以自行招标，也可以委托招标代理机构进行招标工作。

依法必须进行施工招标的工程，招标人自行办理施工招标事宜的，应当具有编制招标文件和组织评标的能力。

二、编制招标文件

(一) 招标文件

招标文件是招标单位编制或其委托招标代理机构编制的招标、评标与中标单位据

以签订建设工程承包合同的纲领性文件。

招标人应当根据招标项目的特点和需要编制招标文件。招标文件应当包括招标项目的技术要求、对投标人资格审查的标准、投标报价要求和评标标准等所有实质性要求和条件以及拟签订合同的主要条款。国家对招标项目的技术、标准有规定的,招标人应当按照其规定在招标文件中提出相应要求。招标项目需要划分标段、确定工期的,招标人应当合理划分标段、确定工期,并在招标文件中载明。

招标人根据施工招标项目的特点和需要编制招标文件。

招标文件一般包括下列内容:(1)招标公告或投标邀请书;(2)投标人须知;(3)合同主要条款;(4)投标文件格式;(5)采用工程量清单招标的,应当提供工程量清单;(6)技术条款;(7)设计图;(8)评标标准和方法;(9)投标辅助材料。

招标人应当在招标文件中规定实质性要求和条件,并用醒目的方式标明;招标人应当在招标文件中载明投标有效期,投标有效期从提交投标文件的截止之日起算。

(二) 招标控制价

招标人设有最高投标限价的,应当在招标文件中明确最高投标限价或者最高投标限价的计算方法。招标人不得规定最低投标限价。

三、发布招标公告或发出投标邀请书

采用公开招标方式的,招标人应当发布招标公告,邀请不特定的法人或者其他组织投标。依法必须进行施工招标项目的招标公告,应当在国家指定的报刊和信息网络上发布。

采用邀请招标方式的,招标人应当向 3 家以上具备承担施工招标项目的能力、资信良好的特定的法人或者其他组织发出投标邀请书。

根据《工程建设项目施工招标投标办法》的规定,招标公告或者投标邀请书应当至少载明下列内容:(1)招标人的名称和地址;(2)招标项目的内容、规模、资金来源;(3)招标项目的实施地点和工期;(4)获取招标文件或者资格预审文件的地点和时间;(5)对招标文件或者资格预审文件收取的费用;(6)对投标人的资质等级的要求。

依法必须进行招标的项目的资格预审公告和招标公告,应当在国务院发展改革部门依法指定的媒介发布。在不同媒介发布的同一招标项目的资格预审公告或者招标公告的内容应当一致。指定媒介发布依法必须进行招标的项目的境内资格预审公告、招标公告,不得收取费用。

四、对潜在投标人进行资格审查

资格审查分为资格预审和资格后审。进行资格预审的,一般不再进行资格后审,但招标文件另有规定的除外。

(一) 资格预审

资格预审是指在投标前对潜在投标人进行的资格审查。

实行资格预审的招标工程,招标人应当在招标公告或者投标邀请书中载明资格预审的条件和获取资格预审文件的办法。

资格预审文件一般应当包括资格预审申请书格式、申请人须知,以及需要投标申请人提供的企业资质、业绩、技术装备、财务状况和拟派出的项目经理与主要技术人员的简历、业绩等证明材料。

资格预审结束后,招标人应当及时向资格预审申请人发出资格预审结果通知书。未通过资格预审的申请人不具有投标资格。通过资格预审的申请人少于 3 个的,应当重新招标。

潜在投标人或者其他利害关系人对资格预审文件有异议的,应当在提交资格预审申请文件截止时间 2 日前提出;对招标文件有异议的,应当在投标截止时间 10 日前提出。招标人应当自收到异议之日起 3 日内做出答复;做出答复前,应当暂停招标投标活动。

(二) 资格后审

资格后审是指在开标后对投标人进行的资格审查。

招标人采用资格后审办法对投标人进行资格审查的,应当在开标后由评标委员会按招标文件规定的标准和方法对投标人的资格进行审查。

采取资格后审的,招标人应当在招标文件中载明对投标人资格要求的条件、标准和方法。招标人不得改变载明的资格条件或者以没有载明的资格条件对潜在投标人或者投标人进行资格审查。经资格后审不合格的投标人的投标应予否决。

五、发售招标文件

招标人应当按照资格预审公告、招标公告或者投标邀请书规定的时间、地点发售资格预审文件或者招标文件。资格预审文件或者招标文件的发售期不得少于 5 日。招标人发售资格预审文件、招标文件收取的费用应当限于补偿印刷、邮寄的成本支出,不得以营利为目的。

招标人可以对已发出的资格预审文件或者招标文件进行必要的澄清或者修改。澄清或者修改的内容可能影响资格预审申请文件或者投标文件编制的,招标人应当在提交资格预审申请文件截止时间至少 3 日前,或者投标截止时间至少 15 日前,以书面形式通知所有获取资格预审文件或者招标文件的潜在投标人;不足 3 日或者 15 日的,招标人应当顺延提交资格预审申请文件或者投标文件的截止时间。

招标人不得向他人透露已获取招标文件的潜在投标人的名称、数量以及可能影响公平竞争的有关招标投标的其他情况。

招标人应当确定投标人编制投标文件所需要的合理时间;但是,依法必须进行招标的项目,自招标文件开始发出之日起至投标人提交投标文件截止之日止,最短不得少于20日。

六、组织投标人勘察现场

招标人组织投标人进行勘察现场的目的在于了解工程场地和周围环境情况,以获得投标人认为有必要的信息。为了便于投标人提出问题并及时得到解答,勘察现场一般安排在投标预备会前1—2天。投标人在勘察现场中如有疑问,应在投标预备会前以书面形式向招标人提出,但应给招标人留有解答时间。

招标人根据招标项目的具体情况,可以组织潜在投标人踏勘项目现场,向其介绍工程场地和相关环境的有关情况。潜在投标人依据招标人介绍情况做出的判断和决策,由投标人自行负责。招标人不得组织单个或者部分潜在投标人勘察项目现场。

对于潜在投标人在阅读招标文件和现场勘察中提出的疑问,招标人可以书面形式或召开投标预备会的方式解答,但需同时将解答以书面方式通知所有购买招标文件的潜在投标人。该解答的内容为招标文件的组成部分。

七、召开投标预备会

投标预备会一般安排在发出招标文件7天后28天内举行。在投标预备会中,招标单位负责人除了介绍工程概况外,还可以对招标文件中某些内容加以修改或予以补充说明,并对投标人研究招标文件和现场考察后以书面形式提出的问题和会议上即席提出的问题给予解答。会议结束后,招标人应将会议记录以书面通知的形式发给每一位投标人。补充文件作为招标文件的组成部分,具有同等法律效力。

投标预备会目的在于澄清招标文件中的疑问,解答投标人对投标文件和勘察现场中所提出的疑问。

八、接收投标文件

招标文件应该明确规定报送投标文件的地点和期限。投标人送达投标文件时,招标单位应检验文件密封和送达时间是否符合要求,合格者发给回执,否则拒收。

招标人应当确定投标人编制投标文件所需要的合理时间,但是,依法必须进行招标的项目招标文件开始发出之日起至投标人提交投标文件截止之日止,最短不得少于20日。

投标人应当在招标文件要求提交投标文件的截止时间前,将投标文件送达投标地点。招标人收到投标文件后,应当签收保存,不得开启。投标人少于3个的,招标人应当依法重新招标。在招标文件要求提交投标文件的截止时间后送达的投标文件,招标人应当拒收。

九、终止招标

《中华人民共和国招标投标法实施条例》(以下简称《招标投标法实施条例》)第三十一条规定,招标人终止招标的,应当及时发布公告,或者以书面形式通知被邀请的或者已经获取资格预审文件、招标文件的潜在投标人。已经发售资格预审文件、招标文件或者已经收取投标保证金的,招标人应当及时退还所收取的资格预审文件、招标文件的费用,以及所收取的投标保证金及银行同期存款利息。

第三节 建设工程投标

一、投标主体

(一)投标人

投标人是指响应招标、参加投标竞争的法人或者其他组织。投标人应当具备承担招标项目的能力;国家有关规定对投标人资格条件或者招标文件对投标人资格条件有规定的,投标人应当具备规定的资格条件。

投标人参加依法必须进行招标的项目的投标,不受地区或者部门的限制,任何单位和个人不得非法干涉。

(二)联合体投标

《招标投标法》第三十一条规定,两个以上法人或者其他组织可以组成一个联合体,以一个投标人的身份共同投标。联合体各方均应当具备承担招标项目的相应能力;国家有关规定或者招标文件对投标人资格条件有规定的,联合体各方均应当具备规定的相应资格条件。由同一专业的单位组成的联合体,按照资质等级较低的单位确定资质等级。

联合体各方应当签订共同投标协议,明确约定各方拟承担的工作和责任,并将共同投标协议连同投标文件一并提交招标人。联合体中标的,联合体各方应当共同与招标人签订合同,就中标项目向招标人承担连带责任。

招标人不得强制投标人组成联合体共同投标,不得限制投标人之间的竞争。

《招标投标法实施条例》第三十七条规定,招标人应当在资格预审公告、招标公告或者投标邀请书中载明是否接受联合体投标。招标人接受联合体投标并进行资格预审的,联合体应当在提交资格预审申请文件前组成。资格预审后联合体增减、更换成员的,其投标无效。联合体各方在同一招标项目中以自己名义单独投标或者参加其他联合体投标的,相关投标均无效。

二、投标文件

(一) 投标文件的内容

《招标投标法》第二十七条规定,投标人应当按照招标文件的要求编制投标文件。投标文件应当对招标文件提出的实质性要求和条件做出响应。招标项目属于建设施工的,投标文件的内容应当包括拟派出的项目负责人与主要技术人员的简历、业绩和拟用于完成招标项目的机械设备等。

《招标投标法》第三十条规定,投标人根据招标文件载明的项目实际情况,拟在中标后将中标项目的部分非主体、非关键性工作进行分包的,应当在投标文件中载明。

投标文件应包括下列内容:(1)投标函及投标函附录;(2)法定代表人身份证明或附有法定代表人身份证明的授权委托书;(3)联合体协议书;(4)投标保证金;(5)已标价工程量清单;(6)施工组织设计;(7)项目管理机构;(8)拟分包项目情况表;(9)资格审查资料;(10)投标人须知前附表规定的其他材料。

(二) 投标文件的送达与签收

《招标投标法》第二十八条规定,投标人应当在招标文件要求提交投标文件的截止时间前,将投标文件送达投标地点。招标人收到投标文件后,应当签收保存,不得开启。投标人少于3个的,招标人应当依照本法重新招标。在招标文件要求提交投标文件的截止时间后送达的投标文件,招标人应当拒收。

《招标投标法实施条例》第三十六条规定,未通过资格预审的申请人提交的投标文件,以及逾期送达或者不按照招标文件要求密封的投标文件,招标人应当拒收。招标人应当如实记载投标文件的送达时间和密封情况,并存档备查。

(三) 投标文件的修改与撤回

《招标投标法》第二十九条规定,投标人在招标文件要求提交投标文件的截止时间前,可以补充、修改或者撤回已提交的投标文件,并书面通知招标人。补充、修改的内容为投标文件的组成部分。

三、投标保证金

投标保证金是指投标人按照招标文件的要求向招标人出具的,以一定金额表示的投标担保。其实质目的是避免因投标人在投标有效期内随意撤回、撤销投标或中标后不能提交履约保证金和签署合同等行为而给招标人造成损失。

(一) 投标保证金的提交

《招标投标法实施条例》第二十六条规定,招标人在招标文件中要求投标人提交投标保证金的,投标保证金不得超过招标项目估算价的2%。投标保证金有效期应当与投标有效期一致。依法必须进行招标的项目的境内投标单位,以现金或者支票形式提交的投标保证金应当从其基本账户转出。招标人不得挪用投标保证金。

《工程建设项目施工招标投标办法》第四十五条规定,联合体投标的,应当以联合体各方或者联合体中牵头人的名义提交投标保证金。以联合体中牵头人名义提交的投标保证金,对联合体各成员具有约束力。

(二) 投标保证金的退还

《招标投标法实施条例》第三十五条规定,投标人撤回已提交的投标文件,应当在投标截止时间前书面通知招标人。招标人已收取投标保证金的,应当自收到投标人书面撤回通知之日起5日内退还。投标截止后投标人撤销投标文件的,招标人可以不退还投标保证金。

《工程建设项目施工招标投标办法》第八十一条规定,中标通知书发出后,中标人放弃中标项目的,无正当理由不与招标人签订合同的,在签订合同时向招标人提出附加条件或者更改合同实质性内容的,或者拒不提交所要求的履约保证金的,取消其中标资格,投标保证金不予退还;给招标人的损失超过投标保证金数额的,中标人应当对超过部分予以赔偿;没有提交投标保证金的,应当对招标人的损失承担赔偿责任。

第四节　建设工程开标、评标与定标

一、开标

开标应当在招标文件确定的提交投标文件截止时间的同一时间公开进行,开标地点应当为招标文件中预先确定的地点。

开标由招标人主持,邀请所有投标人参加。

开标时,由投标人或者其推选的代表检查投标文件的密封情况,也可以由招标人委托的公证机构检查并公证;经确认无误后,由工作人员当众拆封,宣读投标人名称、投标价格和投标文件的其他主要内容。投标人少于3个的,不得开标;招标人应当重新招标。投标人对开标有异议的,应当在开标现场提出,招标人应当当场做出答复,并做记录。

二、评标

(一)《招标投标法》有关评标的规定

评标由招标人依法组建的评标委员会负责。

依法必须进行招标的项目,其评标委员会由招标人的代表和有关技术、经济等方面的专家组成,成员人数为5人以上单数,其中技术、经济等方面的专家不得少于成员总数的2/3。

专家应当从事相关领域工作满8年并具有高级职称或者具有同等专业水平,由招标人从国务院有关部门或者省、自治区、直辖市人民政府有关部门提供的专家名册或者招标代理机构的专家库内的相关专业的专家名单中确定;一般招标项目可以采取随机抽取方式,特殊招标项目可以由招标人直接确定。

与投标人有利害关系的人不得进入相关项目的评标委员会;已经进入的应当更换。评标委员会成员的名单在中标结果确定前应当保密。

招标人应当采取必要的措施,保证评标在严格保密的情况下进行。任何单位和个人不得非法干预、影响评标的过程和结果。

评标委员会应当按照招标文件确定的评标标准和方法,对投标文件进行评审和比较;设有标底的,应当参考标底。评标委员会完成评标后,应当向招标人提出书面评标报告,并推荐合格的中标候选人。

招标人根据评标委员会提出的书面评标报告和推荐的中标候选人确定中标人。招标人也可以授权评标委员会直接确定中标人。国务院对特定招标项目的评标有特别规定的,从其规定。

评标委员会经评审,认为所有投标都不符合招标文件要求的,可以否决所有投标。依法必须进行招标的项目所有投标被否决的,招标人应当依照《招标投标法》重新招标。

(二)《招标投标法实施条例》有关评标的规定

招标项目设有标底的,招标人应当在开标时公布。标底只能作为评标的参考,不得以投标报价是否接近标底作为中标条件,也不得以投标报价超过标底上下浮动范围作为否决投标的条件。

有下列情形之一的,评标委员会应当否决其投标:(1)投标文件未经投标单位盖章和单位负责人签字;(2)投标联合体没有提交共同投标协议;(3)投标人不符合国家或者招标文件规定的资格条件;(4)同一投标人提交两个以上不同的投标文件或者投标报价,但招标文件要求提交备选投标的除外;(5)投标报价低于成本或者高于招标文件设定的最高投标限价;(6)投标文件没有对招标文件的实质性要求和条件做出响应;(7)投标人有串通投标、弄虚作假、行贿等违法行为。

投标文件中有含义不明确的内容、明显文字或者计算错误,评标委员会认为需要投标人做出必要澄清、说明的,应当书面通知该投标人。投标人的澄清、说明应当采用书面形式,并不得超出投标文件的范围或者改变投标文件的实质性内容。评标委员会不得暗示或者诱导投标人做出澄清、说明,不得接受投标人主动提出的澄清、说明。

评标完成后,评标委员会应当向招标人提交书面评标报告和中标候选人名单。中标候选人应当不超过3个,并标明排序。

评标报告应当由评标委员会全体成员签字。对评标结果有不同意见的评标委员会成员应当以书面形式说明其不同意见和理由,评标报告应当注明该不同意见。评标委员会成员拒绝在评标报告上签字又不书面说明其不同意见和理由的,视为同意评标结果。

三、定标、发出中标通知书

(一)《招标投标法》有关中标的规定

中标人的投标应当符合下列条件之一:(1)能够最大限度地满足招标文件中规定的各项综合评价标准;(2)能够满足招标文件的实质性要求,并且经评审的投标价格最低;但是投标价格低于成本的除外。

在确定中标人前,招标人不得与投标人就投标价格、投标方案等实质性内容进行谈判。

中标人确定后,招标人应当向中标人发出中标通知书,并同时将中标结果通知所有未中标的投标人。中标通知书对招标人和中标人具有法律效力。中标通知书发出后,招标人改变中标结果的,或者中标人放弃中标项目的,应当依法承担法律责任。

(二)《招标投标法实施条例》有关中标的规定

依法必须进行招标的项目,招标人应当自收到评标报告之日起 3 日内公示中标候选人公示期不得少于 3 日。投标人或者其他利害关系人对依法必须进行招标的项目的评标结果有异议的,应当在中标候选人公示期间提出。招标人应当自收到异议之日起 3 日内做出答复;做出答复前,应当暂停招标投标活动。

国有资金占控股或者主导地位的依法必须进行招标的项目,招标人应当确定排名第一的中标候选人为中标人。排名第一的中标候选人放弃中标、因不可抗力不能履行合同、不按照招标文件要求提交履约保证金,或者被查实存在影响中标结果的违法行为等情形,不符合中标条件的,招标人可以按照评标委员会提出的中标候选人名单排序依次确定其他中标候选人为中标人,也可以重新招标。

中标候选人的经营、财务状况发生较大变化或者存在违法行为,招标人认为可能影响其履约能力的,应当在发出中标通知书前由原评标委员会按照招标文件规定的标准和方法审查确认。

四、签订合同

《招标投标法》规定,招标人和中标人应当自中标通知书发出之日起 30 日内,按照招标文件和中标人的投标文件订立书面合同。

《招标投标法实施条例》第五十七条规定,招标人和中标人应当依照招标投标法和本条例的规定签订书面合同,合同的标的、价款、质量、履行期限等主要条款应当与招标文件和中标人的投标文件的内容一致。招标人和中标人不得再行订立背离合同实质性内容的其他协议。

中标人应当按照合同约定履行义务,完成中标项目。中标人不得向他人转让中标项目,也不得将中标项目肢解后分别向他人转让。

中标人按照合同约定或者经招标人同意,可以将中标项目的部分非主体、非关键性工作分包给他人完成。接受分包的人应当具备相应的资格条件,并不得再次分包。中标人应当就分包项目向招标人负责,接受分包的人就分包项目承担连带责任。

招标文件要求中标人提交履约保证金的,中标人应当按照招标文件的要求提交。履约保证金不得超过中标合同金额的10%。

第五节 建设工程招标投标的禁止性规定

一、招标人以不合理的条件限制、排斥潜在投标人或者投标人

《招标投标法实施条例》第三十二条规定,招标人不得以不合理的条件限制、排斥潜在投标人或者投标人。

招标人有下列行为之一的,属于以不合理的条件限制、排斥潜在投标人或者投标人:(1)就同一招标项目向潜在投标人或者投标人提供有差别的项目信息;(2)设定的资格、技术、商务条件与招标项目的具体特点和实际需要不相适应或者与合同履行无关;(3)依法必须进行招标的项目以特定行政区域或者特定行业的业绩、奖项作为加分条件或者中标条件;(4)对潜在投标人或者投标人采取不同的资格审查或者评标标准;(5)限定或者指定特定的专利、商标、品牌、原产地或者供应商;(6)依法必须进行招标的项目非法限定潜在投标人或者投标人的所有制形式或者组织形式;(7)以其他不合理条件限制、排斥潜在投标人或者投标人。

二、禁止投标人相互串通投标

(一)属于投标人相互串通投标的情形

《招标投标法实施条例》第三十九条规定,禁止投标人相互串通投标。有下列情形之一的,属于投标人相互串通投标:(1)投标人之间协商投标报价等投标文件的实质性内容;(2)投标人之间约定中标人;(3)投标人之间约定部分投标人放弃投标或者中标;(4)属于同一集团、协会、商会等组织成员的投标人按照该组织要求协同投标;(5)投标人之间为谋取中标或者排斥特定投标人而采取的其他联合行动。

(二)视为投标人相互串通投标的情形

《招标投标法实施条例》第四十条规定,有下列情形之一的,视为投标人相互串通投标:(1)不同投标人的投标文件由同一单位或者个人编制;(2)不同投标人委托同一单位或者个人办理投标事宜;(3)不同投标人的投标文件载明的项目管理成员为同一人;(4)不同投标人的投标文件异常一致或者投标报价呈规律性差异;(5)不同投标人的投标文件相互混装;(6)不同投标人的投标保证金从同一单位或者个人的账户转出。

三、禁止招标人与投标人串通投标

《招标投标法实施条例》第四十一条规定,禁止招标人与投标人串通投标。

有下列情形之一的,属于招标人与投标人串通投标:(1)招标人在开标前开启投标文件并将有关信息泄露给其他投标人;(2)招标人直接或者间接向投标人泄露标底、评标委员会成员等信息;(3)招标人明示或者暗示投标人压低或者抬高投标报价;(4)招标人授意投标人撤换、修改投标文件;(5)招标人明示或者暗示投标人为特定投标人中标提供方便;(6)招标人与投标人为谋求特定投标人中标而采取的其他串通行为。

四、低于成本的报价竞标、以他人名义投标等情况

《招标投标法》第三十三条规定,投标人不得以低于成本的报价竞标,也不得以他人名义投标或者以其他方式弄虚作假,骗取中标。

(一)低于成本的报价竞标

低于成本的报价竞争不仅属于不正当竞争行为,还容易导致中标后的偷工减料,影响建设工程质量。根据《招标投标法》第四十一条的规定,中标人的投标应当能够满足招标文件的实质性要求,并且经评审的投标价格最低;但是投标价格低于成本的除外。需要注意的是,此处所说成本是指投标人的个别成本,是根据企业定额测算的成本。

(二)以他人名义投标

《招标投标法实施条例》规定,使用通过受让或者租借等方式获取的资格、资质证书投标的,属于《招标投标法》规定的以他人名义投标。

(三)以其他方式弄虚作假

投标人有下列情形之一的,属于《招标投标法》规定的以其他方式弄虚作假的行为:(1)使用伪造、变造的许可证件;(2)提供虚假的财务状况或者业绩;(3)提供虚假的项目负责人或者主要技术人员简历、劳动关系证明;(4)提供虚假的信用状况;(5)其他弄虚作假的行为。

应用案例

> 某市准备建设一座图书馆工程,建筑面积为 8000 m^2,预计投资约 1200 万元,由于屋架跨度 28 m,设计采用钢网架结构,建设工期为 12 个月,工程采用公开招标方式确定承包商。建设单位为节约开支,决定自行招标,并向当地的建设行政主管部门提出招标申请,得到批准,建设单位依照法定程序进行公开招标。
>
> 建设单位根据相关专家建议,要求参加投标单位的主体具备房建资质不得低于二级。拟参加本项工程投标的五家单位中,A、B、E 单位为房建二级资质,C 单位

为房建三级资质,D单位为房建一级资质,C单位的法定代表人为建设行政主管部门某主要领导的同学,经C单位法定代表人私下运作,建设单位同意让C单位和B单位组成联合体承包工程,并向B单位暗示,如果不接受此联合方案,将不考虑B单位中标。B单位无奈同意与C单位组成联合体投标承包该工程,并将部分工程交由C单位施工。后B单位和C单位联合投标成功。B与建设单位签订了建设工程施工合同,B和C单位也签订了部分工程承包的协议。

问题:
(1)本案建设单位准备自行招标,必须满足什么条件?
(2)B和C单位组成的联合体投标是否有效,为什么?
(3)上述招标及后续施工过程中,有哪些不合法的问题?并分别给出理由。

案例分析

本章小结

本章主要介绍了建设工程发包与承包的行为规范,招投标作为一种重要的发包方式,着重阐述了建设工程招标、投标、开标、评标与中标的法律规定。

本章的教学目标是使学生增强程序意识,要严格按法定程序开展发承包及招投标的各项工作。通过案例对招投标中存在的程序问题进行了讲解。

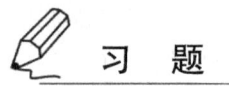 习　题

一、单项选择题

1.根据《必须招标的工程项目规定》的规定,属于工程建设项目招标范围的工程建设项目,施工单项合同估算价在(　　)万元人民币以上的,必须进行招标。

A.50　　　　　　B.100　　　　　　C.200　　　　　　D.400

2.某企业在一次大型工程项目的招标活动中,根据《中华人民共和国招标投标法》的要求安排了以下招标程序:①成立招标组织;②签收投标文件;③编制招标文件和标底;④发布招标公告。下列排列顺序正确的是(　　)。

A.①—②—③—④　　　　　　B.①—②—④—③

C. ①—④—③—② D. ①—③—④—②

3. 下列选项中,( )不是投标的禁止性规定。

A. 投标人以行贿的手段谋取中标

B. 招标人向投标人泄露标底

C. 投标人借用其他企业的资质证书参加投标

D. 投标人以高于成本的报价竞标

4. 招标人和中标人应当自中标通知书发出之日起( )日内,按照招标文件和中标的投标文件订立书面合同。

A. 10　　　　　B. 15　　　　　C. 20　　　　　D. 30

5. 资格预审文件或者招标文件的发售期( )。

A. 不得超过5日　　　　　B. 不得少于5个工作日

C. 不得少于5日　　　　　D. 不得少于7日

6. 招标文件要求中标人提交履约保证金的,中标人应当按照招标文件的要求提交。履约保证金不得超过中标合同金额的( )。

A. 5%　　　　　B. 10%　　　　　C. 15%　　　　　D. 20%

7. 关于标底,下列说法错误的是( )。

A. 标底应当保密

B. 招投标时必须编制标底

C. 标底只能作为评标的参考

D. 标底由招标人或其委托的工程造价咨询机构、招标代理机构编制

8. 投标人少于( )个的,不得开标;招标人应当重新招标。

A. 2　　　　　B. 3　　　　　C. 4　　　　　D. 5

9. 招标人应当在招标文件中载明投标有效期。投标有效期从( )之日起算。

A. 公告发布　　　　　B. 提交投标文件的截止

C. 开标结束　　　　　D. 开中标通知书

10. 关于招标文件的说法,正确的是( )。

A. 招标人可以在招标文件中设定最高投标限价和最低投标限价

B. 潜在投标人对招标文件有异议的,应当在投标截止时间15日前提出

C. 招标人应当在招标文件中载明投标有效期,投标有效期从提交投标文件的截止之日算起

D. 招标人对已经发出的招标文件进行必要的澄清的,应当在投标截止时间至少10日之前,通知所有获取招标文件的潜在投标人

11. 关于评标的说法,正确的是( )。

A. 招标委员会可以向招标人征询确定中标人的意向

B. 招标项目设有标底的,可以投标报价是否接近标底作为中标条件

C. 评标委员会成员拒绝在评标报告上签字的,视为不同意评标结果

D. 投标文件中有含义不明确的内容、明显文字或计算错误的,评标委员会可以要

求投标人作出必要的澄清、说明

12. 关于投标保证金的说法,正确的是( )。

A. 投标保证金有效期应当与投标有效期一致

B. 投标保证金不得超过招标项目估算价的10%

C. 实行两阶段招标的,招标人要求投标人提交投标保证金的,应当在第一阶段提出

D. 投标截止后投标人撤销投标文件的,招标人应当退还投标保证金,但无需支付银行同期存款利息

二、多项选择题

1. 招标活动的基本原则有( )。

A. 公开原则　　　　B. 公平原则　　　　C. 诚实信用原则

D. 公正原则　　　　E. 平等互利原则

2. 根据《中华人民共和国招标投标法》及《中华人民共和国招标投标法实施条例》有关规定,可以不进行招标的特殊情形包括( )。

A. 大型基础设施、公用事业等关系社会公共利益、公众安全的项目

B. 需要采用不可替代的专利或者专有技术

C. 采购人依法能够自行建设、生产或者提供

D. 已通过招标方式选定的特许经营项目投资人依法能够自行建设、生产或者提供

E. 需要向原中标人采购工程、货物或者服务,否则将影响施工或者功能配套要求

3. 《中华人民共和国招标投标法实施条例》第五十五条规定,国有资金占控股或者主导地位的依法必须进行招标的项目,招标人应当确定排名第一的中标候选人为中标人。排名第一的中标候选人( ),不符合中标条件的,招标人可以按照评标委员会提出的中标候选人名单排序依次确定其他中标候选人为中标人,也可以重新招标。

A. 放弃中标

B. 投标报价低于其企业成本价

C. 因不可抗力不能履行合同

D. 不按照招标文件要求提交履约保证金

E. 被查实存在影响中标结果的违法行为情形

4. 根据《中华人民共和国招标投标法》和相关法律法规,下列评标委员会的做法中,正确的有( )。

A. 以所有投标都不符合招标文件的要求为由,否决所有投标

B. 拒绝招标人在评标时提出新的评标要求

C. 按照招标人的要求倾向特定投标人

D. 在评标报告中注明评标委员会成员对评标结果的不同意见

E. 以投标报价超过标底上下浮动范围为由否决投标

5. 下列情形之中,视为投标人相互串通投标的有( )。

A. 不同投标人的投标文件相互混装

B. 属于同一集团、协会、商会等组织成员的投标人按照该组织要求协同投标

C. 招标人授意投标人撤换、修改投标文件

D. 不同投标人委托同一单位办理投标

E. 单位负责人为同一人或者存在控股、管理关系的不同单位参加同一招标项目不同阶段的投标

6. 下列关于招投标程序的说法,正确的有(   )。

A. 开标在投标截止日后进行

B. 招标人在投标截止日前收到的所有投标文件,开标时都应当当众予以拆封、宣读

C. 评标应当在严格保密的情况下进行

D. 评标委员会经评审,认为所有投标都不符合招标文件要求的,可以否决所有投标

E. 招标人仅向中标人发出中标通知书,不必通知未中标的投标人

7. 根据《中华人民共和国招标投标法》和《中华人民共和国招标投标法实施条例》,关于招标项目的说法,正确的有(   )。

A. 招标人不可以直接授权评标委员会直接确定中标人

B. 评标委员会成员对其评审意见承担个人责任

C. 履约保证金不得超过中标合同金额的 10%

D. 国有资金控股的依法必须招标的项目,排名第一的中标候选人为中标人

E. 招标人可以与投标人就投标价格、投标方案等实质性内容进行谈判

三、简答题

1. 工程建设项目的招标范围和规模标准是如何规定的?

2. 《中华人民共和国招标投标法》中规定的招标方式有哪几种?有何区别?

3. 简述建设工程投标保证金的有关规定。

四、案例分析题

某省重点工程项目计划于 2021 年 12 月 28 日开工,由于工程复杂,技术难度高,一般施工队伍难以胜任,业主自行决定采取邀请招标方式。于 2021 年 9 月 8 日向通过资格预审的 A、B、C、D、E 五家施工承包企业发出了投标邀请书。该五家企业均接受了邀请,并于规定时间 9 月 20~22 日购买了招标文件。

招标文件中规定,10 月 18 日下午 4 时是招标文件规定的投标截止时间。

评标标准:能够最大限度地满足招标文件中规定的各项综合评价标准。

在投标截止时间之前,A、B、D、E 四家企业提交了投标文件,但 C 企业于 10 月 18 日下午 5 时才送达,原因是中途堵车。10 月 21 日下午由当地招投标监督管理办公室主持进行了公开开标。

评标委员会成员共有 7 人组成,其中当地招标投标监督管理办公室 1 人,会证处 1 人,招标人 1 人,技术、经济方面专家 4 人。评标时发现,E 企业投标文件没有法定代表人签字和委托人授权书,但投标文件均已由项目经理签字并加盖了公章。评标委员会于 10 月 28 日提出了书面评标报告。B、A 企业分列综合得分第一、第二名。由于 B 企业投标报价高于 A 企业,要求评标委员会按照投标价格标准将 A 企业排名第一、B 企业排名第二。11 月 10 日招标人向 A 企业发出了中标通知书,并于 12 月 12 日签订了

书面合同。

依据《中华人民共和国招标投标法》回答下列问题：

(1)业主自行决定采取邀请招标方式的做法是否妥当？

(2)C企业和E企业投标文件是否有效？说明理由。

(3)请指出开标工作的不妥之处，说明理由。

(4)请指出评标委员会成员组成的不妥之处，说明理由。

(5)招标人要求按照价格标准评标是否违法？说明理由。

(6)合同签订的日期是否违法？说明理由。

习题答案

第六章 建设工程合同法规

教学目标

本章主要讲述建设工程合同法规的相关内容,包括建设工程合同的订立、效力、履行和变更与终止。通过本章学习,应达到以下目标:

(1) 掌握建设工程合同法规的基本原则及调整范围,熟悉合同的分类;

(2) 掌握要约、承诺的基本概念,熟悉合同的一般条款、合同的形式和缔约过失的责任;

(3) 掌握合同的效力、履行的规定;

(4) 熟悉合同的变更与转让、权利义务终止,违约责任。

教学要求

知识要点	能力要求	相关知识
建设工程合同概述	(1) 了解合同的特征 (2) 熟悉合同的分类	(1) 不受合同法调整的范围 (2) 要式合同与不要式合同区别
合同的订立	(1) 掌握合同订立的原则 (2) 掌握合同订立程序 (3) 掌握合同的主要内容	(1) 要约的构成要件 (2) 缔约过失责任的主要情形
合同的效力与 合同的履行	(1) 掌握合同的有效要件、可撤销合同、无效合同 (2) 掌握合同履行的原则、规则,合同履行中的抗辩权、担保、保全	(1) 免责条款无效的两种情形 (2) 效力待定合同 (3) 抗辩权与代位权
合同的变更与终止	(1) 掌握合同的变更与终止 (2) 熟悉违约责任的相关规定	(1) 合同转让的分类与条件 (2) 合同违约责任

基本概念

合同、要约、承诺、抗辩权、合同保全、合同变更、合同终止

※引例

A公司以总承包的方式承接了B公司(国有)工程款额为900万元的污水处理工程,并且签订了污水处理建设工程合同。合同分别约定了工程内容及要求、工

期、双方责任、验收、工程款总价与付款方式、违约及赔偿等。A公司承接工程后进行了施工,在施工中增加了部分工程量,使得实际工期超出了原合同约定的工期。该工程已通过B公司及其监理单位,当地环保部门的验收。双方因工程款的支付、工程完工是否逾期等发生纠纷,A公司为此起诉B公司要求支付980万元的工程款;B公司起诉A公司承担逾期交付工程的违约金160万元。后两案合并审理。

请思考:
(1)双方所签"污水处理建设工程合同"是否有效?
(2)若合同无效,工程款如何结算与支付?

案例分析

第一节 建设工程合同概述

一、合同的概念与分类

(一)合同的概念

合同又称为契约、协议,是当事人之间设立、变更、终止民事关系的协议。广义合同指所有法律部门中确定权利、义务关系的协议。狭义合同指一切民事合同。还有最狭义合同仅指民事合同中的债权合同。《民法典》第四百六十四条规定,合同是民事主体之间设立、变更、终止民事法律关系的协议。婚姻、收养、监护等有关身份关系的协议,适用有关该身份关系的法律规定;没有规定的,可以根据其性质参照适用本编规定。

(二)合同的分类

对合同作出科学的分类,不仅有助于针对不同合同确定不同的规则,而且便于准确适用法律。一般来说,合同可作如下分类。

1. 有名合同与无名合同

按照法律是否规定一定名称并有专门规定为标准,合同可以分为有名合同与无名合同。有名合同(典型合同),指法律确定了特定名称和规则的合同。《民法典》分编中所列出的19种基本合同即为有名合同,包括:买卖合同,供用电、水、气、热力合同,赠与合同,借款合同,保证合同,租赁合同,融资租赁合同,保理合同,承揽合同,建设工程合同,运输合同,技术合同,保管合同,仓储合同,委托合同,物业服务合同,行纪合同,中介合同,合伙合同。

无名合同(非典型合同),指法律没有确定专门的名称和具体规则的合同。《民法典》没有明文规定的合同,适用通则的规定,并可以参照适用相关法律最相类似合同的规定。

2. 双务合同与单务合同

按照当事人是否相互负有义务,合同可以分为双务合同与单务合同。

双务合同,是指当事人之间互负义务的合同。大多数合同如买卖合同、建设工程合同、运输合同等均属此类合同。

单务合同,是指一方只享有权利而另一方只承担义务的合同,如赠与合同、借款合同等。

3. 有偿合同与无偿合同

按照当事人之间的权利义务关系是否存在着对价关系,合同可以分为有偿合同与无偿合同。

有偿合同,指当事人须付出一定代价方可取得利益的合同。在实践中,绝大多数合同都是有偿的,如买卖合同、保险合同、运输合同等。

无偿合同,指当事人一方只取得利益而不需付出任何代价的合同,如无偿保管合同、赠与合同等。

4. 诺成合同与实践合同

按照合同的成立是否以交付标的物为必要条件,合同可以分为诺成合同与实践合同。诺成合同,指当事人双方意思表示一致即可成立的合同,它不以标的物的交付为成立的要件。合同法中大多数属此类合同,如买卖合同、赠与合同等。

实践合同,又称要物合同,是指除了要求当事人双方意思表示一致外,还必须实际交付标的物以后才能成立的合同,如保管合同、定金合同等。

5. 要式合同与不要式合同

按照法律对合同形式是否有特别要求,分为要式合同与不要式合同。

要式合同,指法律规定必须采取特定形式的合同。《民法典》规定,民事法律行为可以采用书面形式、口头形式或者其他形式;法律、行政法规规定或者当事人约定采用特定形式的,应当采用特定形式。如建设工程合同应当采用书面形式,即要式合同。

不要式合同,指法律对形式未作出特别规定的合同,合同的形式完全由双方当事人自己决定,可以采用口头形式、书面形式、默示形式及其他。实践中以不要式合同居多。

6. 格式合同与非格式合同

按照合同条款是否预先拟定,可以分为格式合同与非格式合同。

格式合同,是当事人一方为不特定的多数人进行交易而预先拟定的,且不允许相对人对其内容作任何变更的合同。反之,为非格式合同。

7. 主合同与从合同

按照合同相互之间的从属关系,分为主合同与从合同。

主合同,指不以其他合同的存在为前提而独立存在和发生效力的合同。从合同,又称附属合同,指不具备独立性,以其他合同的存在为前提而成立并发生效力的合同。如在借贷合同与担保合同中,借贷合同是主合同,担保合同是从合同。

主合同与从合同的关系：主合同和从合同并存时，两者发生互补作用；主合同无效或被撤销，从合同也将失去法律效力；从合同无效或被撤销，一般不影响主合同的效力。

（三）建设工程合同的概念及特征

建设工程合同是承包人进行工程建设，发包人支付价款的合同。在建设工程合同中，发包人委托承包人进行建设工程的勘察、设计、施工，承包人接受委托并完成建设工程的勘察、设计、施工任务，发包人为此向承包人支付价款。由此可以看出，建设工程合同实质上是一种承揽合同，或者说是承揽合同的一种特殊类型。

建设工程合同具有以下几个特征。

（1）建设工程合同的标的具有特殊性。建设工程合同是从承揽合同中分化出来的，也属于一种完成工作的合同。与承揽合同不同的是，建设工程合同的标的为不动产建设项目。因此，使得建设工程合同又具有内容复杂、履行期限长、投资规模大、风险较大等特点。

（2）建设工程合同的当事人具有特定性。作为建设工程合同当事人一方的承包人，一般情况下只能是具有从事勘察、设计、施工资格的法人。这是由建设工程合同的复杂性所决定的。

（3）建设工程合同具有一定的计划性和程序性。由于建设工程合同与国民经济建设和人民群众生活都有着密切的关系，因此该合同的订立和履行，必须符合国家基本建设计划的要求，并接受有关政府部门的管理和监督。

（4）建设工程合同是要式合同、双务合同、有偿合同和诺成合同。

二、建设工程合同分类

建设工程的建设过程大体经过勘察、设计、施工三个阶段，围绕不同阶段订立相应合同。《民法典》第七百八十八条规定了建设工程合同包括工程勘察、设计、施工合同。

（一）建设工程勘察合同

建设工程勘察是指根据建设工程的要求，查明、分析、评价建设场地的地质地理环境特征和岩土工程条件，编制建设工程勘察文件的活动。建设工程勘察合同，即发包人与勘察人就完成商定的勘察任务明确双方权利和义务的协议。

（二）建设工程设计合同

建设工程设计是指根据建设工程的要求，对建设工程所需的技术、经济、资源和环境等条件进行综合分析、论证，编制建设工程设计文件的活动。建设工程设计合同，即发包人与设计人就完成商定的工程设计任务明确双方权利和义务的协议。建设工程设计合同实际上包括两个合同：一是初步设计合同，即在建设工程立项阶段承包人为项目决策提供可行性资料的设计而与发包人签订的合同；二是施工设计合同，是指在承包人与发包人就具体施工设计达成的协议。

(三)建设工程施工合同

建设工程施工是指根据建设工程设计文件的要求,对建设工程进行新建、扩建、改建的活动。建设工程施工合同,即发包人与承包人为完成商定的建设工程项目的施工任务明确双方权利义务的协议。施工合同主要包括建筑和安装两方面内容,这里的建筑是指对工程进行营造的行为。安装主要是指与工程有关的线路、管道和设备等设施的装配。

第二节　建设工程合同的订立

一、建设工程合同订立的原则

建设工程合同订立时,必须遵循《民法典》中所规定的民事活动的基本原则,即平等原则、自愿原则、公平原则、诚信原则、守法与公序良俗原则、绿色原则。

(一)平等原则

合同当事人的法律地位平等,一方不得将自己的意志强加给另一方。平等原则主要表现为当事人的法律地位是平等的,相互间不存在服从与命令、管理与被管理的关系,当事人必须平等地协商相互间的权利义务,当事人的权利平等地受法律保护。

(二)自愿原则

当事人依法享有自愿订立合同的权利,任何单位和个人不得非法干预。它贯穿于合同动态发展的整个过程,包括订约自由、选择合同相对人的自由、决定合同内容的自由、选择合同方式的自由、变更和解除合同的自由等。

(三)公平原则

当事人应当遵循公平原则确立各方的权利义务。公平原则坚持正义与效益的统一,既要求当事人按照公平原则设立权利义务,也要求按照公平原则履行合同,按照公平原则处理当事人之间的纠纷。

(四)诚信原则

当事人行使权利、履行义务应当遵循诚信原则,秉持诚实,恪守承诺。它既要求当事人在行使权利上不得滥用权利,不损害他方的合法利益,也要求在履行义务上不欺诈,严格遵守诺言;要求当事人既依约定履行主义务,也应依要求履行附随义务。

(五)守法与公序良俗原则

当事人订立、履行合同,应当遵守法律、行政法规,尊重社会公德,不得扰乱社会经济秩序,损害社会公共利益。这些都是法律对防止当事人滥用权利的约束,也充分体现了法律对社会的保护。

(六) 绿色原则

为了加快建立绿色生产和消费的法律制度,引导人们"绿色"交易行为,培养人们生态安全意识和交易安全意识,《民法典》中要求民事主体从事民事活动应当有利于节约资源、保护生态环境。绿色原则是《民法典》确立的一项基本原则,它体现了党的十八大以来的新发展理念,是具有重大意义的创举,这项原则既传承了天地人和、人与自然和谐相处的传统文化理念,又体现了新的发展思想,有利于缓解我国不断增长的人口与资源生态的矛盾。

二、建设工程合同订立程序

根据《民法典》第四百七十一条规定,当事人订立合同,可以采取要约、承诺方式或者其他方式。

(一) 要约

1. 要约的概念

要约是希望和他人订立合同的意思表示,该意思表示应当符合下列条件:(1)内容具体确定;(2)表明经受要约人承诺,要约人即受该意思表示约束,即如果对方接受要约,合同即告成立。

发出要约的当事人为要约人,要约所指向的对方当事人则称为受要约人。

2. 要约邀请

要约邀请是希望他人向自己发出要约的意思表示。拍卖公告、招标公告、招股说明书、债券募集办法、基金招募说明书、商业广告和宣传、寄送的价目表等为要约邀请。商业广告和宣传的内容符合要约条件的,构成要约。

3. 要约生效时间

根据《民法典》第四百七十四条和第一百三十七条规定,以对话方式作出的意思表示,相对人知道其内容时生效。以非对话方式作出的意思表示,到达相对人时生效。

4. 要约的撤回、撤销

要约的撤回,指在要约发生法律效力之前,要约人使其不发生法律效力而取消要约的行为,《民法典》第四百七十五条和第一百四十一条规定,要约可以撤回。撤回意思表示的通知应当在意思表示到达相对人前或者与意思表示同时到达相对人,即撤回要约的通知应当在要约到达受要约人之前或者与要约同时到达受要约人。

要约的撤销,指在要约发生法律效力之后,要约人使其不发生法律效力而取消要约的行为,要约可以撤销。《民法典》第四百七十七条规定,撤销要约的意思表示以对话方式作出的,该意思表示的内容应当在受要约人作出承诺之前为受要约人所知道;撤销要约的意思表示以非对话方式作出的,应当在受要约人作出承诺之前到达受要约人。

5. 要约的失效

要约失效是指要约丧失法律效力。《民法典》第四百七十八条规定，有下列情形之一的，要约失效：(1)要约被拒绝；(2)要约被依法撤销；(3)承诺期限届满，受要约人未作出承诺；(4)受要约人对要约的内容作出实质性变更。

（二）承诺

1. 承诺的概念

承诺是受要约人同意要约的意思表示。承诺应当具备以下条件：第一，承诺必须由受要约人作出；第二，承诺必须向要约人作出；第三，承诺的内容必须与要约的内容一致；第四，承诺必须在有效期限内作出。

2. 承诺的方式

承诺应当以通知的方式作出；但是，根据交易习惯或者要约表明可以通过行为作出承诺的除外。

3. 承诺的期限

承诺应当在要约确定的期限内到达要约人。

4. 承诺的生效

承诺通知到达要约人时生效。承诺不需要通知的，根据交易习惯或者要约的要求作出承诺的行为时生效。采用数据电文形式订立合同的，承诺到达的时间适用要约到达时间的规定。

5. 承诺的撤回

承诺的撤回是指受要约人阻止承诺发生法律效力的意思表示。撤回承诺的通知应当在承诺通知到达要约人之前或者与承诺通知同时到达要约人。

6. 承诺的变更

受要约人对要约的内容作出实质性变更的为新要约；承诺对要约的内容作出非实质性变更的，除要约人及时表示反对或者要约人表明承诺不得对要约的内容作出任何变更的以外，该承诺有效，合同的内容以承诺的内容为准。

三、建设工程合同的主要内容

（一）合同的主要条款

《民法典》第四百七十条规定，合同的内容由当事人约定，一般应当包括以下条款：(1)当事人的姓名或者名称和住所；(2)标的；(3)数量；(4)质量；(5)价款或者报酬；(6)履行期限、地点和方式；(7)违约责任；(8)解决争议的方法。

当事人可以参照各类合同的示范文本订立合同。

（二）勘察设计合同的主要条款

《民法典》第七百九十四条规定，勘察、设计合同的内容一般包括提交有关基础资料和概预算等文件的期限、质量要求、费用以及其他协作条件等条款。

(三)建设工程施工合同的主要条款

《民法典》第七百九十五条规定,施工合同的内容一般包括工程范围、建设工期、中间交工工程的开工和竣工时间、工程质量、工程造价、技术资料交付时间、材料和设备供应责任、拨款和结算、竣工验收、质量保修范围和质量保证期、双方协作等条款。

四、缔约过失责任

缔约过失责任是指在订立合同的过程中,当事人一方因违背其诚实信用原则所产生的义务,而致另一方的信赖利益的损失,并应承担损害赔偿责任。

根据《民法典》的规定,当事人在订立合同过程中有下列情形之一,给对方造成损失的,应当承担损害赔偿责任。(1)假借订立合同,恶意进行磋商。(2)故意隐瞒与订立合同有关的重要事实或者提供虚假情况。(3)有其他违背诚实信用原则的行为,包括擅自变更、撤回要约;违反已签订的意向书;未尽通知义务;未办合同应经过的审批手续等。(4)泄露或不正当使用商业秘密。当事人在订立合同过程中知悉的商业秘密,无论合同是否成立,不得泄露或者不正当地使用。泄露或者不正当地使用该商业秘密给对方造成损失的,应当承担损害赔偿责任。

应用案例1

> 甲房地产开发公司(以下简称甲公司)将其开发的商品房工程发包给乙建设工程有限公司(以下简称乙公司)承包施工,双方按照建设工程施工合同(示范文本)签订了施工合同。该工程于2020年1月1日经竣工验收合格。乙公司于2020年1月20日向甲公司递交了单方结算书和结算资料,但甲公司一直未予审价,并于2020年5月1日向人民法院提起诉讼,要求乙公司立即交付已完工的工程。
>
> 问题:
> (1)乙公司是否及时启动了竣工结算程序?
> (2)本案应是甲公司先支付价款,还是乙公司先交付工程?
> (3)如果乙公司未及时启动结算程序,甲公司可否主张先交付工程?

案例分析

第三节　建设工程合同的效力

合同的效力即合同的法律效力,具体是指已成立的合同在当事人之间产生的法律约束力。作为有效合同,应具备法定的条件,即当事人主体资格合法,当事人的意思表示应真实,合同不得违反法律或者社会公共利益。

一、建设工程合同的有效要件

(一)当事人具有签订建设工程合同的缔约能力

建设工程合同的当事人包括发包人和承包人。发包人是指工程的建设单位,工程合同约定的具有工程发包主体资质和支付工程价款能力的当事人;承包人是工程合同约定的具有工程承包主体资格并被发包人接受的当事人。

建设工程合同有效成立的主体要件,不仅要考察当事人的一般行为能力,而且要特别注重对当事人特殊行为能力的考察。对发包人而言一般没有什么要求,但需具备法人资格,开发商是特例的。承包人包括工程勘察单位、设计单位及施工单位,立法对这类主体的资质要求较之发包人更为严格,除具备法人资格外,还要遵守《建筑法》中关于资质管理的规定。

(二)意思表示真实

意思表示真实是指表意人的表示行为真实反映其内心的效果意思,即表示行为应当与效果意思相一致。意思表示真实是合同生效的重要构成要件。在意思表示不真实的情况下,可能导致合同的无效或被撤销。

(三)不违反法律、行政法规的强制性规定,不违背公序良俗

如果合同一旦被认定为违反法律、行政法规的强制性规定,则完全无效。不违背公序良俗实际上是不违反法律的延伸和补充。

(四)不违反建设工程的基本建设程序

建设工程合同因涉及基本建设规划,其标的物为不动产的工程,承包人所完成的工作成果不仅具有不可移动性,而且须长期存在和发挥效用,事关国计民生。因此,从合同签订到合同履行,从资金的投放到最终的成果验收,国家要实行严格的监督和管理。如属于法定招标范围的工程项目,应当依据《招标投标法》的规定进行招投标;国家重大建设工程合同,应当按《民法典》的要求,根据国家规定的程序和国家批准的投资计划、可行性研究报告等文件订立。

二、可撤销的建设工程合同

(一) 可撤销的建设工程合同的概念与特征

可撤销的建设工程合同是指虽然已经成立,但违反合同生效条件,经一方当事人要求,由法院或者仲裁机构确认后予以撤销的建设工程合同。

这类合同的特征有:在合同关系中处于不利地位的当事人的意思表示不真实;一经当事人请求法院或者仲裁机构予以撤销后,即归于无效并且自始无效,如果享有请求权的当事人不请求撤销的,人民法院或者仲裁机构不主动予以撤销,当事人可以继续履行。

(二) 可撤销的建设工程合同的类型

根据《民法典》的规定,可撤销的合同(民事法律行为)规定在以下情形中:

(1) 基于重大误解实施的民事法律行为,行为人有权请求人民法院或者仲裁机构予以撤销;

(2) 一方以欺诈手段,使对方在违背真实意思的情况下实施的民事法律行为,受欺诈方有权请求人民法院或者仲裁机构予以撤销;

(3) 第三人实施欺诈行为,使一方在违背真实意思的情况下实施的民事法律行为,对方知道或者应当知道该欺诈行为的,受欺诈方有权请求人民法院或者仲裁机构予以撤销;

(4) 一方或者第三人以胁迫手段,使对方在违背真实意思的情况下实施的民事法律行为,受胁迫方有权请求人民法院或者仲裁机构予以撤销;

(5) 一方利用对方处于危困状态、缺乏判断能力等情形,致使民事法律行为成立时显失公平的,受损害方有权请求人民法院或者仲裁机构予以撤销。

显失公平的建设工程合同并不鲜见。发包方往往利用自身在建设市场中的优势地位,在合同工期、工程质量等级等方面对承包方提出十分严格的要求,但又在工程价款的问题上处处压价,如要求承包商降低取费费率、让利等。承包商通常因为面对激烈的市场竞争和自身生存与发展的困境而不得不就范。因此,承包方在必要时应当以显失公平为由,请求人民法院或仲裁机构对相应的合同条款予以变更,以维护自身的合法权益。

(三) 撤销权的消灭

撤销权的消灭包括下列情形:(1)当事人自知道或者应当知道撤销事由之日起1年内、重大误解的当事人自知道或者应当知道撤销事由之日起90日内没有行使撤销权;(2)当事人受胁迫,自胁迫行为终止之日起1年内没有行使撤销权;(3)当事人知道撤销事由后明确表示或者以自己的行为表明放弃撤销权;(4)当事人自民事法律行为发生之日起5年内没有行使撤销权的,撤销权消灭。

三、无效建设工程合同

(一) 无效建设工程合同的概念与特征

无效建设工程合同是指虽然发包方与承包方订立,但因违反法律规定而没有法律约束力,国家不予以承认和保护,甚至要对违法当事人进行制裁的建设工程合同。

无效合同在性质上是自始无效、绝对无效、当然无效的合同,这是无效合同违法性质所决定的。对这类合同,自合同成立时起就不具有法律效力,当事人不能通过同意或追认使其生效,当事人无须向法院或仲裁机构主张其无效,法院或仲裁机构可以主动审查决定该合同无效。

(二)《民法典》中规定的无效合同与无效的免责条款

1. 无效合同的类型

根据《民法典》第一编第六章关于民事法律行为的效力、第三编第三章关于合同的效力的规定,无效合同包括以下类型:(1)无民事行为能力人签订的合同;(2)合同双方以虚假的意思签订的合同;(3)违反法律、法规强制性规定的合同;(4)违背公序良俗的合同;(5)恶意串通,损害他人合法权益的合同。

2. 无效的免责条款

免责条款,是当事人在合同中确立的排除或限制其未来责任的条款。合同中的下列免责条款无效:(1)造成对方人身伤害的;(2)因故意或者重大过失造成对方财产损失的。

(三) 司法解释中规定的无效建设工程合同

2021年1月1日起实施的《最高人民法院关于审理建设工程施工合同纠纷案件适用法律问题的解释(一)》规定中列举了以下建设工程施工合同无效的五种情形:(1)承包人未取得建筑施工企业资质或者超越资质等级订立的建设工程承包合同;(2)没有资质的实际施工人借用有资质的建筑施工企业名义订立的建设工程承包合同;(3)建设工程必须进行招标而未招标或者中标无效订立的建设工程承包合同;(4)承包人因转包建设工程与他人签订的建设工程施工合同;(5)承包人因违法分包建设工程与他人签订的建设工程施工合同。

《最高人民法院关于审理建设工程施工合同纠纷案件适用法律问题的解释(一)》

四、被撤销的或无效建设工程合同的法律后果

无效的合同或者被撤销的合同自始没有法律约束力。合同部分无效,不影响其他

部分效力的,其他部分仍然有效。

合同不生效、无效、被撤销或者终止的,不影响合同中有关解决争议方法的条款的效力。

合同无效、被撤销或者确定不发生效力后,行为人因该行为取得的财产,应当予以返还;不能返还或者没有必要返还的,应当折价补偿。有过错的一方应当赔偿对方由此所受到的损失,各方都有过错的,应当各自承担相应的责任。

五、无效建设工程施工合同的工程款结算

根据《民法典》第七百九十三条规定,建设工程施工合同无效,但建设工程经验收合格,可以参照合同关于工程价款的约定折价补偿承包人。

建设工程施工合同无效,且建设工程经验收不合格的,按照以下情形处理:(1)修复后的建设工程经验收合格的,发包人可以请求承包人承担修复费用;(2)修复后的建设工程经验收不合格的,承包人无权请求参照合同关于工程价款的约定折价补偿。发包人对因建设工程不合格造成的损失有过错的,应当承担相应的责任。

《最高人民法院关于审理建设工程施工合同纠纷案件适用法律问题的解释(二)》

应用案例 2

> A建筑公司挂靠于一资质较高的B建筑公司,以B建筑公司名义承揽了一项工程,并与建设单位C公司签订了施工合同。但在施工过程中,由于A建筑公司的实际施工技术力量和管理能力都较差,造成了工程进度的延误和一些工程质量缺陷。C公司以此为由,不予支付余下的工程款。A建筑公司以B建筑公司名义将C公司告上了法庭。
>
> 问题:
> (1)A建筑公司以B建筑公司名义与C公司签订的施工合同是否有效?
> (2)C公司是否应当支付余下的工程款?

案例分析

应用案例 3

> 甲建筑公司与某房地产开发公司签订施工承包合同,承包其别墅工程。之后,该建筑公司将别墅工程转包给乙建筑公司施工,双方签订了一份劳务分包合同,约定别墅工程由乙建筑公司负责施工,材料、设备也由乙建筑公司提供。合同中采取单方固定价包干,但施工完毕时产生结算矛盾。乙建筑公司主张:施工过程中工程设计变更较多,如按劳务分包合同中的包干价结算会亏本,要求调高价款,据实结算。但甲建筑公司不予认可。
>
> 问题:
> (1)本案中劳务分包合同是否有效?其法律后果是什么?
> (2)乙建筑公司应如何主张结算工程款?

案例分析

第四节 建设工程合同的履行

一、建设工程合同履行的原则

(一)实际履行原则

订立合同的目的是满足一定的经济利益目的,当事人应当按照合同约定交付标的或提供服务。根据实际履行原则,当事人应当按照合同规定的标的完成任务,不能用违约金或赔偿金来代替合同标的;任何一方违约时也不能以支付违约金或赔偿损失的方式来代替合同的履行,守约一方要求继续履行的,应当继续履行。由于建设工程项目是特定的不动产产品,具有不可替代的特点,因此建设工程合同签订后,合同当事人就必须按照合同约定的内容和范围实际履行,承包方应按期保质地交付设计成果和建设工程,发包方则应及时予以接受。

(二)全面、适当履行原则

全面、适当履行原则,是指合同当事人完全按照合同的标的、数量、质量、价款或者报酬、地点、期限、方式等要求,全面地完成自己的义务。建设工程合同要求当事人必须按照合同约定的所有条款完成工程建设任务,在工期内按约定的质量完成工程项目的建设行为并进行工程款结算。

(三) 诚信原则

当事人应当遵循诚信原则,根据合同的性质、目的和交易习惯履行通知、协助、保密等义务。

(四) 绿色原则

当事人在履行合同过程中,应当避免浪费资源、污染环境和破坏生态,这一规定在于引导民事主体"绿色"履约行为,防止合同当事人在履约过程中做出破坏环境的行为。

(五) 情势变更原则

合同成立后,合同的基础条件发生了当事人在订立合同时无法预见的、不属于商业风险的重大变化,继续履行合同对于当事人一方明显不公平的,受不利影响的当事人可以与对方重新协商;在合理期限内协商不成的,当事人可以请求人民法院或者仲裁机构变更或者解除合同。人民法院或者仲裁机构应当结合案件的实际情况,根据公平原则变更或者解除合同。情势变更原则创设目的,即在发生不可归责于合同当事人客观情况下给予当事人突破合同严守原则、申请变更或者解除合同的权利,是公平原则一种体现。

二、建设工程合同履行的规则

(一) 合同条款约定不明的履行规则

《民法典》第五百一十条规定,合同生效后,当事人就质量、价款或者报酬、履行地点等内容没有约定或者约定不明确的,可以协议补充;不能达成补充协议的,按照合同相关条款或者交易习惯确定。

《民法典》第五百一十一条规定,当事人就有关合同内容约定不明确,依据第五百一十条的规定仍不能确定的,适用下列规定。

(1) 质量要求不明确的,按照强制性国家标准履行;没有强制性国家标准的,按照推荐性国家标准履行;没有推荐性国家标准的,按照行业标准履行;没有国家标准、行业标准的,按照通常标准或者符合合同目的的特定标准履行。

(2) 价款或者报酬不明确的,按照订立合同时履行地的市场价格履行;依法应当执行政府定价或者政府指导价的,依照规定履行。

(3) 履行地点不明确,给付货币的,在接受货币一方所在地履行;交付不动产的,在不动产所在地履行;其他标的,在履行义务一方所在地履行。

(4) 履行期限不明确的,债务人可以随时履行,债权人也可以随时要求履行,但是应当给对方必要的准备时间。

(5) 履行方式不明确的,按照有利于实现合同目的的方式履行。

(6) 履行费用的负担不明确的,由履行义务一方负担;因债权人原因增加的履行费用,由债权人承担。

这批钢筋该如何处理?

(二) 执行政府定价或者政府指导价的合同的履行规则

执行政府定价或者政府指导价的,在合同约定的交付期限内政府价格调整时,按照交付时的价格计价。逾期交付标的物的,遇价格上涨时,按照原价格执行;价格下降时,按照新价格执行。逾期提取标的物或者逾期付款的,遇价格上涨时,按照新价格执行;价格下降时,按照原价格执行。

(三) 涉及第三人合同的履行规则

1. 向第三人履行的合同

当事人约定由债务人向第三人履行债务的,债务人未向第三人履行债务或者履行债务不符合约定,应当向债权人承担违约责任。

法律规定或者当事人约定第三人可以直接请求债务人向其履行债务,第三人未在合理期限内明确拒绝,债务人未向第三人履行债务或者履行债务不符合约定的,第三人可以请求债务人承担违约责任;债务人对债权人的抗辩,可以向第三人主张。

2. 由第三人履行的合同

当事人约定由第三人向债权人履行债务的,第三人不履行债务或者履行债务不符合约定,债务人应当向债权人承担违约责任。

3. 第三人清偿的合同

债务人不履行债务,第三人对履行该债务具有合法利益的,第三人有权向债权人代为履行;但是,根据债务性质、按照当事人约定或者依照法律规定只能由债务人履行的除外。

债权人接受第三人履行后,其对债务人的债权转让给第三人,但是债务人和第三人另有约定的除外。

三、合同履行抗辩权

抗辩权是指当事人双方在合同履行过程中,都应履行自己的义务,一方当事人不履行或者有可能不履行时,另一方当事人可以据此不履行自己的义务。合同履行抗辩权的作用在于:当一方合同当事人违约或可能违约时,对方当事人享有暂时停止履约的权利,以避免或预防因履约给自己造成,或者可能造成的损失。这一制度是公平原则的体现,旨在维持合同履行上的权利义务平衡。《民法典》规定了同时履行抗辩权、先履行抗辩权和不安抗辩权。

(一) 同时履行抗辩权

同时履行抗辩权是指双务合同的当事人在无先后履行顺序时,一方在对方未履行或不适当履行以前,可拒绝履行自己相应债务的权利。

《民法典》第五百二十五条规定,当事人互负债务,没有先后履行顺序的,应当同时履行。一方在对方履行之前有权拒绝其履行要求。一方在对方履行债务不符合约定时,有权拒绝其相应的履行要求。

(二) 先履行抗辩权

先履行抗辩权是指在双务合同中应当先履行的一方当事人未履行或者不适当履行,到履行期限的对方当事人享有不履行、部分履行的权利。

《民法典》第五百二十六条规定,当事人互负债务,有先后履行顺序,应当先履行债务一方未履行的,后履行一方有权拒绝其履行请求。先履行一方履行债务不符合约定的,后履行一方有权拒绝其相应的履行要求。

建设工程合同的先履行抗辩权的表现情形有:发包人和承包人约定,在施工中发包人向承包人分期支付工程预付款,但到期后发包人没有支付款项,承包人因此而停工;发包人和承包人约定,在承包人完成隐蔽工程并检验合格后由发包人向承包人支付工程款,但承包人完成的隐藏工程经检验不合格,发包人因此而不支付工程款等。

(三) 不安抗辩权

不安抗辩权是指双务合同成立后,应当先履行的当事人有证据证明对方不能履行义务,或者有不能履行合同义务的可能时,在对方没有履行或者提供担保之前,有权中止履行合同义务。

《民法典》第五百二十七条规定,应当先履行债务的当事人,有确切证据证明对方有下列情形之一的,可以中止履行:(1)经营状况严重恶化;(2)转移财产、抽逃资金,以逃避债务;(3)丧失商业信誉;(4)有丧失或者可能丧失履行债务能力的其他情形。当事人没有确切证据中止履行的,应当承担违约责任。

《民法典》第五百二十八条规定,当事人依据前条规定中止履行的,应当及时通知对方。对方提供适当担保时,应当恢复履行。中止履行后,对方在合理期限内未恢复履行能力且未提供适当担保的,视为以自己的行为表明不履行主要债务,中止履行的一方可以解除合同并可以请求对方承担违约责任。

四、建设工程合同履行的担保

合同履行的担保指合同双方当事人为确保合同履行,依照法律规定或者当事人约定而采取的具有法律效力的保证措施。合同履行的担保是通过签订担保合同或是在合同中设立担保条款来实现的。担保合同是从合同,被担保合同是主合同。担保合同将随着被担保合同的履行而消灭。而当被担保人不履行其义务且不承担相应责任时,担保人则应承担其担保责任。

合同的担保形式有:保证、抵押、质押、留置和定金。其中,建设工程合同的担保形式主要有:保证、抵押、定金和承包人的优先受偿权。

除了五种基本担保形式外,《民法典》第十八章"建设工程合同"中还规定了承包人的优先受偿权。

《民法典》第八百零七条规定,发包人未按照约定支付价款的,承包人可以催告发包人在合理期限内支付价款。发包人逾期不支付的,除根据建设工程的性质不宜折价、拍卖外,承包人可以与发包人协议将该工程折价,也可以请求人民法院将该工程依法拍卖。建设工程的价款就该工程折价或者拍卖的价款优先受偿。此条规定称为承包人的优先受偿权。

2021年1月1日施行的《最高人民法院关于审理建设工程施工合同纠纷案件适用法律问题的解释(一)》,作了进一步解释。

(1) 承包人根据民法典第八百零七条规定享有的建设工程价款优先受偿权优于抵押权和其他债权。

(2) 发包人订立建设工程施工合同的承包人,可以请求其承建工程的价款就工程折价或者拍卖的价款优先受偿;建设工程质量合格,承包人可以请求其承建工程的价款就工程折价或者拍卖的价款优先受偿的;未竣工的建设工程质量合格,承包人可以请求其承建工程的价款就其承建工程部分折价或者拍卖的价款优先受偿;装饰装修工程具备折价或者拍卖条件,装饰装修工程的承包人可以请求工程价款就该装饰装修工程折价或者拍卖的价款优先受偿。

(3) 承包人建设工程价款优先受偿的范围依照国务院有关行政主管部门关于建设工程价款范围的规定确定。承包人就逾期支付建设工程价款的利息、违约金、损害赔偿金等主张优先受偿的,人民法院不予支持。

(4) 承包人应当在合理期限内行使建设工程价款优先受偿权,但最长不得超过18个月,自发包人应当给付建设工程价款之日起算。

五、建设工程合同的保全

在合同履行过程中,为了保护债权人的合法权益,预防因债务人的财产不当减少,而危害债权人的债权时,法律允许债权人为保全其债权的实现而采取法律保障措施,称为合同的保全。合同的保全措施包括代位权和撤销权。

(一) 债权人的代位权

债权人的代位权是指债权人为了保障其债权不受损害,而以自己的名义代替债务人行使债权的权利。

《民法典》规定,因债务人怠于行使其债权或者与该债权有关的从权利,影响债权的到期债权实现的,债权人可以向人民法院请求以自己的名义代位行使债务人对相对人的权利,但是该权利专属于债务人自身的除外。

代位权的行使范围以债权人的到期债权为限。债权人行使代位权的必要费用,由债人负担。相对人对债务人的抗辩,可以向债权人主张。

债权人的债权到期前,债务人的债权或者与该债权有关的从权利存在诉讼时效期间即将届满或者未及时申报破产债权等情形,影响债权人的债权实现的,债权人可以代位向债务人的相对人请求其向债务人履行、向破产管理人申报或者作出其他必要的行为。

人民法院认定代位权成立的,由债务人的相对人向债权人履行义务,债权人接受履行后,债权人与债务人、债务人与相对人之间相应的权利义务终止。债务人对相对人的债权或者与该债权有关的从权利被采取保全、执行措施,或者债务人破产的,依照相关法律的规定处理。

(二)债权人的撤销权

债权人的撤销权是指债权人对于债务人危害其债权实现的不当行为,有请求人民法院予以撤销的权利。在合同履行过程中,当债权人发现债务人的行为将会危害自身的债权实现时,可以行使法定的撤销权,以保障合同中约定的合法权益。

债务人以放弃其债权、放弃债权担保、无偿转让财产等方式无偿处分财产权益,或者恶意延长其到期债权的履行期限,影响债权人的债权实现的,债权人可以请求人民法院撤销债务人的行为。债务人以明显不合理的低价转让财产、以明显不合理的高价受让他人财产或者为他人的债务提供担保,影响债权人的债权实现,债务人的相对人知道或者应当知道该情形的,债权人可以请求人民法院撤销债务人的行为。

撤销权的行使范围以债权人的债权为限。债权人行使撤销权的必要费用,由债务人负担。撤销权自债权人知道或者应当知道撤销事由之日起一年内行使。自债务人的行为发生之日起五年内没有行使撤销权的,该撤销权消灭。

债务人影响债权人的债权实现的行为被撤销的,自始没有法律约束力。

应用案例 4

> A 建筑公司承包了 B 房地产开发公司开发的商品房建设工程,并签订了施工合同,就工程价款、竣工工期等做了详细约定。该工程如期完成并经验收合格,但 B 房地产开发公司尚欠 C 建筑公司工程款 1250 万元。经 A 建筑公司多次催要无果,便将 B 房地产开发公司起诉至法院。在诉讼中,B 房地产开发公司以还欠另一公司的债务为由,拒绝支付其尚欠的工程价款。
>
> 问题:
> (1)B 房地产开发公司不向 A 建筑公司支付工程价款的理由是否成立?
> (2)A 建筑公司应当在什么时限内向法院提起诉讼?

案例分析

第五节　建设工程合同的变更与终止

一、建设工程合同的变更

（一）建设工程合同变更的概念

建设工程合同变更有广义与狭义的区分。从广义上理解，建设工程合同的变更不仅包含合同内容的变更，而且包括合同主体的变更。从狭义上理解，建设工程合同的变更仅指合同内容的变更。由于合同主体的变更实际上是合同权利义务的转让，《民法典》将合同变更与合同转让进行了区分，并且我国法律中明确规定承包人不得将其承包的全部建设工程转包给第三方。因此，这里建设工程合同的变更是指狭义上的变更（建设工程合同内容的变更），即在合同主体不变的前提下合同内容的修改与补充。

（二）建设工程合同变更的方式

《民法典》第五百四十三条、五百四十四条规定，当事人协商一致，可以变更合同。当事人对合同变更的内容约定不明确的，推定为未变更。

二、建设工程合同的终止

（一）建设工程合同终止的概念

建设工程合同的终止是指由于一定的法定事由的发生而使合同的权利义务关系归于消灭的行为。《民法典》第五百五十七条将债权债务终止的情形归结为以下六个方面：(1)债务已经履行；(2)债务相互抵消；(3)债务人依法将标的物提存；(4)债权人免除债务；(5)债权债务同归于一人；(6)法律规定或者当事人约定终止的其他情形。

合同的解除只是合同终止的一种情形，合同的权利义务终止后，当事人应当遵循诚实信用原则，根据交易习惯履行通知、协助、保密等义务。

根据《民法典》第五百六十七条的规定，合同的权利义务关系终止，不影响合同中结算和清理条款的效力。对于建设工程合同来说，合同终止后，合同中的索赔条款、价款结算条款等并不因此失效。

工程实践中，除了发承包方按照合同约定履行义务而导致合同自然终止以外，最常见的就是因合同解除而引发的建设工程合同终止。

提存

(二) 合同的解除

1. 合同解除的概念

合同的解除,是指合同成立后,因当事人一方的意思表示或者双方的协议,使基于合同而发生的债权债务关系归于消灭的行为。

2. 合同解除的种类

(1) 约定解除。《民法典》第五百六十二条规定,当事人协商一致,可以解除合同。当事人可以约定一方解除合同的事由。解除合同的事由发生时,解除权人可以解除合同。

(2) 法定解除。《民法典》第五百六十三条规定,有下列情形之一的,当事人可以解除合同:①因不可抗力致使不能实现合同目的;②在履行期限届满前,当事人一方明确表示或者以自己行为表明不履行主要债务;③当事人一方迟延履行主要债务,经催告后在合理期限内仍未履行;④当事人一方迟延履行债务或者有其他违约行为致使不能实现合同目的的;⑤法律规定的其他情形。以持续履行的债务为内容的不定期合同,当事人可以随时解除合同,但是应当在合理期限之前通知对方。

法定解除是法律直接规定解除合同的条件,当条件具备时,解除权人可直接行使解除权;约定解除则是双方的法律行为,单方行为不能导致合同的解除。

3. 施工合同的解除

(1) 发包人解除施工合同。《民法典》规定,承包人将建设工程转包、违法分包的,发包人可以解除合同。

(2) 承包人解除施工合同。《民法典》规定,发包人提供的主要建筑材料、建筑构配件和设备不符合强制性标准或者不履行协助义务,致使承包人无法施工,经催告后在合理期限内仍未履行相应义务的,承包人可以解除合同。

4. 建设工程合同解除的法律后果

《民法典》第五百六十六条规定,合同解除后,尚未履行的,终止履行;已经履行的,根据履行情况和合同性质,当事人可以请求恢复原状或者采取其他补救措施,并有权请求赔偿损失。

合同解除后,已经完成的建设工程质量合格的,发包人应当按照约定支付相应的工程价款;已经完成的建设工程质量不合格的,参照《民法典》的相关规定处理。

第六节 建设工程合同违约责任

建设工程合同违约责任是指合同一方不履行合同义务或履行合同义务不符合约定所应承担的民事责任。对于建设工程合同而言,违约方不仅要承担民事责任,而且还可能要依法承担行政责任和刑事责任,即违反建设工程合同的法律责任包括民事责任(违约责任)、行政责任和刑事责任。

(一) 违约责任的概念

违约责任是违反合同的民事责任的简称,是指合同当事人一方不履行合同义务或履行合同义务不符合合同约定所应承担的民事责任。

违约责任制度是合同法律制度的重要组成部分,是保障债权实现的重要措施。法律规定违反合同应承担违约责任的目的,在于用法律的强制约束力促使当事人严格履行合同义务,维护当事人的合法权益。如果没有该项制度,就无法从根本上保证合同的履行,当事人合法权益得到保障就无从谈起。

(二) 违约责任的类型

违约行为是指当事人违反合同义务的客观表现,包括作为和不作为两种表现。依照《民法典》,建设工程合同违约行为可以归纳为履行不能、迟延履行、不适当履行和部分不履行四种类型。

1. 履行不能

履行不能是指履行期限届至时,建设工程合同义务人无正当理由不能履行合同义务的行为。履行不能是最严重的违约行为。一般认为,履行不能违反了信守给付的义务,可构成积极侵害债权,债务人不仅未为给付,且无给付的意思。

2. 迟延履行

迟延履行是指义务人能够履行,但在履行期限届满时却未能履行义务,包括给付迟延(义务人迟延)和受领迟延(权利人迟延)。这两种迟延在性质上都违背了建设工程合同义务,属于违约行为。

3. 不适当履行

不适当履行是指当事人虽然履行了合同义务,但其履行行为与建设工程合同的约定不完全相符,包括履行方法不适当、履行地点不适当;提供的标的在质量、品质、规格、型号等方面不符合建设工程合同的约定。

4. 部分不履行

部分不履行是指建设工程合同当事人履行义务不全面,也称量的不完全履行。附随义务不履行也属于部分不履行的一种表现,即建设工程合同基本义务之外不影响合同目的实现的义务不履行,如违反重要事项通知义务等。

(三)承担违约责任的方式

《民法典》中规定的违约责任承担方式有:继续履行、采取补救措施、赔偿损失、支付违约金与定金等。

1. 继续履行

《民法典》规定,当事人一方不履行合同义务或者履行合同义务不符合约定的,应当承担继续履行、采取补救措施或者赔偿损失等违约责任。

继续履行是一种违约后的补救方式,是否要求违约方继续履行是非违约方的一项权利,继续履行可以与违约金、定金、赔偿损失并用,但不能与解除合同的方式并用。

2. 采取补救措施

质量不符合约定的,应当按照当事人的约定承担违约责任。对违约责任没有约定或者约定不明确,或不能确定的,受损害方根据标的的性质以及损失的大小,可以合理选择要求对方承担修理、更换、重作、退货、减少价款或者报酬等违约责任。

3. 赔偿损失

当事人一方不履行合同义务或者履行合同义务不符合约定的,在履行义务或者采取补救措施后,对方还有其他损失的,应当赔偿损失。

当事人一方不履行合同义务或者履行合同义务不符合约定,给对方造成损失的,损失赔偿额应当相当于因违约所造成的损失,包括合同履行后可以获得的利益,但不得超过违反合同一方订立合同时预见到或者应当预见到的因违反合同可能造成的损失。

4. 支付违约金与定金

《民法典》规定,当事人可以约定一方违约时应当根据违约情况向对的方支付一定数额的违约金,也可以约定因违约产生的损失赔偿额的计算方法。当事人既约定违约金,又约定定金的,一方违约时,对方可以选择适用违约金或者定金条款。

约定的违约金低于造成的损失的,当事人可以请求人民法院或者仲裁机构予以增加;约定的违约金过分高于造成的损失的,当事人可以请求人民法院或者仲裁机构予以适当减少。

当事人就迟延履行约定违约金的,违约方支付违约金后,还应当履行债务。

(四)建设工程合同当事人的违约责任

1. 发包人的违约责任

《民法典》第七百九十八条规定,隐蔽工程在隐蔽以前,承包人应当通知发包人检查。发包人没有及时检查的,承包人可以顺延工程日期,并有权要求赔偿停工、窝工等损失。

《民法典》第八百零三条规定,发包人未按照约定的时间和要求提供原材料、设备、场地、资金、技术资料的,承包人可以顺延工程日期,并有权要求赔偿停工、窝工等损失。

《民法典》第八百零四条规定,因发包人的原因致使工程中途停建、缓建的,发包人应当采取措施弥补或者减少损失,赔偿承包人因此造成的停工、窝工、倒运、机械设备调迁、材料和构件积压等损失和实际费用。

《民法典》第八百零五条规定,因发包人变更计划,提供的资料不准确,或者未按照期限提供必需的勘察、设计工作条件而造成勘察、设计的返工、停工或者修改设计,发包人应当按照勘察人、设计人实际消耗的工作量增付费用。

2. 承包人的违约责任

《民法典》第八百条规定,勘察、设计的质量不符合要求或者未按照期限提交勘察、设计文件拖延工期,造成发包人损失的,勘察人、设计人应当继续完善勘察、设计,减收或者免收勘察、设计费并赔偿损失。

《民法典》第八百零一条规定,因施工人的原因致使建设工程质量不符合约定的,发包人有权请求施工人在合理期限内无偿修理或者返工、改建。经过修理或者返工、改建后,造成逾期交付的,施工人应当承担违约责任。

《民法典》第八百零二条规定,因承包人的原因致使建设工程在合理使用期限内造成人身和财产损害的,承包人应当承担赔偿责任。

(五)违约责任的免除

在合同履行过程中,如果出现法定的免责条件或合同约定的免责事由,违约人将免于承担违约责任。《民法典》仅承认不可抗力为法定的免责事由。

《民法典》规定,当事人一方因不可抗力不能履行合同的,根据不可抗力的影响,部分或者全部免除责任,但是法律另有规定的除外。

因不可抗力不能履行合同的,应当及时通知对方,以减轻可能给对方造成的损失,并应当在合理期限内提供证明。

当事人迟延履行后发生不可抗力的,不免除其违约责任。

阴阳合同

应用案例 5

> 某电器公司与某建筑工程签订了建设工程施工合同,对工程内容、工程价款、支付时间、工程质量、工期、违约责任等做了具体约定。在施工过程中,某电器公司对施工图纸先后做了 8 次修改,未能按期交付图纸,致使工期有所拖延。竣工验收时,某电器公司对部分工程质量提出了异议。经双方协商无果,某电器公司向法院提起了诉讼,要求某建筑公司因工期延误承担违约责任。
>
> 问题:
> (1)某建筑公司是否应当对工期的延误承担违约责任?
> (2)某建筑公司今后在施工合同中应当注意哪些问题?

案例分析

本章小结

本章主要介绍了建设工程合同的特征与分类;建设工程合同的订立原则、订立程序、主要内容、缔约过失责任;建设工程合同的效力;建设工程合同的履行;建设工程合同的变更与终止;建设工程合同的违约责任等内容。

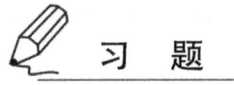
习题

一、简答题

1. 什么是建设工程合同?简述其法律特征和订立原则。
2. 什么是合同订立与成立?合同成立应具备哪些条件?
3. 调整、规范建设工程合同的法律包括哪些?
4. 建设工程施工合同的主要内容是什么?
5. 简述建设工程施工合同发承包双方的主要义务。
6. 根据《中华人民共和国民法典》规定,什么情况下合同当事人应承担缔约过失责任?
7. 简述建设工程施工合同中的发包人和承包人承担赔偿损失内容。
8. 什么是无效合同?无效合同的法律后果是什么?
9. 简述建设工程无效施工合同的主要情形。
10. 什么是可撤销合同?有哪些种类?
11. 什么是合同解除?有哪些特征?
12. 简述合同违约责任的方式有哪些?

二、案例分析题

A 开发商在与 B 建筑公司商谈建设工程施工合同时,要求 B 建筑公司必须先行垫资施工。B 建筑公司为了获得签约,答应了 A 开发商的要求,但对垫资作何处理没有做出特别约定。当工程按期完工后,B 建筑公司要求 A 开发商除支付工程款外,还应将先前的工程垫资款按照借款处理,并支付相应的利息。

问题:B 建筑公司要求 A 开发商将工程垫资按借款处理并支付相应的利息是否可

以得到法律的支持?

习题答案

第七章　建设工程勘察、设计与监理法规

教学目标

本章主要讲述建设工程勘察设计过程中的有关法律制度和建设工程监理的有关规定。通过本章学习,应达到以下目标:
(1)了解有关建设工程勘察设计标准的概念、制定与实施;
(2)掌握设计文件的编制和审批的实施办法;
(3)熟悉建设工程勘察设计的质量管理;
(4)熟悉建设工程监理的基本法律规定;
(5)掌握建设工程监理工作的程序、内容和建设工程监理各方关系。

教学要求

知识要点	能力要求	相关知识
工程勘察设计标准	(1)了解工程建设标准的种类 (2)掌握工程建设标准的实施与管理	(1)国家对建设工程的管理方式 (2)管理条例和法规的关系 (3)建设标准的更新和修订
工程设计文件 的编制和审批	(1)掌握设计文件的编制及审批办法 (2)掌握施工图设计审查	(1)工程设计文件的设计依据 (2)不同类型建设工程中设计文件划分阶段依据
工程勘察设计质量 监督与管理	(1)了解工程勘察设计管理 (2)掌握建设工程勘察设计企业资质管理	(1)设计总承包和分包 (2)施工图审查机构的建立和管理
建设工程监理	(1)了解监理的概念及工程监理的性质、作用和原则 (2)熟悉监理工作的程序和内容 (3)掌握违反建设工程监理法应负的法律责任	(1)强制监理 (2)建设监理合同

基本概念

勘察设计、设计标准、施工图审查、工程监理、法律责任

※引例

> 某化工厂在同一厂区建设第二个大型厂房时,为了节省投资,决定不做勘察,便将四年前为第一个大型厂房做的勘察成果提供给设计院作为设计依据,让其设计新厂房,设计院不同意。但是,在某化工厂的一再坚持下最终设计院妥协,答应使用旧的勘察成果。厂房建成后使用一年多就发现其北墙墙体多处开裂,某化工厂一纸诉状将施工单位告上法庭,请求判定施工单位承担工程质量责任。
>
> 问题:本案例中的质量责任应当由谁承担?工程中设计方是否有过错,违反了什么规定?

案例分析

第一节 建设工程勘察设计法规

一、建设工程勘察设计概述

建设工程勘察是指依据建设工程的要求,查明、分析、评价建设场地的地质地理环境特征和岩土工程条件,编制建设工程勘察文件的活动。

建设工程设计是指根据建设工程的要求,对建设工程所需的技术、经济、资源、环境等条件进行综合分析、论证、编制建设工程设计文件的活动。

建设工程勘察、设计应当与社会、经济发展水平相适应,做到经济效益、社会效益和环境效益相统一。制定和施行工程勘察设计法规,是社会主义市场经济的需要,基于此国务院和建设行政主管部门颁布了一系列工程勘察设计法规。

《建设工程勘察设计管理条例》

二、工程勘察设计标准

(一)工程建设标准的概念

标准是指对重复性事物和概念所做的统一性规定,是以科学技术和实践经验的综合成果为基础,经有关方面协商统一,由主管机构批准,以特定形式发布,作为共同遵守的准则和依据。

工程建设标准是指对基本建设中各类工程的勘测、规划、设计、施工、安装、验收等需要协调统一的事项所制定的指标。

(二) 工程建设标准的种类

从不同的角度划分,工程建设标准有不同的种类。

(1) 按标准内容不同,工程建设标准可分为技术标准、经济标准和管理标准三类。

(2) 按适用范围不同,工程建设标准可分为国家标准、行业标准、地方标准和企业标准。

(3) 按执行效力不同,工程建设标准可分为强制性标准和推荐性标准。

强制性标准是指必须执行的标准,如工程建设勘察、规划、设计、施工及验收等通用的综合标准和质量标准等。

推荐性标准是指当事人自愿采用的标准,凡是强制性标准以外的标准皆为推荐性标准。工程建设国家标准是指在全国范围内统一的技术要求,如统一的质量标准、术语、符号、代号、建筑模数等。

工程建设行业标准是指在工程建设活动中,在全国某个行业范围内统一的技术要求,如行业统一的质量标准,专用的术语、符号、代号,专用的实验、检验、评定方法等。

工程建设地方标准是指在工程建设活动中,根据当地气候、地质、资源、环境等条件,在省、自治区、直辖市范围内统一的技术要求。它不得低于相应的国家标准或行业标准。

工程建设企业标准是指在工程建设活动中企业内部统一的技术要求。它不得低于国家标准、行业标准和地方标准。

《中华人民共和国标准化法》

(三) 工程建设强制性标准的实施

《实施工程建设强制性标准监督规定》中指出,在中华人民共和国境内从事新建、扩建、改建等工程建设活动,必须执行工程建设强制性标准。国家工程建设标准强制性条文由国务院建设行政主管部门会同国务院有关行政主管部门确定。

工程建设中拟采用的新技术、新工艺、新材料,不符合现行强制性标准规定的,应当由拟采用单位提请建设单位组织专题技术论证,报批准标准的建设行政主管部门或者国务院有关行政主管部门审定。工程建设中采用国际标准或者国外标准,现行强制性标准未作规定的,建设单位应当向国务院建设行政主管部门或者国务院有关行政主管部门备案。

建设项目规划审查机构应当对工程建设规划阶段执行强制性标准的情况实施监

督;施工图设计文件审查单位应当对工程建设勘察、设计阶段执行强制性标准的情况实施监督;建筑安全监督管理机构应当对工程建设施工阶段执行施工安全强制性标准的情况实施监督;工程质量监督机构应当对工程建设施工、监理、验收等阶段执行强制性标准的情况实施监督。

强制性标准监督检查的内容包括:有关工程技术人员是否熟悉、掌握强制性标准;工程项目的规划、勘察、设计、施工、验收等是否符合强制性标准的规定;工程项目采用的材料、设备是否符合强制性标准的规定;工程项目的安全、质量是否符合强制性标准的规定;工程中采用的导则、指南、手册、计算机软件的内容是否符合强制性标准的规定。

三、设计文件的编制和审批

(一) 设计文件的编制及审批办法

设计工作程序包括参加建设项目的决策、编制各个阶段设计文件、配合施工和参加验收、进行总结的全过程。

设计单位要承担和参加建设前期工作,根据委托书进行可行性研究;参加设计任务书的编制、厂址选择和工程设计所需的科学试验,并根据下达的设计任务书编制设计文件。建设项目一般按初步设计、施工图设计两个阶段进行;技术复杂的建设项目,根据要求可按初步设计、技术设计和施工图设计三个阶段进行。小型建设项目中技术简单的,在简化的初步设计确定后,就可做施工图设计。

技术设计文件,应根据批准的初步设计文件进行编制。技术设计和修正总概算经批准后,是建设工程拨款和编制施工图设计文件等的依据。

施工图设计文件,应根据批准的初步设计文件(或技术设计文件)和主要设备订货情况进行编制,并据以指导施工。施工图预算经审定后,即作为预算包干、工程结算等的依据。

设计单位应积极配合施工,负责交代设计意图,解释设计文件,及时解决施工中设计文件出现的问题,参加试运转,参加竣工验收、投产,进行总结。对于大中型工业项目和大型复杂的民用工程,应派现场设计代表并参加隐蔽工程验收。

1. 设计文件的内容和深度

大中型建设项目的设计文件要齐全,内容要完整,并须达到应有的深度。

初步设计的深度应满足以下要求:设计方案的比选和确定,主要设备材料订货,土地征用、基建投资的控制,施工图设计的编制,施工组织设计的编制,施工准备和生产准备等。

技术设计的内容,有关部门可根据工程的特点和需要,自行制定。其深度应能满足确定设计方案中重大技术问题和有关试验、设备制造等方面的要求。

施工图的内容,应根据批准的初步设计进行编制。其深度应能满足以下要求:设备材料的安排和非标准设备的制作,施工图预算的编制,施工要求等。

2. 设计文件的审批权限

设计文件的审批,实行分级管理、分级审批的原则。

大型建设项目的初步设计和总概算,按隶属关系由国务院主管部门或省、自治区、直辖市组织审查,提出审查意见,报住房和城乡建设部批准;特大、特殊项目由国家建设行政主管部门报请国务院批准。

技术设计按隶属关系由国务院主管部门或省、自治区、直辖市审批。

中型建设项目的初步设计和总概算按隶属关系由国务院主管部门或省、自治区、直辖市审查批准。批准文件抄送住房和城乡建设部备案。国家指定的中型项目的初步设计和总概算要报住房和城乡建设部审批。

小型建设项目初步设计的审批权限由国务院主管部门或省、自治区、直辖市自行规定。总体规划设计(或总体设计)的审批权限,与初步设计的审批权限相同。

3. 设计文件的修改

设计文件是工程建设的主要依据,经批准后不得任意修改。

凡涉及计划任务书的主要内容,如建设规模、产品方案、建设地点、主要协作关系等方面的修改,须经原计划任务书审批机关批准。

凡涉及初步设计的主要内容,如总平面布置、主要工艺流程、主要设备、建筑面积、建筑标准总定员、总概算等方面的修改,须经原设计审批机关批准。修改工作须由原设计单位负责进行。

施工图的修改,须经原设计单位的同意。

(二)施工图设计审查

施工图审查是政府主管部门对建筑工程勘察设计质量监督管理的重要环节,也是基本建设必不可少的程序,工程建设有关各方必须认真贯彻执行。建筑工程设计等级分级标准中的各类新建、改建、扩建的建筑工程项目均属审查范围。

国务院建设行政主管部门负责全国的施工图审查管理工作。省、自治区、直辖市人民政府建设行政主管部门负责组织本行政区域内的施工图审查工作的具体实施和监督管理工作。

施工图审查的主要内容施工图审查的主要内容包括:(1)建筑物的稳定性、安全性审查,包括地基基础和主体结构体系是否安全、可靠;(2)是否符合消防、节能、环保、抗震、卫生、人防等有关强制性标准、规范;(3)施工图是否达到规定的深度要求;(4)是否损害公众利益。

《建筑工程施工图设计文件审查暂行办法》

四、勘察设计质量的监督与管理

（一）工程勘察设计管理

国家对从事建设工程勘察、设计活动的单位，实行资质管理制度。禁止建设工程勘察、设计单位超越其资质等级许可的范围或者以其他建设工程勘察、设计单位的名义承揽建设工程勘察、设计业务；禁止建设工程勘察、设计单位允许其他单位或者个人以本单位的名义承揽建设工程勘察、设计业务。

国务院建设行政主管部门对全国的建设工程勘察、设计活动实施统一监督管理。国务院铁路、交通、水利等有关部门按照国务院规定的职责分工，负责对全国的有关专业建设工程勘察、设计活动的监督管理。县级以上地方人民政府建设行政主管部门对本行政区域内的建设工程勘察、设计活动实施监督管理。县级以上地方人民政府交通、水利等有关部门在各自的职责范围内，负责对本行政区域内的有关专业建设工程勘察、设计活动的监督管理。

（二）建设工程勘察设计企业资质管理

1. 资质等级

工程勘察资质分为工程勘察综合资质、工程勘察专业资质、工程勘察劳务资质。

工程勘察综合资质只设甲级；工程勘察专业资质设甲级、乙级，根据工程性质和技术特点，部分专业可以设丙级；工程勘察劳务资质不分等级。

取得工程勘察综合资质的企业，可以承接各专业（海洋工程勘察除外）、各等级工程勘察业务；取得工程勘察专业资质的企业，可以承接相应等级相应专业的工程勘察业务；取得工程勘察劳务资质的企业，可以承接岩土工程治理、工程钻探、凿井等工程勘察劳务业务。

工程设计资质分为工程设计综合资质、工程设计行业资质、工程设计专业资质和工程设计专项资质。

工程设计综合资质只设甲级；工程设计行业资质、工程设计专业资质、工程设计专项资质设甲级、乙级。根据工程性质和技术特点，个别行业、专业、专项资质可以设丙级，建筑工程专业资质可以设丁级。

取得工程设计综合资质的企业，可以承接各行业、各等级的建设工程设计业务；取得工程设计行业资质的企业，可以承接相应行业相应等级的工程设计业务及本行业范围内同级别的相应专业、专项工程设计业务（设计施工一体化资质除外）；取得工程设计专业资质的企业，可以承接本专业相应等级的专业工程设计业务及同级别的相应专项工程设计业务（设计施工一体化资质除外）；取得工程设计专项资质的企业，可以承接本专项相应等级的专项工程设计业务。

2. 申请与审批

建设工程勘察、设计资质的申请由建设行政主管部门定期受理。

新设立的建设工程勘察、设计企业，到工商行政管理部门登记注册后，方可向建设行政主管部门提出资质申请。

3. 监督与管理

国务院建设行政主管部门对全国的建设工程勘察、设计资质实施统一的监督管理。国务院铁道、交通、水利、信息产业、民航等有关部门配合国务院建设行政主管部门对相应的行业资质进行监督管理。

县级以上地方人民政府建设行政主管部门负责对本行政区域内的建设工程勘察、设计资质实施监督管理。县级以上人民政府交通、水利、信息产业等有关部门配合建设行政主管部门对相应的行业资质进行监督管理。

五、违反勘察设计法规的法律责任

（一）建设单位的违法责任

发包方将建设工程勘察、设计业务发包给不具有相应资质等级的建设工程勘察、设计单位的，责令其改正，并处50万元以上100万元以下的罚款。

（二）勘察、设计单位的违法责任

1. 非法承揽业务的责任

工程建设勘察、设计单位未取得资质证书承揽工程的，予以取缔；以欺骗手段取得资质证书承揽工程的，吊销资质证书；超越其资质等级许可的范围或者以其他建设工程勘察、设计单位的名义承揽建设工程勘察、设计业务的，可以责令停业整顿，降低资质等级；情节严重的，吊销资质证书。

对有以上各种行为的勘察、设计单位，还应处合同约定的勘察、设计费1倍以上2倍以下罚款，并没收违法所得。

2. 非法转包的责任

建设工程勘察、设计单位将所承揽的建设工程勘察、设计转包的，责令其改正，没收违法所得，并处合同约定的勘察费、设计费25%以上50%以下的罚款，可以责令停业整顿，降低资质等级，情节严重的，吊销资质证书。

3. 不按规定进行设计的责任

有下列行为之一的，依照《建设工程质量管理条例》第六十三条的规定责令其改正，并处10万以上30万元以下的罚款：(1)勘察单位未按照工程建设强制性标准进行勘察的；(2)设计单位未根据勘察成果文件进行工程设计的；(3)设计单位指定建筑材料、建筑构配件的生产厂、供应商的；(4)设计单位未按照工程建设强制性标准进行设计的。

因上述行为造成工程质量事故的，责令其停业整顿，降低资质等级；情节严重的，吊销资质证书；造成损失的，依法承担赔偿责任。

应用案例1

> 某企业建设附属小学，某设计院为其设计了5层砖混结构的教学楼及运动场等。其教学楼的楼梯梯井净宽为0.3m，为防止学生攀滑，梯井采用工程玻璃隔离

防护,楼梯采用垂直杆件做栏杆,其杆件净距为 0.15 m;其运动场与街道之间采用透景墙,墙体采用垂直杆件做栏杆,其杆件净距为 0.15 m。在建设过程中,有人对该设计提出异议。

问题:该工程中设计方是否有过错?违反了什么法规的规定?

案例分析

应用案例 2

某写字楼项目的整体结构属"筒中筒"结构,中间"筒"高 18 层,四周裙楼高 3 层,地基设计是"满堂红"布桩,素混凝土排土灌桩。施工到 12 层时,地下筏板剪切破坏,地下水上冲。经鉴定发现,此地基土属于饱和土,地基中素混凝土排土灌桩被破坏。

经调查得知:(1)该工程的地质勘查报告已经载明此地基土属于饱和土;(2)在打桩过程中曾出现跳土现象。

问题:本案中设计方有何过错?违反了什么规定?

案例分析

应用案例 3

某厂新建一车间,分别与市设计院和市建某公司签订了设计合同和施工合同。工程竣工后厂房北侧墙壁发生裂缝,为此该厂向法院起诉市建某公司。经勘察,裂缝是由于地基不均匀沉降引起的,结论是结构设计图纸所依据的地质资料不准,于是该厂又起诉市设计院。市设计院答辩,设计院是根据该厂提供的地质资料设计的,不应承担事故责任。经法院查证:该厂提供的地质资料不是新建车间的地质资料,事故前设计院也不知道该情况。

问题:
(1)事故的责任方是谁?
(2)某厂所发生的诉讼费应由谁承担?

案例分析

第二节 建设工程监理法规

一、建设工程监理概述

建设工程监理,是指具有相应资质的工程监理企业,接受建设单位的委托,承担其项目管理工作,并代表建设单位对承建单位的建设行为进行监控的专业化服务活动。可以从以下几个方面来把握建设工程监理的概念。

(一)建设工程监理的行为主体

建设工程监理的行为主体是工程监理企业,这是我国监理制度的一项重要规定。建设工程监理不同于建设行政主管部门的监督管理。后者的行为主体是政府部门,具有强制性,是行政性的监督管理,它的任务、职责、内容不同于建设工程监理。同样,承包单位对分包单位的监督管理也不能视为建设工程监理。

(二)建设工程监理实施的前提

建设工程监理的实施需要建设单位的委托和授权,工程监理企业应根据监理合同和有关建设工程合同的规定实施监理。

(三)建设工程监理的依据

工程建设文件,有关的法律、法规、规章和标准规范,建设工程监理合同和有关的建设工程合同是工程监理企业履行职责的主要依据。

(四)建设工程监理的范围

建设工程监理可以适用于工程建设投资决策阶段和实施阶段,但目前主要是建设工程施工阶段。在施工阶段委托监理,其目的是更有效地发挥监理的规划、控制、协调作用,为在计划目标内建成工程提供最好的管理。根据双方的约定,还可就勘察、设计、保修阶段工作委托监理。

二、建设工程监理工作的程序和内容

(一)建设工程监理的范围

《建筑法》规定,国务院可以规定施行强制性监理的工程范围。国务院颁布的《建设

工程质量管理条例》及建设部颁布的《建设工程监理范围和规模标准规定》中,规定了我国必须实行工程建设监理的工作项目范围,具体包括以下几类工程。

《建设工程监理范围和规模标准规定》

1. 国家重点建设工程

国家重点建设工程是指依据《国家重点建设项目管理办法》所确定的对国民经济和社会发展有重大影响的骨干项目。

2. 大中型公用事业工程

大中型公用事业工程具体包括项目总投资额在 3000 万元以上的下列工程项目:(1)供水、供电、供气、供热等市政工程项目;(2)科技、教育、文化等项目;(3)体育、旅游、商业等项目;(4)卫生、社会福利等项目;(5)其他公用事业项目。

3. 成片开发建设的住宅小区工程

建筑面积在 5 万 m^2 以上的住宅建设工程必须实行监理。

建筑面积在 5 万 m^2 以下的住宅建设工程,可以实行监理,具体范围和规模标准,由省、自治区、直辖市人民政府建设行政主管部门规定。

为了保证住宅质量,对高层住宅及地基、结构复杂的多层住宅应当实行监理。

4. 利用外国政府或者国际组织贷款、援助资金的工程

使用世界银行、亚洲开发银行等国际组织贷款资金的项目。

使用国外政府及其机构贷款资金的项目。

使用国际组织或者国外政府援助资金的项目。

5. 国家规定必须实行监理的其他工程

项目总投资额在 3000 万元以上关系社会公共利益、公众安全的下列基础设施项目,主要内容如下:(1)煤炭、石油、化工、天然气、电力、新能源等项目;(2)铁路、公路、管道、水运、民航以及其他交通运输业等项目;(3)邮政、电信枢纽、通信、信息网络等项目;(4)防洪、灌溉、排涝、发电、引(供)水、滩涂治理、水资源保护、水土保持等水利建设项目;(5)道路、桥梁、地铁和轻轨交通、污水排放及处理、垃圾处理、地下管道、公共停车场等城市基础设施项目;(6)生态环境保护项目;(7)其他基础设施项目。

学校、影剧院和体育场馆项目,不管总投资额是多少,都必须实行监理。

(二)建设工程监理依据

1. 国家或部门制定颁布的法律、法规、规章

监理单位应当依据法律、法规的规定,对承包单位实施监理。虽然监理单位是为建设单位服务的,但对建设单位的违法、违规要求,监理单位应该也有权拒绝。只有这样,才能体现监理公正、独立、自主的工作原则。

总之,监理单位必须依法执业,既要维护建设单位的利益,也不能损害承包单位的

合法利益。

2. 建设工程相关标准

工程建设过程中使用的相应的工程技术和管理标准,包括强制性标准和推荐性标准,如《建设工程监理规范》(GB/T 50319—2013)是实施监理的重要依据。需要说明的是,推荐性标准虽然是自愿采用的标准,但一经合同确认,就必须严格执行。

3. 审查批准的建设文件、设计文件和设计图纸

施工单位依照设计文件和图纸施工,监理单位当然也应该按照设计文件和图纸对施工单位的活动进行监督管理。建设工程勘察设计文件既是工程施工的重要依据,也是工程监理的重要依据。

4. 建设工程监理合同及其他合同文件

建设工程监理合同是实施监理的直接依据,建设单位与其他相关单位签订的合同(如与施工单位签订的施工合同、与材料设备供应单位签订的材料设备采购合同等)也是实施监理的重要依据。

(三)建设工程项目实施监理的程序

建设监理单位接受业主的委托并签订监理委托合同以后,即着手建设监理的实施,其程序如下。

(1)确定项目总监理工程师,成立项目监理组织。

(2)编制工程项目的监理规划。工程项目的监理规划,是开展项目监理活动的纲领性文件,建设监理规划的内容包括工程概况、项目总目标、项目组织、监理班子组织、信息管理、合同管理、投资控制、进度控制、质量控制。监理规划执行前应报送委托单位及建设主管部门审批规划内容在签订委托合同时双方议定。

(3)制定各专业监理实施细则。项目监理细则编写主持人一般是项目监理组织的某个部门的负责人。监理细则的内容具有局限性,因为它是围绕着各自部门的主要工作来编写的,它的作用是指导具体监理业务的开展。

(4)根据制定的监理细则,规范化地开展监理工作。

(5)参与工程项目竣工验收,签署工程建设监理意见。工程项目施工完成后,应由施工单位在正式验交前组织竣工预验收,监理单位应参与预验收工作,在预验收中发现的问题,应与施工单位沟通,提出要求,签署工程建设监理意见。

(6)向业主提交工程建设监理档案资料。工程建设监理业务完成后,向业主提交的监理档案资料应包括监理设计变更、工程变更资料;监理指令性文件;各类鉴证资料;其他约定提交的档案资料。

(7)监理工作总结。监理工作总结应包括以下主要内容:①向业主提交的监理工作总结,其内容主要包括监理委托合同履行情况概述,监理任务或监理目标完成情况的评价,由业主提供的供监理活动使用的办公用房、车辆、试验设施等的清单,表明监理工作终结的说明等;②向社会监理单位提交的监理工作总结,其内容主要包括监理工作的经验,可以是采用某种监理技术、方法的经验,也可以是采用某种经济措施、组织措施的

经验,以及签订监理委托合同方面的经验,如何处理好与业主、承包单位的关系的经验等;③对监理工作中存在的问题及改进的建议,也应及时加以总结,以指导今后的监理工作,并向政府有关部门提出政策建议,以不断提高我国工程建设监理的水平。

(四) 建设工程监理的内容

建设工程监理的主要内容是控制工程建设的投资、工期和质量,进行工程建设合同管理和信息管理,协调有关单位间的工作关系。可以概括为"三控制、两管理、一协调"。"三控制"是指建设工程监理对建设工程的投资、工期和质量进行控制;"两管理"是指建设工程监理对建设工程进行的合同管理、信息管理;"一协调"是指建设工程监理要协调好与有关单位的工作关系。

建设工程监理应当依照法律、行政法规、规章以及标准、规范;有关工程建设文件;建设单位委托监理合同以及有关的建设工程合同,对承包单位在施工质量、建设工期和建设资金使用等方面,代表建设单位实施监督。

监理的内容按照工程建设的先后顺序可划分为四个阶段;建设前期阶段、设计阶段、施工招标阶段及施工阶段。

1. 建设前期阶段监理

在这个阶段,监理单位主要从事建设项目的投资决策咨询、编制项目建议书和项目可行性研究及项目评估等内容。

2. 设计阶段监理

在这个阶段,监理单位的监理内容是:审查或评选设计方案;审查设计实施文件;选择勘察、设计单位,代签或参与签订勘察、设计合同或监督合同的实施;代编或代审概、预算等。

3. 施工招标阶段监理

在这个阶段,监理单位的监理内容是:协助业主编制招标文件;协助业主组织招标投标活动;协助业主与中标单位商签工程承包合同。

4. 施工阶段监理

在这个阶段,监理单位的监理内容是:审查承包商提出的施工组织设计、施工技术方案和施工进度计划;监督施工单位严格按规范、标准施工,审查技术变更;控制工程进度和质量;检查安全防护设施;检测原材料和构配件质量;认定工程质量和数量;验收工程和签发付款凭证;审查工程价款;整理合同文件和技术档案;提出竣工报告;处理质量事故等。

三、建设监理单位与建设各方的关系

建设工程监理活动中最主要的当事人有建设单位、监理单位及承包单位三方。它们的权利和义务是通过建设单位与承包单位及建设单位与监理单位之间所签订的合同来约定的。

建设单位通过合同将自己对承包单位建设活动的监督管理权委托授予了监理单位,所以,承包单位与监理单位之间虽无直接关系,也未签合同,但承包单位必须接受监理单位的监督和管理。

(一)建设单位与监理单位的关系

(1)建设与监理单位的关系是委托和被委托的关系。这种关系通过以下两个文件予以明确:一是在建设单位与承包单位签订的合同文件中,详细规定了被委托的监理工程师的权利和职责;另一个文件是建设单位与监理单位签订的监理合同及在监理服务协议中对监理工程师的权利也予以明确。

(2)在监理协议中明确监理工程师的权利应与工程承包合同中所赋予监理工程师的权利保持一致。

(3)建设单位有权向监理单位提出更换不称职的监理人员或解除监理合同。

(4)建设单位不能认为监理工程师是其所委托的雇员而去干预监理工程。

(二)监理与承包单位的关系

(1)监理与承包单位的关系在建设单位与承包单位签订的合同条件中可以明确地体现出来。按照合同规定,监理工程师与承包单位之间是监理和被监理的关系。

(2)在涉及或关系到工程的任何事项上,无论这些事项在合同中写明与否,承包单位都要严格遵守和执行监理工程师的指示,并且承包单位也只能从监理工程师处取得指示。

(3)承包单位完成的任何工作都必须达到监理工程师的要求,承包单位必须接受监理工程师的监督和管理。

(4)监理工程师对承包单位的任何监督和管理都必须遵守法律(包括合同文件)规定和符合实际情况。如果承包单位认为监理工程师的决定不能接受,其有权提出仲裁,通过法律手段进行解决。

(三)建设单位与承包单位的关系

(1)建设单位与承包单位实质上是经济合同关系。

(2)承包单位按照合同条件的规定,对合同范围内的工程进行设计、施工直至竣工,并修补其任何缺陷;建设单位也要按照合同文件履行自己的职责。

(3)应当指出的是:在施工过程中,如建设单位已委托监理单位进行监理,建设单位就不能对承包单位的建设活动进行不合理干预。

(4)监理工程师有权拒绝建设单位直接指挥承包单位和承包单位接受建设单位指挥的行为。这种行为干预了监理工程师对合同条件的执行。

四、违反建设工程监理法的法律责任

(一)工程监理单位在监理过程中弄虚作假应负的法律责任

工程监理单位在监理过程中不能公正执行监理业务,与建设单位恶意串通,弄虚作假,通常是损害国家利益或公众利益以及施工单位的利益;如果与施工单位恶意串通,弄虚作假,降低工程质量,通常是损害建设单位利益。这两种情况有时是同时并存,有时是单独存在。工程监理单位违反强制性标准规定,将不合格的建设工程、建筑材料、建筑构配件和设备按照合格签字,根据《建设工程质量管理条例》规定,对工程监理单位上述违规行为的处罚是:

(1) 责令改正,视情节处 50 万元以上 100 万元以下的罚款。

(2) 降低资质等级,或者吊销资质证书,被吊销资质证书后,工商行政主管部门应当吊销其营业执照。

(3) 有违法所得的,予以没收。

(4) 上述违法行为给建设单位、施工单位或其他方面造成损失的,监理单位应依法承担连带赔偿责任;要求赔偿时,可以直接向监理方提出,也可以向其他责任方提出。监理单位履行了赔偿义务后,可根据约定向有关单位追偿。

(二) 监理单位与被监理单位有隶属关系或其他利害关系应负的法律责任

《建设工程质量管理条例》第三十五条规定,工程监理单位与被监理工程的施工承包单位以及建筑材料、建筑构配件和设备供应单位有隶属关系或者其他利害关系的,不得承担该项建设工程的监理业务。监理单位若违反上述规定,根据《建设工程质量管理条例》的规定,则要承担下列法律责任:

(1) 责令改正,视情节处 5 万元以上 10 万元以下的罚款。

(2) 降低资质等级,或者吊销资质证书;被吊销资质证书后,工商行政主管部门应当吊销其营业执照。

(3) 有违法所得的,予以没收。

应用案例 4

> 某工程施工总承包单位依据施工合同约定,与甲安装单位签订了安装分包合同。基础工程完成后,由于项目用途发生变化,建设单位要求设计单位编制设计变更文件,并授权项目监理机构就设计变更引起的有关问题与总承包单位进行协商。项目监理机构在收到经相关部门重新审查批准的设计变更文件后,经研究对其今后工作安排如下:
>
> (1)由总监理工程师负责与总承包单位进行质量、费用和工期等问题的协商工作;
>
> (2)要求总承包单位调整施工组织设计,并报建设单位同意后实施;
>
> (3)由总监理工程师代表主持修订监理规划;
>
> (4)由负责合同管理的专业监理工程师全权处理合同争议;
>
> (5)安排一名监理员主持整理工程监理资料。
>
> 在协商变更单价过程中,项目监理机构未能与总承包单位达成一致意见,总监理工程师决定以双方提出的变更单价的均值作为最终的结算单价。

项目监理机构认为甲安装分包单位不能胜任变更后的安装工程,要求更换安装分包单位。总承包单位认为项目监理机构无权提出该要求,但仍表示愿意接受,随即提出由乙安装单位分包。

甲安装单位依据原定的安装分包合同已采购的材料,因设计变更需要退货,向项目监理机构提出了申请,要求补偿因材料退货造成的费用损失。

问题:

(1)逐项指出项目监理机构对其今后工作的安排是否妥当,不妥之处写出正确做法。

(2)指出在协商变更单价过程中项目监理机构做法的不妥之处,并按《建设工程监理规范》写出正确做法。

(3)总承包单位认为项目监理机构无权提出更换甲安装分包单位的意见是否正确?为什么?写出项目监理机构对乙安装单位分包资格的审批程序。

(4)指出甲安装单位要求补偿材料退货造成费用损失申请程序的不妥之处,并写出正确做法。该费用损失应由谁承担?

案例分析

应用案例5

某监理单位承担了某工程的施工阶段监理任务,该工程由甲施工单位总承包。甲施工单位选择了经建设单位同意并经监理单位进行资质审查合格的乙施工单位作为分包。施工过程中发生了以下事件:

事件A:专业监理工程师在熟悉图纸时发现,基础工程部分设计内容不符合国家有关工程质量标准和规范。总监理工程师随即致函设计单位要求改正并提出更改建议方案。设计单位研究后,口头同意了总监理工程师的更改方案,总监理工程师随即将更改的内容写成监理指令通知甲施工单位执行。

事件B:施工过程中,专业监理工程师发现乙施工单位施工的分包工程部分存在质量隐患,为此,总监理工程师同时向甲、乙两施工单位发出了整改通知。甲施工单位回函称:乙施工单位施工的工程是经建设单位同意进行分包的,所以本单位不承担该部分工程的质量责任。

事件C:专业监理工程师在巡视时发现,甲施工单位在施工中使用未经报验的建筑材料,若继续施工,该部位将被隐蔽,因此,立即向甲施工单位下达了暂停施工的指令(因甲施工单位的工作对乙施工单位有影响,乙施工单位也被迫停工),同时,指示甲施工单位将该材料进行检验,并报告了总监理工程师。总监理工程师对该工序停工予以确认,并在合同约定的时间内报建设单位。检验报告出来后,证实材料合格,可以使用,总监理工程师随即指令施工单位恢复了正常施工。

事件D:乙施工单位就上述停工自身遭受的损失向甲施工单位提出补偿要求,而甲施工单位认为,此次停工是执行监理工程师的指令,乙施工单位应向建设单位提出索赔。

事件E:对上述施工单位的索赔建设单位认为,本次停工是监理工程师失职造成,且事先未征得建设单位同意。因此,建设单位不承担任何责任,因停工造成施工单位的损失应由监理单位承担。

问题:

(1)请指出总监理工程师上述行为的不妥之处并说明理由。总监理工程师应如何正确处理?

(2)甲施工单位的答复是否妥当?为什么?总监理工程师签发的整改通知是否妥当?为什么?

(3)专业监理工程师是否有权签发本次暂停令?为什么?下达工程暂停令的程序有无不妥之处?请说明理由。

(4)甲施工单位的说法是否正确?为什么?乙施工单位的损失应由谁承担?

(5)建设单位的说法是否正确?为什么?

案例分析

应用案例 6

某市保险公司建设一栋业务大楼,与甲建筑企业签订建筑施工合同后,与乙监理企业签订建设工程监理合同。但是在乙监理企业意欲从事监理活动时,某市保险公司并未向监理及时提交建设工程的有关图纸以及进行监理工作所必需的各种材料及资金,也并未将监理企业的情形以及监理内容及时通知施工企业,致使乙监理企业未能及时完成监理工作,因而产生争端。法院最后判定某市保险公司未能履行合同义务,承担违约责任。

问题:监理方对上述事件是否承担责任?

案例分析

本章小结

本章主要介绍了有关建设工程勘察设计标准的概念、制定与实施;设计文件编制的要求,勘察设计文件的审批,勘察设计的监督与管理等内容;违反勘察设计法规的法律责任;建设工程监理的基本法律规定;建设工程监理工作的程序和内容;建设工程监理各方关系。

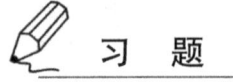
习 题

一、简答题

1. 简述工程设计的原则和依据。
2. 工程设计分几个阶段进行? 其内容和深度都有哪些要求?
3. 设计文件的修改有哪些规定?
4. 施工图设计审查的范围和内容有哪些?
5. 简述施工图审查各方的责任。
6. 《建设工程勘察设计管理条例》对建设单位、勘察设计单位、勘察设计执业人员及国家管理机关工作人员的违约责任是如何规定的?
7. 简述建设工程强制监理的范围。
8. 试述施工阶段监理的主要工作内容。
9. 简述建设工程监理各方关系。

二、案例分析题

某工程项目监理公司承担施工阶段监理,该工程项目已交工并已投产半年。在承包商保修时间内,监理方的服务已经结束,但由于结算没有最后审定,监理费的尾款业主也没有支付。在这种情况下,发生了以下问题:

(1)该项目一间车间在使用循环水的过程中,一个 DN300 的阀门爆裂,铸铁盖破碎后坠落,险些伤人,业主方作为重大事故处理,召开现场会谴责承包商,并要求设计、施工、监理、用户各自申述自己的观点,找出阀门破裂的原因。

(2)该项目一间车间在晚上工人下班后突然发水,积水 10 cm 左右,给办公用品造成损失,有些设备也被水浸泡,但没有造成损失,只是停产 4 小时清理积水。经查是消防水箱处一个活接头(共 160 多个接头)未拧紧脱丝所致。业主向承包商提出索赔。

(3)在审查结算时,承包商对一台小天车的报价请监理方进行了确认。按合同规定设备订货价格以承包商与供应商签订的合同为凭证,该天车订货合同价为 95000元/台,生产厂家是业主及设计指定的,监理方没有再进行询价工作就确认了合同价。

在工程结算过程中,业主方预算审定部门对天车价表示怀疑,经业主方询价同型号同厂天车为25000元/台,经了解证实,该天车订货合同是个假合同。

问题:作为监理方对上述事件是否承担部分责任?监理方应该如何处理以上事件?

习题答案

第八章 建设工程安全生产管理法规

教学目标

本章主要讲述建设工程安全生产管理过程中的有关法律制度和管理条件,通过本章学习,应达到以下目标:
(1)了解建设工程安全生产管理的基本规定;
(2)熟悉和掌握安全生产管理的各项制度;
(3)掌握工程建设安全生产管理的基本方针;
(4)熟悉相关主体的安全责任及从业人员的权利义务;
(5)掌握工程建设安全事故的调查处理及责任追究。

教学要求

知识要点	能力要求	相关知识
建设工程安全生产管理基础知识	(1)了解安全生产立法概况 (2)掌握安全生产管理的方针	安全生产管理的方针解读
建设工程安全生产许可证制度	(1)了解建筑施工企业安全生产许可制度 (2)熟悉安全许可证的条件与管理	建设工程安全生产许可证制度
建设工程安全生产责任制度	掌握建设单位、施工单位、监理单位、勘察设计单位及其他相关单位的安全责任	(1)施工单位法律责任 (2)建设、勘察设计、监理单位法律责任 (3)其他相关单位法律责任
建设工程安全生产教育培训制度	熟悉安全生产教育培训的对象和主要内容	建设工程安全生产教育培训制度
建设工程安全生产劳动保护制度	(1)掌握从业人员的权利 (2)熟悉工会对从业人员生产安全权利的保护、生产经营单位的劳动保护职责	建设工程安全生产劳动保护制度
生产安全事故的应急救援和调查处理制度	(1)熟悉应急救援预案 (2)掌握生产安全事故等级 (3)熟悉安全事故报告、安全事故的调查处理	(1)安全事故等级划分 (2)安全事故报告 (3)安全事故调查处理程序

基本概念

建设工程安全生产管理、安全生产管理的方针、安全生产责任制度

※引例

> 某建设工程公司效益不好,公司领导决定进行改革,减负增效。经研究后决定将公司安全部撤销,安全管理人员8人中,4人下岗,4人转岗,原安全部承担的工作转由工会中的两人负责。由于公司领导撤销安全部门,整个公司的安全工作仅仅由两名负责工会工作的人兼任,致使该公司上下对安全生产工作普遍不重视,安全生产管理混乱,发生了人员伤亡事故。
>
> 请思考:该公司领导的做法是否合法?

案例分析

第一节 建设工程安全生产管理概述

一、建设工程安全生产管理概念

建设工程安全生产管理是指建设行政主管部门、建筑安全监督管理机构、建筑施工企业及有关单位对建筑生产过程中的安全工作,进行计划、组织、指挥、控制和监督等一系列的管理活动。它包括建筑生产过程中的施工现场人身安全、财产设备安全,施工现场及附近的道路、管线和房屋的安全,施工现场和周围的环境保护及工程建成后的使用安全等方面的内容。

二、我国建设工程安全生产立法概况

关于安全生产方面的立法,最基本的法律首先是全国人民代表大会常务委员会颁布的《中华人民共和国安全生产法》(以下简称《安全生产法》);其次是国务院颁布的《建设工程安全生产管理条例》《安全生产许可证条例》《生产安全事故报告和调查处理条例》;此外,还有建设部门及相关部委颁布的部门规章和规范性文件,如《建筑施工企业安全生产许可证管理规定》《建筑施工特种作业人员管理规定》《建筑施工企业安全生产管理机构设置及专职安全生产管理人员配备办法》《建筑施工企业安全生产许可证动态

监管暂行办法》《生产安全事故应急预案管理办法》《建筑施工企业负责人及项目负责人施工现场带班暂行办法》《生产经营单位瞒报谎报事故行为查处办法》《企业安全生产费用提取和使用管理办法》《房屋市政工程生产安全事故报告和查处工作规程》等。

三、建设工程安全生产管理方针

《安全生产法》第三条规定，安全生产工作应当坚持中国共产党的领导。安全生产工作应当以人为本，坚持人民至上、生命至上，把保护人民生命安全摆在首位，树牢安全发展理念，坚持安全第一、预防为主、综合治理的方针，从源头上防范化解重大安全风险。安全生产工作实行管行业必须管安全、管业务必须管安全、管生产经营必须管安全，强化和落实生产经营单位主体责任与政府监管责任，建立生产经营单位负责、职工参与、政府监管、行业自律和社会监督的机制。

第二节 建设工程安全生产许可制度

根据《安全生产许可证条例》第二条规定，国家对矿山企业、建筑施工企业和危险化学品、烟花爆竹、民用爆破器材生产企业实行安全生产许可制度。企业未取得安全生产许可证的，不得从事生产活动。

一、安全生产许可证的管理机关

国务院住房城乡建设主管部门负责对全国建筑施工企业安全生产许可证的颁发和管理工作进行监督指导。省、自治区、直辖市人民政府住房城乡建设主管部门负责本行政区域内建筑施工企业安全生产许可证的颁发和管理工作。市、县人民政府住房城乡建设主管部门负责本行政区域内建筑施工企业安全生产许可证的监督管理，并将监督检查中发现的企业违法行为及时报告安全生产许可证颁发管理机关。

二、安全生产许可证的取得条件

建筑施工企业取得安全生产许可证，应当具备下列安全生产条件：
(1) 建立、健全安全生产责任制，制定完备的安全生产规章制度和操作规程；
(2) 保证本单位安全生产条件所需资金的投入；
(3) 设置安全生产管理机构，按照国家有关规定配备专职安全生产管理人员；
(4) 主要负责人、项目负责人、专职安全生产管理人员经建设主管部门或者其他有关部门考核合格；

(5) 特种作业人员经有关业务主管部门考核合格,取得特种作业操作资格证书;

(6) 管理人员和作业人员每年至少进行一次安全生产教育培训并考核合格;

(7) 依法参加工伤保险,依法为施工现场从事危险作业的人员办理意外伤害保险,为从业人员交纳保险费;

(8) 施工现场的办公、生活区及作业场所和安全防护用具、机械设备、施工机具及配件符合有关安全生产法律、法规、标准和规程的要求;

(9) 有职业危害防治措施,并为作业人员配备符合国家标准或者行业标准的安全防护用具和安全防护服装;

(10) 有对危险性较大的分部分项工程及施工现场易发生重大事故的部位、环节的预防、监控措施和应急预案;

(11) 有生产安全事故应急救援预案、应急救援组织或者应急救援人员,配备必要的应急救援器材、设备;

(12) 法律、法规规定的其他条件。

三、安全生产许可证的申请与颁发

建筑施工企业从事建筑施工活动前,应当依照规定向企业注册所在地省、自治区直辖市人民政府住房城乡建设主管部门申请领取安全生产许可证。

建筑施工企业申请安全生产许可证时,应当向建设主管部门提供下列材料:

(1) 建筑施工企业安全生产许可证申请表;

(2) 企业法人营业执照;

(3) 与申请安全生产许可证应当具备的安全生产条件相关的文件、材料。

建筑施工企业申请安全生产许可证,应当对申请材料实质内容的真实性负责,不得隐瞒有关情况或者提供虚假材料。

建设主管部门应当自受理建筑施工企业的申请之日起 45 日内审查完毕;经审查符合安全生产条件的,颁发安全生产许可证;不符合安全生产条件的,不予颁发安全生产许可证,书面通知企业并说明理由。企业自接到通知之日起应当进行整改,整改合格后方可再次提出申请。

四、安全生产许可证的有效期

安全生产许可证的有效期为 3 年。安全生产许可证有效期满需要延期的,企业应当于期满前 3 个月向原安全生产许可证颁发管理机关办理延期手续。企业在安全生产许可证有效期内,严格遵守有关安全生产的法律法规,未发生死亡事故的,安全生产许可证有效期届满时,经原安全生产许可证颁发管理机关同意,不再审查,安全生产许可证有效期延期 3 年。

五、安全许可证的变更、注销及补办

建筑施工企业变更名称、地址、法定代表人等,应当在变更后 10 日内,到原安全生产许可证颁发管理机关办理安全生产许可证变更手续;建筑施工企业破产、倒闭、撤销的,应当将安全生产许可证交回原安全生产许可证颁发管理机关予以注销;建筑施工企业遗失安全生产许可证,应当立即向原安全生产许可证颁发管理机关报告,并在公众媒体上声明作废后,方可申请补办。

六、安全生产许可证的管理

根据《安全生产许可证条例》和《建筑施工企业安全生产许可证管理规定》,建筑施工企业应当遵守如下强制性规定。

(1)未取得安全生产许可证的,不得从事建筑施工活动。县级以上人民政府建设主管部门应当加强对建筑施工企业安全生产许可证的监督管理。建设主管部门在审核发放施工许可证时,应当对已经确定的建筑施工企业是否有安全生产许可证进行审查,对没有取得安全生产许可证的,不得颁发施工许可证。

(2)建筑施工企业不得转让、冒用安全生产许可证或者使用伪造的安全生产许可证。

(3)建筑施工企业取得安全生产许可证后,不得降低安全生产条件,并应当加强日常安全生产管理。接受建设主管部门的监督检查。安全生产许可证颁发管理机关发现企业不再具备安全生产条件的,应当暂扣或者吊销安全生产许可证。

第三节　建设工程安全生产责任制度

为了保障建筑生产的安全,参与工程建设活动的各方主体都应当承担相应的安全生产责任。

一、建设单位的安全责任

(一)向施工单位提供资料的责任

《建筑法》第四十条规定,建设单位应当向建筑施工企业提供与施工现场相关的地下管线资料,建筑施工企业应当采取措施加以保护。《建设工程安全生产管理条例》第六条规定,建设单位应当向施工单位提供施工现场及毗邻区域内供水、排水、供电、供气、供热、通信、广播电视等地下管线资料,气象和水文观测资料,相邻建筑物和构筑物、地下工程的有关资料,并保证资料的真实、准确、完整。

(二) 依法履行合同的责任

《建设工程安全生产管理条例》第七条规定,建设单位不得对勘察、设计、施工、工程监理等单位提出不符合建设工程安全生产法律、法规和强制性标准规定的要求,不得压缩合同约定的工期。建设单位更不能为了早日发挥项目的效益,迫使承包单位大量增加人力、物力投入,简化施工程序,盲目赶工期,这样会诱发很多施工安全事故和工程结构安全隐患,不仅损害了承包单位的利益,也损害了建设单位的根本利益,具有很大的危害性。

(三) 提供安全生产费用的责任

《建设工程安全生产管理条例》第八条规定,建设单位在编制工程概算时,应当确定建设工程安全作业环境及安全施工措施所需费用。

(四) 不得推销劣质材料设备的责任

《建设工程安全生产管理条例》第九条规定,建设单位不得明示或者暗示施工单位购买、租赁、使用不符合安全施工要求的安全防护用具、机械设备、施工机具及配件、消防设施和器材。

(五) 提供安全施工措施资料的责任

《建设工程安全生产管理条例》第十条规定,建设单位在申请领取施工许可证时,应当提供建设工程有关安全施工措施的资料。依法批准开工报告的建设工程,建设单位应当自开工报告批准之日起15日内,将保证安全施工的措施报送建设工程所在地的县级以上地方人民政府建设行政主管部门或者其他有关部门备案。

(六) 对拆除工程依法发包并进行备案的责任

《建设工程安全生产管理条例》第十一条规定,建设单位应当将拆除工程发包给具有相应资质等级的施工单位。建设单位应当在拆除工程施工15日前,将下列资料报送建设工程所在地的县级以上地方人民政府建设行政主管部门或者其他有关部门备案:

(1) 施工单位资质等级证明;
(2) 拟拆除建筑物、构筑物及可能危及毗邻建筑的说明;
(3) 拆除施工组织方案;
(4) 堆放、清除废弃物的措施。

实施爆破作业的,应当遵守国家有关民用爆炸物品管理的规定。

(七) 办理特殊作业申请批准手续的责任

《建筑法》第四十二条规定,有下列情形之一的,建设单位应当按照国家有关规定办理申请批准手续:

(1) 需要临时占用规划批准范围以外场地的;
(2) 可能损坏道路、管线、电力、邮电通讯等公共设施的;

(3) 需要临时停水、停电、中断道路交通的;
(4) 需要进行爆破作业的;
(5) 法律、法规规定需要办理报批手续的其他情形。

二、施工单位的安全责任

(一) 施工单位应具备安全生产条件

《安全生产法》规定,生产经营单位应当具备本法和有关法律、行政法规和国家标准或者行业标准规定的安全生产条件;不具备安全生产条件的,不得从事生产经营活动。

《建设工程安全生产管理条例》第二十条规定,施工单位从事建设工程的新建、扩建、改建和拆除等活动,应当具备国家规定的注册资本、专业技术人员、技术装备和安全生产等条件,依法取得相应等级的资质证书,并在其资质等级许可的范围内承揽工程。

(二) 施工单位安全生产责任制度

《安全生产法》第二十二条规定,生产经营单位的全员安全生产责任制应当明确各岗位的责任人员、责任范围和考核标准等内容。生产经营单位应当建立相应的机制,加强对全员安全生产责任制落实情况的监督考核,保证全员安全生产责任制的落实。

1. 施工单位主要负责人的安全生产责任

《建筑法》第四十四条规定,建筑施工企业的法定代表人对本企业的安全生产负责。《建设工程安全生产管理条例》第二十一条规定,施工单位主要负责人依法对本单位的安全生产作全面负责。

《建设工程安全生产管理条例》第二十一条也明确规定了施工单位主要负责人的职责:建立健全安全生产责任制度和安全生产教育培训制度,制定安全生产规章制度和操作规程,保证本单位安全生产条件所需资金的投入,对所承担的建设工程进行定期和专项安全检查,并做好安全检查记录。

2. 施工单位项目负责人的安全生产责任

《建设工程安全生产管理条例》第二十一条规定,施工单位的项目负责人应当由取得相应执业资格的人员担任,对建设工程项目的安全施工负责,落实安全生产责任制度、安全生产规章制度和操作规程,确保安全生产费用的有效使用,并根据工程的特点组织制定安全施工措施,消除安全事故隐患,及时、如实报告生产安全事故。

项目负责人在项目施工活动中占有举足轻重的地位,代表施工企业法人代表,对项目组织实施中劳动力的调配、资金的使用、建筑材料的购进等行使决策权。因此,施工单位项目负责人应当对建设工程项目施工的安全生产负全面责任,是本项目安全生产的第一责任人。

3. 施工单位安全生产管理人员的安全生产责任

《建设工程安全生产管理条例》第二十三条规定,施工单位应当设立安全生产管理机构,配备专职安全生产管理人员。专职安全生产管理人员负责对安全生产进行现场监督检查。发现安全事故隐患,应当及时向项目负责人和安全生产管理机构报告;对违章指挥、违章操作的,应当立即制止。

(三) 总承包单位与分包单位的安全责任

建设工程实行施工总承包的,由总承包单位对施工现场的安全生产负总责。总承包单位应当自行完成建设工程主体结构的施工。总承包单位依法将建设工程分包给其他单位的,分包合同中应当明确各自的安全生产方面的权利和义务。总承包单位和分包单位对分包工程的安全生产承担连带责任。分包单位应当服从总承包单位的安全生产管理,分包单位不服从管理导致生产安全事故的,由分包单位承担主要责任。

(四) 施工现场安全保障措施

1. 编制安全技术措施及专项施工方案

建筑施工企业在编制施工组织设计时,应当根据建设工程的特点制定相应的安全技术措施;对专业性较强的工程项目,应当编制专项安全施工组织设计,并采取安全技术措施。

施工单位应当在施工组织设计中编制安全技术措施和施工现场临时用电方案,对下列达到一定规模的危险性较大的分部分项工程编制专项施工方案,并附安全验算结果,经施工单位技术负责人、总监理工程师签字后实施,由专职安全生产管理人员进行现场监督。(1)基坑支护与降水工程;(2)土方开挖工程;(3)模板工程;(4)起重吊装工程;(5)脚手架工程;(6)拆除、爆破工程;(7)国务院建设行政主管部门或者其他有关部门规定的其他危险性较大的工程。

对上述工程中涉及深基坑、地下暗挖工程、高大模板工程的专项施工方案,施工单位还应当组织专家进行论证、审查。

2. 安全施工技术交底

在建设工程施工前,施工单位负责项目管理的技术人员应当对有关安全施工的技术要求向施工作业班组、作业人员作出详细说明,并由双方签字确认。

3. 施工现场安全警示标志的设置

施工单位应当在施工现场入口处、施工起重机械、临时用电设施、脚手架、出入通道口、楼梯口、电梯井口、孔洞口、桥梁口、隧道口、基坑边沿、爆破物及有害危险气体和液体存放处等危险部位,设置明显的安全警示标志。安全警示标志必须符合国家标准。

4. 施工现场的安全防护

施工单位应当根据不同施工阶段和周围环境及季节、气候的变化,在施工现场采取相应的安全施工措施。施工现场暂时停止施工的,施工单位应当做好现场防护,所需费用由责任方承担,或者按照合同约定执行。

三、工程监理单位的安全责任

(一) 安全技术措施及专项施工方案审查义务

工程监理单位应当审查施工组织设计中的安全技术措施或者专项施工方案是否符

合工程建设强制性标准。

（二）安全生产事故隐患报告义务

工程监理单位在实施监理过程中，发现存在安全事故隐患的，应当要求施工单位整改；情况严重的，应当要求施工单位暂时停止施工，并及时报告建设单位。施工单位拒不整改或者不停止施工的，工程监理单位应当及时向有关主管部门报告。

（三）应当承担监理责任

工程监理单位和监理工程师应当按照法律、法规和工程建设强制性标准实施监理，并对建设工程安全生产承担监理责任。

四、勘察设计单位的安全责任

（一）勘察单位的安全责任

勘察单位的安全责任包括以下内容：

（1）勘察单位应当按照法律、法规和工程建设强制性标准进行勘察，提供的勘察文件应当真实、准确，且满足建设工程安全生产的需要；

（2）勘察单位在勘察作业时，应当严格按照操作规程，采取措施保证各类管线、设施和周边建筑物、构筑物的安全。

（二）设计单位的安全责任

设计单位的安全责任包括以下内容：

（1）设计单位应当按照法律、法规和工程建设强制性标准进行设计，防止因设计不合理导致安全生产事故的发生；

（2）设计单位应当考虑施工安全操作和防护的需要，对涉及施工安全的重点部位和环节在设计文件中注明，并对防范安全生产事故提出指导意见；

（3）采用新结构、新材料、新工艺的建设工程和特殊结构的建设工程，设计单位应当在设计中提出保障施工作业人员安全和预防生产安全事故的措施建议；

（4）设计单位和注册建筑师等注册执业人员应当对其设计负责。

五、其他相关单位的安全责任

（一）机械设备和配件供应单位的安全责任

为建设工程提供机械设备和配件的单位，应当按照安全施工的要求配备齐全有效的保险、限位等安全设施和装置。

（二）机械设备、施工机具和配件出租单位的安全责任

出租的机械设备和施工工具及配件，应当具有生产（制造）许可证，产品合格证。出租单位应当对出租的机械设备和施工工具及配件的安全性能进行检测，在签订租赁协议时，应当出具检测合格证明。禁止出租检测不合格的机械设备和施工工具及配件。

(三) 施工起重机械和自升式架设设施的安全管理

1. 安装与拆卸

施工起重机械和自升式架设设施等的安装、拆卸属于特殊专业安装,具有高度危险性,容易造成重大伤亡事故,和施工安全具有密切关系。因此,有必要将其纳入到资质管理。

在施工现场安装、拆卸施工起重机械和整体提升脚手架、模板等自升式架设设施,必须由具有相应资质的单位承担。《建筑业企业资质等级标准》则分别规定了起重设备安装工程专业承包资质(分为3个等级)和整体提升脚手架专业承包资质。

安装、拆卸施工起重机械和整体提升脚手架、模板等自升式架设设施,应当编制拆装方案并制定安全施工措施,由专业技术人员现场监督。施工起重机械和整体提升脚手架模板等自升式架设设施安装完毕后,安装单位应当自检,出具自检合格证明,并向施工单位进行安全使用说明,办理验收手续并签字。

2. 检验检测

(1) 强制检测。施工起重机械和整体提升脚手架、模板等自升式架设设施的使用达到国家规定的检验检测期限的,必须经具有专业资质的检验检测机构检测。经检测不合格的,不得继续使用。

施工起重机械和自升式架设设施在使用过程中,应当按照规定进行定期检测,并及时进行全面检修保养。对于达到国家规定的检验检测期限的,必须经具有专业资质的检验检测机构检测。根据国务院《特种设备安全监察条例》的规定,从事施工起重机械定期检验、监督检验的检验检测机构,应当经国务院特种设备安全监督部门核准,取得核准后方可从事检验检测活动。检验检测机构必须具备与所从事的检验检测工作相适应的检验检测人员、检验检测仪器和设备,有健全的检验检测管理制度和检验检测责任制度。同时,检验检测机构进行检测工作应当符合安全技术规范的要求,经检测不合格的,不得继续使用。

(2) 检验检测机构的安全责任。检验检测机构对检测合格的施工起重机械和整体提升脚手架、模板等自升式架设设施,应当出具安全合格证明文件,并对检测结果负责。

根据国务院《特种设备安全监察条例》的规定,检验检测机构和检验检测人员进行特种设备检验检测,应当遵循诚信原则和方便企业的原则,为施工单位提供可靠、便捷的检验检测服务。检验检测机构和检验检测人员应当客观、公正、及时地出具检验检测结果和鉴定结论。检测合格的,应当出具安全合格证明文件。检验检测结果、鉴定结论经检验检测人员签字后,由检验检测机构负责人签署。设备检验检测机构和检验检测人员对检验检测结果、鉴定结论负责。

设备检验检测机构进行设备检验检测时发现严重事故隐患,应当及时告知施工单位,并立即向特种设备安全监督管理部门报告。

第四节 建设工程安全生产教育培训制度

安全生产教育培训工作是建筑施工企业实现安全生产的一项基础性工作。安全生产教育培训制度是安全管理的一项重要的内容,是保证安全生产的重要手段。

《安全生产法》要求,生产经营单位应当对从业人员进行安全生产教育和培训,保证从业人员具备必要的安全生产知识,熟悉有关的安全生产规章制度和安全操作规程,掌握本岗位的安全操作技能,了解事故应急处理措施,知悉自身在安全生产方面的权利和义务。未经安全生产教育和培训合格的从业人员,不得上岗作业。

生产经营单位应当建立安全生产教育和培训档案,如实记录安全生产教育和培训的时间、内容、参加人员以及考核结果等情况。

(一)施工单位三类管理人员的考核

《建设工程安全生产管理条例》规定,施工单位的主要负责人、项目负责人、专职安全生产管理人员应当经建设行政主管部门或者其他有关部门考核合格后方可任职。施工单位的主要负责人要对本单位的安全生产工作全面负责,项目负责人要对所负责的建设工程项目的安全生产工作全面负责,安全生产管理人员更是直接具体承担本单位的日常安全生产管理工作。因此,这三类人员必须经安全生产知识和管理能力考核合格后的方可任职。

(二)每年至少进行一次全员安全生产教育培训

《建设工程安全生产管理条例》规定,施工单位应当对管理人员和作业人员每年至少进行一次安全生产教育培训,其教育培训情况记入个人工作档案。安全生产教育培训考核不合格的人员,不得上岗。

(三)进入新的岗位或者新的施工现场前的安全生产教育培训

《建设工程安全生产管理条例》规定,作业人员进入新的岗位或者新的施工现场前,应当接受安全生产教育培训。未经教育培训或者教育培训考核不合格的人员,不得上岗作业。

进入新岗位、新工地的作业人员往往是安全生产的薄弱环节,对他们要进行专门的教育培训,教育内容包括安全生产重要意义、安全规章制度、安全技术知识、设备性能、操作规程、注意事项以及发生事故时的应急处理等。

(四)采用新技术、新工艺、新设备、新材料前的安全生产教育培训

《建设工程安全生产管理条例》规定,施工单位在采用新技术、新工艺、新设备、新材料时,应当对作业人员进行相应的安全生产教育培训。采用新工艺、新技术、新材料、新设备时,如对其原理、操作规程、存在的危险因素、防范措施及正确处理方法没有清楚的

了解，极易发生安全生产事故，且一旦事故发生也不能有效控制而导致损失扩大。

（五）特种作业人员的安全培训考核

《建设工程安全生产管理条例》规定，垂直运输机械作业人员、安装拆卸工、爆破作业人员、起重信号工、登高架设作业人员等特种作业人员，必须按照国家有关规定经过专门的安全作业培训，并取得特种作业操作资格证书后，方可上岗作业。

第五节　建筑安全生产劳动保护制度

一、从业人员的权利

从业人员往往直接面对生产经营活动中的不安全因素，生命健康安全最易受到威胁，而生产经营单位从追求利润最大化的立场出发，往往容易忽略甚至故意减少对从业人员人身安全的保障。为使从业人员人身安全得到切实保护，法律特别赋予从业人员自我保护的权利。

（一）签订合法劳动合同权

生产经营单位与从业人员订立的劳动合同，应当载明有关保障从业人员劳动安全、防止职业危害的事项，以及依法为从业人员办理工伤社会保险的事项。生产经营单位不得以任何形式与从业人员订立免除或减轻其对从业人员因生产安全事故伤亡依法应承担责任的协议。

（二）知情权

生产经营单位的从业人员有权了解其作业场所和工作岗位存在的危险因素、防范措施及事故应急措施，生产经营单位应主动告知有关实情。

（三）建议、批评、检举、控告权

安全生产与从业人员的生命安全与健康息息相关，因此从业人员有权参与本单位生产安全方面的民主管理与民主监督。对本单位的安全生产工作提出意见和建议，对本单位安全生产中存在的问题提出批评、检举和控告。生产经营单位不得因此而降低其工资、福利待遇或解除与其订立的劳动合同。

（四）对违章指挥、强令冒险作业的拒绝权

对于生产经营单位的负责人，生产管理人员和工程技术人员违反规章制度，不顾从业人员的生命安全与健康，指挥从业人员进行生产活动的行为，以及在存有危及人身安全的危险因素而又无相应安全保护措施的情况下，强迫命令从业人员冒险进行作业的行为，从业人员都依法享有拒绝服从指挥和命令的权利。生产经营单位不得因此而采

取降低工资福利待遇、解除劳动合同等惩罚、报复手段。

（五）停止作业及紧急撤离权

从业人员发现直接危及人身安全的紧急情况时，有权停止作业或在采取可能的应急措施后撤离作业场所。生产经营单位不得因此而降低其工资、福利待遇或解除其劳动合同。

（六）依法获得救治及赔偿权

《安全生产法》规定，生产经营单位发生生产安全事故后，应当及时采取措施救治有关人员。因生产安全事故受到损害的从业人员，除依法享有工伤保险外，依照有关民事法律尚有获得赔偿的权利，还有权向本单位提出赔偿要求，生产经营单位应依法予以赔偿。

二、工会对从业人员生产安全权利的保护

工会是职工依法组成的工人阶级的群众组织，《中华人民共和国工会法》规定，维护职工合法权益是工会的基本职责。《安全生产法》从安全生产的角度进一步明确了工会维护职工生命健康与安全的相关权利。

三、生产经营单位在劳动保护方面的职责

（一）提供劳动保护用品

生产经营单位必须为从业人员提供符合国家标准或者行业标准的劳动防护用品，并监督、教育从业人员按照使用规则佩戴、使用。

（二）书面告知危险岗位的操作规程和违章操作的危害

生产经营单位应当教育和督促从业人员严格执行本单位的安全生产规章制度和安全操作规程，并向从业人员如实告知作业场所和工作岗位存在的危险因素、防范措施以及事故应急措施。生产经营单位应当关注从业人员的身体、心理状况和行为习惯，加强对从业人员的心理疏导、精神慰藉，严格落实岗位安全生产责任，防范从业人员行为异常导致事故发生。

（三）参加保险

1. 社会保险

我国目前已建立起的社会保险包括养老保险、医疗保险、失业保险、生育保险及工伤保险等，其中工伤保险是指职工在劳动过程中因生产安全事故或患职业病，暂时或永久丧失劳动能力时，在医疗和生活上获得物质帮助的社会保险制度。《工伤保险条例》明确规定，我国境内的各类企业、有雇工的个体工商户应当参加工伤保险，为本单位全部职工或者雇工缴纳工伤保险费。《安全生产法》规定，生产经营单位必须依法参加工

伤保险,为从业人员缴纳保险费。

2. 建筑意外伤害保险

建筑意外伤害保险是保护建筑业从业人员合法权益,转移企业事故风险,增强企业预防和控制事故能力,促进企业安全生产的重要手段。

3. 安全生产责任保险

《安全生产法》第五十一条提出,国家鼓励生产经营单位投保安全生产责任保险。

(四) 加强对女职工和未成年工的特殊保护

生产经营单位应根据女职工的不同生理特点和未成年工的身体发育情况,进行特殊保护。

第六节 生产安全事故的应急救援和调查处理

建筑业属于事故多发的行业之一。由于建设工程中生产安全事故的发生不可能完全杜绝在加强施工安全监督管理、坚持预防为主的同时,为了减少建设工程安全事故中的人员伤亡和财产损失,必须在事故发生以前,未雨绸缪,建立建设工程生产安全事故的应急救援制度。

一、生产安全事故应急救援预案

(一) 政府相关部门的本行政区域内特大生产安全事故应急救援预案

《安全生产法》第八十条和《建设工程安全生产管理条例》第四十七条均规定了县级以上地方各级人民政府应当组织有关部门制定本行政区域内特大生产安全事故应急救援预案,建立应急救援体系的义务。

应急救援预案是指事先制定的关于特大生产安全事故发生时进行紧急救援的组织、程序、措施、责任以及协调等方面的方案和计划。特大生产安全事故往往具有突发性、紧凑性的特点,如没有事先做好充分的应急准备工作,很难在短时间内组织起有效的抢救,防止事故扩大或减少人员伤亡和财产损失。因此,事先制定应急救援预案,形成应急救援体系的工作十分重要。

(二) 施工单位生产安全事故应急救援预案

《安全生产法》规定,生产经营单位应当制定本单位生产安全事故应急救援预案,与所在地县级以上地方人民政府组织制定的生产安全事故应急救援预案相衔接,并定期组织演练。

建筑施工单位应当建立应急救援组织,生产经营规模较小的,可以不建立应急救援组织,但应当指定兼职的应急救援人员。建筑施工单位应当配备必要的应急救援器材、设备,并进行经常性维护、保养,保证正常运转。

生产经营单位应当制订本单位的应急预案演练计划,根据本单位的事故风险特点,每年至少组织一次综合应急预案演练或者专项应急预案演练,每半年至少组织一次现场处置方案演练。

应用案例 1

> 某建筑施工单位有从业人员 1000 多人。该单位安全部门的负责人多次向主要负责人提出要建立应急救援组织。但单位负责人另有看法,认为建立这样一个组织,平时用不上,还需要花钱养着,划不来。真有了事情,可以向上级报告,请求他们给予支援就行了。由于单位主要负责人有这样的认识,该建筑施工单位就一直没有建立应急救援组织。后来,有关部门在进行监督和检查时,责令该单位立即建立应急救援组织。

案例分析

二、生产安全事故报告制度

(一)事故等级

2007 年 4 月 7 日国务院颁布的《生产安全事故报告和调查处理条例》第三条规定,根据生产安全事故(以下简称事故)造成的人员伤亡或者直接经济损失,一般分为以下等级。

(1)特别重大事故,是指造成 30 人以上死亡,或者 100 人以上重伤(包括急性工业中毒,下同),或者 1 亿元以上直接经济损失的事故。

(2)重大事故,是指造成 10 人以上 30 人以下死亡,或者 50 人以上 100 人以下重伤,或者 5000 万元以上 1 亿元以下直接经济损失的事故。

(3)较大事故,是指造成 3 人以上 10 人以下死亡,或者 10 人以上 50 人以下重伤,或者 1000 万元以上 5000 万元以下直接经济损失的事故。

(4)一般事故,是指造成 3 人以下死亡,或者 10 人以下重伤,或者 1000 万元以下直接经济损失的事故。

国务院安全生产监督管理部门可以会同国务院有关部门,制定事故等级划分的补充性规定。

(二)生产安全事故报告

《安全生产法》规定了生产安全事故发生后的基本报告要求:生产经营单位发生生产安全事故后,事故现场有关人员应当立即报告本单位负责人。单位负责人接到事故报告后,应当迅速采取有效措施,组织抢救,防止事故扩大,减少人员伤亡和财产损失,并按照国家有关规定立即如实报告当地负有安全生产监督管理职责的部门,不得隐瞒不报、谎报或者迟报,不得故意破坏事故现场、毁灭有关证据。负有安全生产监督管理职责的部门接到事故报告后,应当立即按照国家有关规定上报事故情况。负有安全生产监督管理职责的部门和有关地方人民政府对事故情况不得隐瞒不报、谎报或者迟报。

《生产安全事故报告和调查处理条例》对事故报告作出了更加具体的规定。施工单位发生生产安全事故,应当按照国家有关伤亡事故报告和调查处理的规定,及时、如实地向负责安全生产监督管理的部门、建设行政主管部门或者其他有关部门报告;特种设备发生事故的,还应当同时向特种设备安全监督管理部门报告。接到报告的部门应当按照国家有关规定,如实上报。实行施工总承包的建设工程,由总承包单位负责上报事故。

1. 事故报告程序

事故发生后,事故现场有关人员应当立即向本单位负责人报告;单位负责人接到报告后,应当于 1 小时内向事故发生地县级以上人民政府安全生产监督管理部门和负有安全生产监督管理职责的有关部门报告。情况紧急时,事故现场有关人员可以直接向事故发生地,县级以上人民政府安全生产监督管理部门和负有安全生产监督管理职责的有关部门报告。

安全生产监督管理部门和负有安全生产监督管理职责的有关部门接到事故报告后,应当依照下列规定上报事故情况,并通知公安机关、劳动保障行政部门、工会和人民检察院:(1)特别重大事故、重大事故逐级上报至国务院安全生产监督管理部门和负有安全生产监督管理职责的有关部门;(2)较大事故逐级上报至省、自治区、直辖市人民政府安全生产监督管理部门和负有安全生产监督管理职责的有关部门;(3)一般事故上报至设区的市级人民政府安全生产监督管理部门和负有安全生产监督管理职责的有关部门。

安全生产监督管理部门和负有安全生产监督管理职责的有关部门应当依照前款规定的上报事故情况,同时报告本级人民政府。国务院安全生产监督管理部门和负有安全生产监督管理职责的有关部门以及省级人民政府接到发生特别重大事故、重大事故的报告后,应当立即报告国务院。必要时,安全生产监督管理部门和负有安全生产监督管理职责的有关部门可以越级上报事故情况。

安全生产监督管理部门和负有安全生产监督管理职责的有关部门逐级上报事故情况每级上报的时间不得超过两小时。

2. 事故报告内容

报告事故应当包括:(1)事故发生单位概况;(2)事故发生的时间、地点以及事故现场情况;(3)事故的简要经过;(4)事故已经造成或者可能造成的伤亡人数(包括下落不明的人数)和初步估计的直接经济损失;(5)已经采取的措施;(6)其他应当报告的情况。

事故报告后出现新情况的,应当及时补报。自事故发生之日起 30 日内,事故造成的伤亡人数发生变化的,应当及时补报。

(三)事故救援与现场保护

《安全生产法》中对事故抢救做出了基本要求:有关地方人民政府和负有安全生产监督管理职责的部门的负责人接到生产安全事故报告后,应当按照生产安全事故应急救援预案的要求立即赶到事故现场,组织事故抢救。参与事故抢救的部门和单位应当服从统一指挥,加强协同联动,采取有效的应急救援措施,并根据事故救援的需要采取警戒、疏散等措施,防止事故扩大和次生灾害的发生,减少人员伤亡和财产损失。事故抢救过程中应当采取必要措施,避免或者减少对环境造成的危害。

事故抢救过程中应当采取必要措施,避免或者减少对环境造成的危害。任何单位和个人都应当支持、配合事故抢救,并提供一切便利条件。事故发生后,有关单位和人员应当妥善保护事故现场以及相关证据,任何单位和个人不得破坏事故现场、毁灭相关证据。因抢救人员、防止事故扩大以及疏通交通等原因,需要移动事故现场物件的,应当做出标志,绘制现场简图并做出书面记录,妥善保存现场重要痕迹和物证。

三、事故的调查处理

事故调查处理应当按照"实事求是、尊重科学"的原则,及时、准确地查清事故原因,查明事故性质和责任,总结事故教训,提出整改措施,并对事故责任者提出处理意见。

事故发生单位应当及时全面落实整改措施,负有安全生产监督管理职责的部门应当加强监督检查。负责事故调查处理的国务院有关部门和地方人民政府应当在批复事故调查报告后一年内,组织有关部门对事故整改和防范措施落实情况进行评估,并及时向社会公开评估结果;对不履行职责导致事故整改和防范措施没有落实的有关单位和人员,应当按照有关规定追究责任。《生产安全事故报告和调查处理条例》规定了事故调查和处理的具体办法。

(一)事故的调查

1. 事故调查机关

特别重大事故由国务院或者国务院授权有关部门组织事故调查组进行调查。重大事故、较大事故、一般事故分别由事故发生地省级人民政府、设区的市级人民政府、县级人民政府负责调查。省级人民政府、设区的市级人民政府、县级人民政府可以直接组织事故调查组进行调查,也可以授权或者委托有关部门组织事故调查组进行调查。未造成人员伤亡的一般事故,县级人民政府也可以委托事故发生单位组织事故调查组进行调查。

上级人民政府认为必要时,可以调查由下级人民政府负责调查的事故。自事故发生之日起 30 日内(道路交通事故、火灾事故自发生之日起 7 日内),因事故伤亡人数变化导致事故等级发生变化,依照规定应当由上级人民政府负责调查的,上级人民政府可以另行组织事故调查组进行调查。

特别重大事故以下等级事故,事故发生地与事故发生单位不在同一个县级以上行政区域的,由事故发生地人民政府负责调查,事故发生单位所在地人民政府应当派人参加。

2. 事故调查组的组成

事故调查组的组成应当遵循精简、效能的原则。根据事故的具体情况,事故调查组由有关人民政府、安全生产监督管理部门、负有安全生产监督管理职责的有关部门、监察机关、公安机关以及工会派人组成,并应当邀请人民检察院派人参加。事故调查组可以聘请有关专家参与调查。事故调查组成员应当具有事故调查所需要的知识和专长,并与所调查的事故没有直接利害关系。事故调查组组长由负责事故调查的人民政府指定。事故调查组组长主持事故调查组的工作。

3. 事故调查组的职责

事故调查组的职责有:查明事故发生的经过、原因、人员伤亡情况及直接经济损失;认定事故的性质和事故责任;提出对事故责任者的处理建议;总结事故教训,提出防范和整改措施;提交事故调查报告。事故调查组有权向有关单位和个人了解与事故有关的情况并要求其提供相关文件、资料,有关单位和个人不得拒绝。

事故发生单位的负责人和有关人员在事故调查期间不得擅离职守,并应当随时接受事故调查组的询问,如实提供有关情况。事故调查中发现涉嫌犯罪的,事故调查组应当及时将有关材料或者其复印件移交司法机关处理。

事故调查中需要进行技术鉴定的,事故调查组应当委托具有国家规定资质的单位进行技术鉴定。必要时,事故调查组可以直接组织专家进行技术鉴定。技术鉴定所需时间不计入事故调查期限。

事故调查组成员在事故调查工作中应当诚信公正、恪尽职守,遵守事故调查组的纪律,保守事故调查的秘密。未经事故调查组组长允许,事故调查组成员不得擅自发布有关事故的信息。

4. 事故调查报告

事故调查组应当自事故发生之日起60日内提交事故调查报告;特殊情况下,经负责事故调查的人民政府批准,提交事故调查报告的期限可以适当延长,但延长的期限最长不超过60日。

事故调查报告应当包括:事故发生单位概况;事故发生经过和事故救援情况;事故造成的人员伤亡和直接经济损失;事故发生的原因和事故性质;事故责任的认定以及对事故责任者的处理建议;事故防范和整改措施。事故调查报告应当附具有关证据材料。事故调查组成员应当在事故调查报告上签名。

事故调查报告报送负责事故调查的人民政府后,事故调查工作即告结束。事故调查的有关资料应当归档保存。

(二) 事故的处理

重大事故、较大事故、一般事故,负责事故调查的人民政府应当自收到事故调查报告之日起15日内作出批复;特别重大事故,30日内作出批复,在特殊情况下,批复时间可以适当延长,但延长的时间最长不超过30日。有关机关应当按照人民政府的批复,依照法律、行政法规规定的权限和程序,对事故发生单位和有关人员进行行政处罚,对负有事故责任的国家工作人员进行处分。事故发生单位应当按照负责事故调查的人民政府的批复,对本单位负有事故责任的人员进行处理。负有事故责任的人员涉嫌犯罪的,依法追究刑事责任。

事故发生单位应当认真吸取事故教训,落实防范和整改措施,防止事故再次发生。防范和整改措施的落实情况应当接受工会和职工的监督。安全生产监督管理部门和负有安全生产监督管理职责的有关部门应当对事故发生单位落实防范和整改措施的情况进行监督检查。

事故处理的情况由负责事故调查的人民政府或者其授权的有关部门、机构向社会公布,依法应当保密的除外。

应用案例 2

某省第五建筑工程公司(简称"五建")系碧某城项目的承建单位。2020年3月12日,碧某城项目部木工刘某在施工作业时不慎滑倒,其身体被旁边高速运转的圆盘锯从肺部位置横向切开,工地工人马上拨打120求救,但医生赶来后确认刘某已死亡。事故发生时,该项目部经理林某和安全员孙某均不在现场,林某当天知道此事后,向单位负责人报告了相关情况,但没有向当地政府相关部门报告事故,孙某当天获知事故发生后虽赶到了现场,但也没有向当地政府相关部门报告。事故发生当天,该项目监理部向五建发出了监理工程师通知书,要求将事故上报给该市建筑主管部门,但五建只是向保险公司报了案,让保险公司到现场勘验并拍照。3月17日,五建私下与刘某家属达成了赔偿协议。2020年4月初,碧某城项目负责人许某托人联系到时任该市安全生产监督管理局局长的李某进行座谈,虽谈到了安全事故发生后该如何处理的话题,但没有向李某报告本案事故。4月14日,根据市安监局的意见,市建设局对碧海城项目工作人员进行调查,但受调查人员均称没有发生安全生产事故。5月5日,市安监局向市政府书面报告了碧某城发生安全事故的情况。随即,市政府发文成立了事故调查组,开始进行多方调查取证,在向碧某城项目部安全员孙某、项目经理林某调查取证时,两人均证实事故发生后没有向有关部门报告。之后,在安监局对事故情况进行调查的过程中,五建才告知事故情况,碧某城项目部才向市建设局、公安局提交了《关于碧某城工地伤亡事故的报告》。2021年2月,市安监局以五建瞒报生产安全事故为由,对其作出罚款100万元的行政处罚决定。

五建不服,于2021年12月向市人民法院提起诉讼。

法院判决:

市人民法院审理认为,生产安全事故发生后,事故发生单位应该及时、全面、如实向法定部门报告。五建在事故发生后没有履行法定义务,而是采取了私了的办法处理事故,尽管后来在有关部门调查时报告了事故情况,但并非主动报告。五建存在故意隐瞒事故、逃避法律责任的行为,属于瞒报。故判决维持安监局所作的行政处罚决定。

五建不服一审判决,向该市中级人民法院提起上诉。

该市中级人民法院审理认为,五建在事故发生后,没有严格依照《生产安全事故报告和调查处理条例》的规定,及时、全面、如实向法定部门报告。事发一个多月后,建设局对事故情况进行调查时,该公司仍隐瞒不报,在安监局调查的过程中,才报告了事故情况。安监局等部门对本案事故情况的了解,是依法定程序进行调查后才获得的,并非来自五建的主动报告,故五建的行为构成瞒报。安监局所作行政处罚决定合法,应予维持。

2022年8月23日,该市中级人民法院终审判决:驳回上诉,维持原判。

案例分析

本章小结

本章对建设工程安全生产管理作出了较详细的阐述,包括安全生产管理的方针以及各项建设工程安全生产管理制度,即安全生产许可制度、安全生产责任制度、安全生产教育培训制度、安全生产劳动保护制度、生产安全事故的应急救援和调查处理制度。

本章的教学目标是使学生树立起安全生产意识,认识到只有健全安全生产管理制度,才能保障生产安全。通过案例对生产过程中存在的隐患及问题进行了讲解。

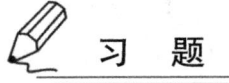 习 题

一、选择题

1.《中华人民共和国安全生产法》规定,安全生产管理,坚持(　　)的方针。

A. 安全第一、预防为主、综合治理　　　B. 预防为主、防治结合

C. 安全第一、兼顾效益　　　D. 安全第一、事前控制

2. 下面行为中没有违反《中华人民共和国安全生产法》的是(　　)。

A. 某甲发现了安全事故隐患没有向现场安全生产管理人员报告,后事故发生

B. 某乙发现脚手架要倒塌,在没有采取其他措施的情况下迅速逃离现场
C. 某项目经理强行要求有"恐高症"的某丙高空作业
D. 某丁没有按照本单位的规定在施工现场戴安全帽

3.《建设工程安全生产管理条例》规定,不属于监理单位安全生产管理责任和义务的是(   )。

  A. 编制安全技术措施及专项施工方案　　B. 审查安全技术措施及专项施工方案
  C. 报告安全生产事故隐患　　　　　　　D. 承担建设工程安全生产监理责任

4. 根据《建设工程安全生产管理条例》,总承包单位与分包单位在安全生产管理工作中的关系是(   )。

  A. 总承包单位对施工现场的安全生产负总责
  B. 分包单位自己负责安全管理工作,不需要服从总承包单位的管理
  C. 总承包单位对分包工程的安全生产不负有任何责任
  D. 分包单位如果不服从总承包单位的安全生产管理,则总承包单位对分包单位的安全生产不负有任何责任

5. 某施工单位由于现场空间狭小,将雇佣来的农民工的集体宿舍安排在了一栋还没有竣工的楼房里,这种行为(   )。

  A. 违反了《建设工程安全生产管理条例》
  B. 如果这栋楼房主体工程已经结束,并且有证据证明其质量可靠,就没有违反《建设工程安全生产管理条例》
  C. 只要农民工同意,就成为一种合同行为,没有违反《建设工程安全生产管理条例》
  D. 如果施工单位同时采用了安全防护措施,就没有违反《建设工程安全生产管理条例》

6. 某甲是某分包单位从事高空作业的作业人员,则(   )。

  A. 他有权要求施工单位为他办理意外伤害保险
  B. 如果办理意外伤害保险,则保险费由分包单位支付
  C. 如果他在工程竣工验收的过程中因公受伤,则不属于意外伤害险的承保范围
  D. 必须遵守项目负责人的一切指令

7. 施工单位发生生产安全事故,由(   )负责上报事故。

  A. 施工单位　　　　B. 分包单位　　　　C. 业主　　　　D. 监理单位

8. 根据《建设工程安全生产管理条例》,施工单位的安全生产费用不应该用来(   )。

  A. 购买安全帽购　　　　　　　　　B. 更新防护网
  C. 购买先进施工机械　　　　　　　D. 工人安全培训

9. 施工现场暂时停止施工的,(   )应当做好现场防护,所需费用由(   )承担,或者按照合同约定执行。

  A. 建设单位,建设单位　　　　　　B. 施工单位,施工单位
  C. 施工单位,建设单位　　　　　　D. 施工单位,责任方

10. 下面不属于从业人员权利的是( )。

A. 工人甲要求了解作业现场的危险因素

B. 工人乙发现安全隐患后立即向现场安全生产管理人员报告

C. 工人丙在施工中受伤后要求本单位赔偿

D. 工人丁要求获得安全生产培训

11. 下列安全生产条件中,属于建筑施工企业取得安全生产许可证应当具备的条件的是( )。

A. 有职业危害应急救援预案,并配备必要的应急救援器材和设备

B. 管理人员和作业人员每年至少进行 2 次安全生产教育培训并考核合格

C. 特种作业人员经有关业务主管部门考核合格,取得特种作业操作资格证书

D. 设置安全生产管理机构,按照国家有关规定配备兼职安全生产管理人员

12. 某施工企业承揽拆除旧体育馆工程,在作业过程中,体育馆屋顶突然坍塌,压死 2 人,重伤 11 人,根据《生产安全事故报告和调查处理条例》,该事故属于( )。

A. 特别重点事故　　B. 重大事故　　C. 一般事故　　D. 较大事故

13. 根据《生产安全事故报告和调查处理条例》,建筑工地事故发生后,事故现场有关人员应当立即向( )报告。

A. 业主单位负责人

B. 事故发生地县级以上人民政府安全生产监督管理部门

C. 事故发生地省级以上人民政府安全生产监督管理部门

D. 本单位负责人

14. 关于建设单位安全责任的说法,错误的是( )。

A. 应当向施工单位提供资料,并对资料的真实性、正确性、完整性负责

B. 应当依法履行合同,不得压缩合同约定的工期

C. 应当进行安全施工技术交底

D. 应当对拆除工程进行备案

15. 依法实施强制监理的工程项目,对施工组织设计中的安全技术措施或者专项施工方案是否符合工程建设强制性标准负有审查责任的是( )。

A. 发包人驻工地代表　　　　　　B. 工程监理单位

C. 设计单位　　　　　　　　　　D. 项目技术负责人

二、多项选择题

1. 根据《建设工程安全生产管理条例》,下列( )是建设单位安全生产管理的主要责任和义务。

A. 向施工单位提供有关资料

B. 不得向有关单位提出影响安全生产的违法要求

C. 不得明示或暗示施工单位使用不符合安全施工要求的物资

D. 及时报告安全生产事故隐患

E. 将拆除工程发包给具有相应资质的施工单位

2. 根据《建设工程安全生产管理条例》，施工单位在使用施工起重机械和整体提升脚手架、模板等自升式架设设施前，应当组织有关单位进行验收，使用承租的机械设备和施工机具及配件的，由（　　）共同进行验收。

A. 施工总承包单位　　　　B. 分包单位　　　　C. 出租单位
D. 安装单位　　　　　　　E. 建设单位

3. 根据《建设工程安全生产管理条例》，下列（　　）属于施工单位安全生产责任。

A. 安全生产费用应当专款专用
B. 报送安全施工措施
C. 审查施工组织设计中的安全技术措施
D. 编制安全技术措施及专项施工方案
E. 在危险部位设置安全警示标志

4. 根据《建设工程安全生产管理条例》，下列（　　）是设计单位安全生产管理的主要责任和义务。

A. 按照法律、法规和工程建设强制性标准进行设计，防止因设计不合理导致安全生产事故的发生
B. 考虑施工安全操作和防护的需要，对涉及施工安全的重点部位和环节在设计文件中注明，并对防范安全生产事故提出指导意见
C. 采用新工艺的建设工程，设计单位不必在设计中提出预防生产安全事故的措施建议
D. 设计单位应当对其设计负责
E. 注册建筑师等注册执业人员应当对其设计负责

5. 在下列几种有关安全生产许可证的取得、使用情况中，施工企业应负法律责任的有（　　）。

A. 未取得安全生产许可证进行施工
B. 转让或接受转让安全生产许可证
C. 冒用安全生产许可证
D. 安全生产许可证遗失，在公众媒体上声明作废
E. 安全生产许可证期满后未办理延期继续生产

6.《建设工程安全生产管理条例》规定，在施工现场（　　）等危险部位，应设置明显的、符合国家标准的安全警示标志。

A. 出入通道口　　　　B. 孔洞口　　　　C. 临时用电设施部位
D. 生活区　　　　　　E. 基坑边沿

7. 根据《建设工程安全生产管理条例》，建设单位应当在拆除工程施工15日前，将（　　）报送工程所在地县级以上建设行政主管部门备案。

A. 施工单位资质等级证明
B. 拟拆除建筑物、构筑物及可能危及毗邻建筑的说明
C. 相邻建筑物和构筑物及地下工程的有关资料

D. 拆除施工组织方案

E. 堆放、清除废弃物的措施

8. 下列生产安全事故情形中,属于《生产安全事故报告和调查处理条例》规定的重大事故的有( )。

A. 重伤 80 人　　　　　　　　B. 直接经济损失 5000 万元

C. 死亡 20 人　　　　　　　　D. 直接经济损失 8000 万元

E. 死亡 30 人

三、简答题

1. 建筑安全生产管理方针是什么?

2. 安全生产许可证的取得条件有哪些?

3. 生产经营单位在劳动保护方面负有哪些职责?

4. 如何进行建筑施工现场的安全防护管理?

5. 安全生产教育和培训的内容有哪些?

6. 根据生产安全事故造成的人员伤亡或者直接经济损失,事故一般分为哪几个等级?

7. 生产安全事故发生后如何进行应急救援与调查处理?

四、案例分析题

2022 年 5 月 12 日上午 9 时许,某市二期工程工地,一高达 75 m 的拆卸烟囱物料提架突然向南倾翻,正在料架上进行高空拆卸作业的 30 余名民工被瞬间从不同高度抛下造成 21 人死亡,10 人受伤(其中 4 人伤势严重)。该案发生后,该市检察院成立了案件协调小组,与纪检、公安等有关部门密切配合,在案发第一线全力以赴审查办理该案。经查:2021 年 10 月,某建设公司中标承建了此二期工程。2022 年 4 月,该公司项目经理马某将中标的烟囱工程违规转包给不具备工程施工资质的承建人刘某。为了节省开支,减少投入费用,刘某等人自行购买材料加工物料提升架,并让不具备高空作业资格的民工进行安装拆卸。5 月 12 日,刘某在明知物料提升架固定在烟囱上的两处缆绳被拆除的情况下违反操作规程,组织民工冒险作业拆除物料提升架,导致惨剧发生。

问题:

(1)我国对工程重大事故的等级是如何规定的? 本案属于几级事故?

(2)发生重大事故后的报告和调查程序是怎样的?

(3)谁是施工现场管理的责任人和责任单位?

(4)为避免事故的发生,应当如何加强建筑安全生产管理?

习题答案

第九章　建设工程质量管理法规

教学目标

本章主要讲述建设工程质量管理相关的法律、法规和标准。通过本章的学习,应达到以下目标:

(1)熟悉工程建设强制性标准实施的规定;

(2)掌握施工单位的质量责任和义务;

(3)熟悉建设单位及相关单位的质量责任和义务;

(3)掌握建设工程竣工验收制度和质量保修制度的相关规定。

教学要求

知识要点	能力要求	相关知识
工程建设强制性标准的规定	(1)熟悉工程建设强制性标准实施的规定 (2)掌握违反工程建设标准的法律责任	(1)工程建设强制性标准的规定 (2)违法行为应承担的法律责任
施工单位的质量责任和义务	(1)掌握施工单位质量责任和义务制度 (2)了解施工质量检验制度 (3)熟悉违法行为应承担的法律责任	(1)施工单位质量责任和义务 (2)施工质量检验制度 (3)违法行为应承担的法律责任
建设单位及相关单位的质量责任	(1)掌握建设单位的质量责任和义务 (2)了解勘察、设计单位的质量责任和义务 (3)熟悉工程监理单位的质量责任和义务	(1)建设单位的质量责任和义务 (2)勘察、设计单位的质量责任 (3)工程监理单位的质量责任和义务
建设工程竣工验收制度	(1)掌握竣工验收的主体和法定条件 (2)熟悉施工单位应提交的档案资料 (3)了解规划、消防、环保等验收的规定	(1)竣工验收的主体和法定条件 (2)施工单位应提交的档案资料 (3)规划、消防、环保等验收的规定
建设工程质量保修制度	(1)掌握质量保修书和保修期 (2)了解质量责任的损失赔偿限的规定 (3)熟悉违法行为应承担的法律责任	(1)质量保修书和保修期 (2)质量责任的损失赔偿的规定 (3)违法行为应承担的法律责任

基本概念

工程建设标准、施工质量检验、工程项目竣工验收、建设工程质量保修制度

※引例

> 某施工单位承担了一栋办公楼的施工任务。在进行二层楼面施工时,施工单位在楼面钢筋、模板分项工程完工并自检后,准备报请监理方进行钢筋隐蔽工程验收。由于其楼面钢筋中有一种用量较少的钢筋复检结果尚未出来,监理方的隐蔽验收便未通过。因为建设单位要求赶工期,在建设单位和监理单位的同意下,施工单位浇筑了混凝土,进行了钢筋隐蔽。事后,建设工程质量监督机构要求施工单位破除楼面,进行钢筋隐蔽验收。监理单位也提出了同样的要求。与此同时,待检的少量钢筋复检结果显示钢筋质量不合格。显然,该钢筋隐蔽工程存在质量问题。后经设计验算,提出用碳纤维进行楼面加固,造成直接经济损失约80万元。为此,有关方对损失的费用由谁承担发生了争议。

案例分析

第一节 工程建设强制性标准

工程建设标准制定的目的在于实施,否则,再好的标准也是一纸空文。我国工程建设领域所出现的各类工程质量事故,大都是没有贯彻或没有严格贯彻强制性标准的结果。因此,《中华人民共和国标准化法》规定,强制性标准必须执行。《建筑法》规定,建筑活动应当确保建筑工程质量和安全,符合国家的建设工程安全标准。

(一)工程建设各方主体实施强制性标准的法律规定

《建筑法》和《建设工程质量管理条例》规定,建设单位不得以任何理由,要求建筑设计单位或者建筑施工企业在工程设计或者施工作业中,违反法律、行政法规和建筑工程质量、安全标准,降低工程质量;勘察、设计单位必须按照工程建设强制性标准进行勘察、设计,并对其勘察、设计的质量负责;施工单位必须按照工程设计图纸和施工技术标准施工,不得擅自修改工程设计,不得偷工减料;建筑工程监理应当按照法律、行政法规及有关的技术标准、设计文件和建筑工程承包合同,对承包单位在施工质量、建设工期和建设资金使用等方面,代表建设单位实施监督。

(二)工程建设标准强制性条文的实施

《实施工程建设强制性标准监督规定》规定,在中华人民共和国境内从事新建、扩建、改建等工程建设活动,必须执行工程建设强制性标准。工程建设强制性标准是指直接涉及工程质量、安全、卫生及环境保护等方面的工程建设标准强制性条文。国家工程建设标准强制性条文由国务院建设行政主管部门会同国务院有关行政主管部门确定。

在对工程建设强制性标准实施改革后,我国目前实行的强制性标准包括三部分:(1)批准发布时已明确为强制性标准的;(2)批准发布时虽未明确为强制性标准,但其编号中不带"/T",仍为强制性标准;(3)自 2000 年后批准发布的标准,批准时虽未明确为强制性标准,但其中有必须严格执行的强制性条文(黑体字),编号也不带"/T"的,也应视为强制性标准。

第二节　施工单位的质量责任和义务

施工单位是工程建设的重要责任主体之一。施工阶段是建设工程实物质量形成的阶段,勘察、设计工作质量均要在这一阶段得以实现。由于施工阶段影响质量稳定的因素和涉及的责任主体均较多,协调管理的难度较大,施工阶段的质量责任制度尤为重要。

一、施工单位对施工质量负责和总分包单位的质量责任

(一) 施工单位对施工质量负责

《建筑法》规定,建筑施工企业对工程的施工质量负责。《建设工程质量管理条例》进一步规定,施工单位对建设工程的施工质量负责。施工单位应当建立质量责任制,确定工程项目的项目经理、技术负责人和施工管理负责人。

施工单位的质量责任制,是其质量保证体系的一个重要组成部分,也是施工质量目标得以实现的重要保证。建立质量责任制,主要包括制订质量目标计划,建立考核标准,并层层分解落实到具体的责任单位和责任人,特别是工程项目的项目经理、技术负责人和施工管理负责人。落实质量责任制,不仅是为了在出现质量问题时可以追究责任,更重要的是通过层层落实质量责任制,做到事事有人管,人人有职责,加强对施工过程的全面质量控制,保证建设工程的施工质量。

(二) 总分包单位的质量责任

《建筑法》规定,建筑工程实行总承包的,工程质量由工程总承包单位负责,总承包单位将建筑工程分包给其他单位的,应当对分包工程的质量与分包单位承担连带责任。

分包单位应当接受总承包单位的质量管理,分包单位应当按照分包合同的约定对其分包工程的质量向总承包单位负责。总承包单位与分包单位对分包工程的质量还要依法承担连带责任。当分包工程发生质量问题时,建设单位或其他受害人既可以向分包人请求赔偿,也可以向总承包单位请求赔偿;进行赔偿的一方,有权依据分包合同的约定,对不属于自己责任的那部分赔偿向对方追偿。

二、按照工程设计图纸和施工技术标准施工的规定

《建筑法》规定,建筑施工企业必须按照工程设计图纸和施工技术标准施工,不得偷工减料。工程设计的修改由原设计单位负责,建筑施工企业不得擅自修改工程设计。

《建设工程质量管理条例》进一步规定,施工单位必须按照工程设计图纸和施工技术标准施工,不得擅自修改工程设计,不得偷工减料。施工单位在施工过程中发现设计文件和图纸有差错的,应当及时提出意见和建议。这是对施工单位的施工依据以及有义务对设计文件和图纸及时提出意见和建议的规定。

(一)按图施工,遵守标准

按工程设计图纸施工,是保证工程实现设计意图的前提,也是明确划分设计、施工单位质量责任的前提。如果施工单位不按图施工或不经原设计单位同意就擅自修改工程设计,其直接的后果往往是违反了原设计的意图,严重的将给工程结构安全留下隐患;间接的后果是在原设计有缺陷或出现工程质量事故的情况下,由于施工单位擅自修改了设计,将会混淆设计、施工单位各自的质量责任。所以,按图施工、不擅自修改设计,是施工单位保证工程质量的最基本要求。

施工技术标准是工程建设中规范施工行为的技术依据。施工单位只有按照施工技术标准,特别是强制性标准的要求施工,才能保证工程的施工质量。此外,从法律的角度来看,工程设计图纸和施工技术标准都属于合同文件的组成部分,如果施工单位不按照工程设计图纸和施工技术标准施工,则属于违约行为,应当对建设单位承担违约责任。

(二)防止设计文件和图纸出现差错

由于工程项目的设计涉及多个专业,还需要同有关方面进行协调,设计文件和图纸也有可能会出现差错。这些差错通常会在图纸会审或施工过程中被逐渐发现。施工人员特别是施工管理负责人、技术负责人以及项目经理等,均为有丰富实践经验的专业人员,对设计文件或图纸中存在的差错是有能力发现的。因此,如果施工单位在施工过程中发现设计文件和图纸中确实存在差错,有义务及时向设计单位提出,避免造成不必要的损失和质量问题。这是施工单位应具备的职业道德,也是履行合同应尽的基本义务。

三、对建筑材料、设备等进行检验检测的规定

《建筑法》规定,建筑施工企业必须按照工程设计要求,施工技术标准和合同的约定,对建筑材料、建筑构配件和设备进行检验,不合格的不得使用。

《建设工程质量管理条例》进一步规定,施工单位必须按照工程设计要求、施工技术标准和合同约定,对建筑材料、建筑构配件、设备和商品混凝土进行检验,检验应当有书面记录和专人签字;未经检验或者检验不合格的,不得使用。

由于建设工程属于特殊产品,其质量隐蔽性强、终检局限性大,在施工全过程质量

控制中,必须严格执行法定的检验检测制度。否则,将给建设工程造成难以逆转的先天性质量隐患,甚至导致质量安全事故。依法对建筑材料、设备等进行检验检测,是施工单位的一项重要法定义务。

(一) 建筑材料、建筑构配件、设备和商品混凝土的检验制度

施工单位对进入施工现场的建筑材料、建筑构配件、设备和商品混凝土实行检验制度,是施工单位质量保证体系的重要组成部分,也是保证施工质量的重要前提。施工单位应当严把两道关:一是谨慎选择生产供应厂商;二是实行进场二次检验。

施工单位的检验是依据工程设计要求、施工技术标准和合同约定。检验对象是将在工程施工中使用的建筑材料、建筑构配件、设备和商品混凝土。合同若有其他约定的,检验工作还应满足合同相应条款的要求。检验结果要按规定的格式形成书面记录,并由相关的专业人员签字。这是为了促使检验工作严谨认真,以及未来必要时有据可查,从而方便管理,明确责任。

对于未经检验或检验不合格的,不得在施工中用于工程上。否则,将是一种违法行为,要追究擅自使用或批准使用人的责任。此外,对于混凝土构件和商品混凝土的生产厂家,还应当按照《混凝土构件和商品混凝土生产企业资质管理规定》的要求,如果没有资质或相应资质等级的,其提供的产品应视为不合格产品。

(二) 施工检测的见证取样或送检制度

《建设工程质量管理条例》规定,施工人员对涉及结构安全的试块、试件以及有关材料,应当在建设单位或者工程监理单位监督下现场取样,并送具有相应资质等级的质量检测单位进行检测。

在施工过程中,为了控制工程总体或相应部位的施工质量,通常要依据有关的技术标准,用特定方法对用于工程的材料或构件抽取一定数量的样品进行检测检验,并根据其结果来判断所代表部位的质量。这是控制和判断施工质量水平所采取的重要技术措施。试件、试块及有关材料的真实性和代表性,是保证这一措施有效的前提条件。因此,施工检测应当实行见证取样或送检制度,并由具有相应资质等级的质量检测单位进行检测。

1. 见证取样和送检

所谓见证取样和送检,是指在建设单位或工程监理单位人员的见证下,由施工单位的现场试验人员对工程涉及结构安全的试块、试件和材料在现场取样,并送至具有法定资格的质量检测单位进行检测的活动。

建设部《房屋建筑工程和市政基础设施工程实行见证取样和送检的规定》中规定,涉及结构安全的试块、试件和材料见证取样和送检的比例不得低于有关技术标准中固定应取样数量的30%。下列试块、试件和材料必须实施见证取样和送检:(1)用于承重结构的混凝土试块;(2)用于承重墙体的砌筑砂浆试块;(3)用于承重结构的钢筋及连接接头试件;(4)用于承重墙的砖和混凝土小型砌块;(5)用于拌制混凝土和砌筑砂浆的水泥;(6)用于承重结构的混凝土中使用的掺加剂;(7)地下、屋面、厕浴间使用的防水材

料;(8)国家规定必须实行见证取样和送检的其他试块、试件和材料。

见证人员应由建设单位或该工程的监理单位中具备施工试验知识的专业技术人员担任,并由建设单位或该工程的监理单位书面通知施工单位、检测单位和负责该项工程的质量监督机构。

在施工过程中,见证人员应按照见证取样和送检计划,对施工现场的取样和送检进行见证。取样人员应在试样或其包装上作出标识、封志。标识、封志应标明工程名称、取样部位、取样日期、样品名称和样品数量,并由见证人员和取样人员签字。见证人员和取样人员应对试样的代表性和真实性负责。

2. 工程质量检测单位的资质和检测规定

工程质量检测机构是具有独立法人资格的中介机构。按照其承担的检测业务内容分为专项检测机构资质和见证取样检测资质。检测机构未取得相应的资质证书,不得承担本办法规定的质量检测业务。

检测机构完成检测业务后,应当及时出具检测报告。检测报告经检测人员签字、检测机构法定代表人或者其授权的签字人签署,并加盖检测机构公章或者检测专用章后方可生效。检测报告经建设单位或者工程监理单位确认后,由施工单位归档。任何单位和个人不得明示或者暗示检测机构出具虚假检测报告,不得篡改或者伪造检测报告。如果检测报告利害关系人对检测结果发生争议的,由双方共同认可的检测机构复检,复检结果由提出复检方报当地建设主管部门备案。

检测机构应当将检测过程中发现的建设单位、监理单位、施工单位违反有关法律、法规和工程建设强制性标准的情况,以及涉及结构安全检测结果的不合格情况,及时报告工程所在地建设主管部门。检测机构应当建立档案管理制度,并应当单独建立检测结果不合格项目台账。

检测机构不得转包检测业务。检测机构应当对其检测数据和检测报告的真实性和准确性负责,检测机构违反法律,法规和工程建设强制性标准,给他人造成损失的,应当依法承担相应的赔偿责任。

四、施工质量检验和返修的规定

(一) 施工质量检验制度

《建设工程质量管理条例》规定,施工单位必须建立健全施工质量的检验制度,严格工序管理,做好隐蔽工程的质量检查和记录。隐蔽工程在隐蔽前,施工单位应当通知建设单位及项目监督单位。

施工质量检验,通常是指工程施工过程中工序质量检验(或称为过程检验),包括预检、自检、交接检、专职检、分部工程中间检验以及隐蔽工程检验等。

1. 严格工序质量检验和管理

施工工序也可以称为过程。各个工序或过程之间横向和纵向的联系形成了工序网络或过程网络。任何一项工程的施工,都是通过一个由许多工序或过程组成的工序(或过程)网络来实现的。因此,施工单位要加强对施工工序或过程的质量控制,特别是要加强影响结构安全的地基和结构等关键施工过程的质量控制。

完善的检验制度和严格的工序管理是保证工序或过程质量的前提。只有工序或过程网络上的所有工序或过程的质量都受到严格控制,整个工程的质量才能得到保证。

2. 强化隐蔽工程质量检查

隐蔽工程,是指在施工过程中某一道工序所完成的工程实物,被后一道工序形成的工程实物所隐蔽,而且不可以逆向作业的那部分工程。例如,钢筋混凝土工程施工中,钢筋为混凝土所覆盖,前者为隐蔽工程。

由于隐蔽工程被后续工序隐蔽后,其施工质量就很难检验及认定。如果不去认真做好隐蔽工程的质量检查工作,便容易给工程留下隐患。因此,隐蔽工程在隐蔽前,施工单位除了要做好检查、检验并做好记录外,还应及时通知建设单位(实施监理的工程为监理单位)和建设工程质量监督机构,以接受政府监督和向建设单位提供质量保证。

(二)建设工程的返修

《建筑法》规定,对已发现的质量缺陷,建筑施工企业应当修复。《建设工程质量管理条例》进一步规定,施工单位对施工中出现质量问题的建设工程或者竣工验收不合格的建设工程,应当负责返修。

《民法典》也作出了相应规定,因施工人的原因致使建设工程质量不符合约定的,发包人有权要求施工人在合理期限内无偿修理或者返工、改建。

返修作为施工单位的法定义务,其返修包括施工过程中出现质量问题的建设工程和竣工验收不合格的建设工程两种情形。

所谓返工,是指工程质量不符合规定的质量标准,而又无法修理的情况下重新进行施工;修理则是工程质量不符合标准,而又有可能修复的情况下,对工程进行修补,使其达到质量标准的要求。不论是施工过程中出现质量问题的建设工程,还是竣工验收时发现质量问题的工程,施工单位都要负责返修。对于非施工单位原因造成的质量问题,施工单位也应当负责返修,但是因此造成的损失及返修费由责任方负责。

五、违法行为应承担的法律责任

施工单位质量违法行为应承担的主要法律责任如下。

(一)违反资质管理规定和转包、违法分包造成质量问题应承担的法律责任

《建筑法》规定,建筑施工企业转让、出借资质证书或者以其他方式允许他人以本企业的名义承揽工程的……对因该项承揽工程不符合规定的质量标准造成的损失,建筑施工企业与使用本企业名义的单位或者个人承担连带赔偿责任。承包单位将承包的工程转包的,或者违反本法规定进行分包的……因转包工程或者违法分包的工程不符合规定的质量标准造成的损失,与接受转包或者分包的单位承担连带赔偿责任。

（二）偷工减料等违法行为应承担的法律责任

《建筑法》规定,建筑施工企业在施工中偷工减料的,使用不合格的建筑材料、建筑构配件和设备的,或者有其他不按照工程设计图纸或者施工技术标准施工的行为的,责令改正,处以罚款;情节严重的,责令停业整顿,降低资质等级或者吊销资质证书;造成建筑工程质量不符合规定的质量标准的,负责返工、修理,并赔偿因此造成的损失;构成犯罪的,依法追究刑事责任。

《建设工程质量管理条例》规定,施工单位在施工中偷工减料的,使用不合格的建筑材料、建筑构配件和设备的,或者有不按照工程设计图纸或者施工技术标准施工的其他行为的,责令改正,处工程合同价款2%以上4%以下的罚款;造成建设工程质量不符合规定的质量标准的,负责返工、修理,并赔偿因此造成的损失;情节严重的,责令停业整顿,降低资质等级或者吊销资质证书。

（三）检验检测违法行为应承担的法律责任

《建设工程质量管理条例》规定,施工单位未对建筑材料、建筑构配件、设备和商品混凝土进行检验,或者未对涉及结构安全的试块、试件以及有关材料取样检测的,责令改正,处10万元以上20万元以下的罚款;情节严重的,责令停业整顿,降低资质等级或者吊销资质证书;造成损失的,依法承担赔偿责任。

（四）构成犯罪的追究刑事责任

《建设工程质量管理条例》规定,建设单位、设计单位、施工单位、工程监理单位违反国家规定,降低工程质量标准,造成重大安全事故,构成犯罪的,对直接责任人员依法追究刑事责任。

建设、勘察、设计、施工、工程监理单位的工作人员因调动工作、退休等原因离开该单位后,被发现在该单位工作期间违反国家有关建设工程质量管理规定,造成重大工程质量事故的,仍应当依法追究法律责任。

《刑法》第一百三十七条规定,建设单位、设计单位、施工单位、工程监理单位违反国家规定,降低工程质量标准,造成重大安全事故的,对直接责任人员,处5年以下有期徒刑或者拘役,并处罚金;后果特别严重的,处5年以上10年以下有期徒刑,并处罚金。

应用案例

> 2021年10月,承包商甲通过招投标获得了某单位家属楼工程,后经发包单位同意,承包商甲将家属楼的附属工程分包给杨某负责的工程队,并签订了分包合同。一年后,工程按期完成。但是,经工程质量监督机构检验发现,该家属楼附属工程存在严重的质量问题。发包单位便要求承包商甲承担责任。承包商甲却称该附属工程系经发包单位同意后分包给杨某负责的工程队,所以与己无关。发包单位又找到分包人杨某,杨某亦以种种理由拒绝工程的质量责任。

问题:
(1)承包商甲是否应该对该家属楼附属工程的质量负责?
(2)该质量问题应该如何解决?

案例分析

第三节 建设单位及相关单位的质量责任和义务

建设工程质量责任涵盖了多方主体的质量责任制,除施工单位外,还有建设单位,勘察、设计单位,工程监理单位的质量责任制。

一、建设单位相关的质量责任和义务

建设单位作为建设工程的投资人,是建设工程的重要责任主体。建设单位有权选择承包单位,有权对建设过程进行检查、控制,对建设工程进行验收,并要按时支付工程款和费用等,在整个建设活动中居于主导地位。因此,要确保建设工程的质量,首先就要对建设单位的行为进行规范,对其质量责任予以明确。

(一)依法发包工程

《建设工程质量管理条例》规定,建设单位应当将工程发包给具有相应资质等级的单位。建设单位不得将建设工程肢解发包。建设单位应当依法对工程建设项目的勘察、设计、施工、监理以及与工程建设有关的重要设备、材料等的采购进行招标。

建设单位发包工程时,应该根据工程特点,以有利于工程的质量、进度、成本控制为原则,合理划分标段,但不得肢解发包工程。如果将应当由一个承包单位完成的工程肢解成若干部分,分别发包给不同的承办单位,将使整个工程建设在管理和技术上缺乏应有的统筹协调,从而造成施工现场秩序的混乱,责任不清,严重影响建设工程质量,一旦出现问题也很难找到责任方。

(二)依法向有关单位提供原始资料

《建设工程质量管理条例》规定,建设单位必须向有关的勘察、设计、施工、工程监理等单位提供与建设工程有关的原始资料。原始资料必须真实、准确、齐全。原始资料是工程勘察、设计、施工、监理等单位赖以进行有关工程建设的基础性材料,建设单位作为

建设活动的总责任方,向有关单位提供原始资料,并保证这些资料的真实、准确、齐全,是其基本的责任和义务。

(三) 限制不合理的干预行为

《建筑法》规定,建设单位不得以任何理由,要求建筑设计单位或者建筑施工企业在工程设计或者施工作业中,违反法律、行政法规和建筑工程质量、安全标准,降低工程质量。

《建设工程质量管理条例》进一步规定,建设工程发包单位,不得迫使承包方以低于成本的价格竞标,不得任意压缩合理工期。建设单位不得明示或者暗示设计单位或者施工单位违反工程建设强制性标准,降低建设工程质量。

建设单位也不得任意压缩合理工期。因为,合理工期是指在正常条件下,采取科学合理的施工工艺和管理方法,以现行的工期定额为基础,结合工程项目建设的实际,经合理测算和平等协商而确定的使参与各方均获满意的经济效益的工期。如果盲目要求赶工期,势必会简化工序,不按规程操作,从而导致建设工程出现质量等诸多问题。

(四) 依法报审施工图设计文件

《建设工程质量管理条例》规定,建设单位应当将施工图设计文件报县级以上人民政府建设行政主管部门或者其他有关部门审查。施工图设计文件未经批准的,不得使用。

施工图设计文件是设计文件的重要内容,是编制施工图预算、安排材料、设备订货和非标准设备制作,进行施工、安装工程验收等工作的依据。施工图设计文件一经完成,建设工程最终所要达到的质量,尤其是地基基础和结构的安全性就有了约束。因此,施工图设计文件的质量直接影响建设工程的质量。

(五) 依法实行工程监理

《建设工程质量管理条例》规定,实行监理的建设工程,建设单位应当委托具有相应资质等级的工程监理单位进行监理,也可以委托具有工程监理相应资质等级并与被监理工程的施工承包单位没有隶属关系或者其他利害关系的该工程的设计单位进行监理。

(六) 依法办理工程质量监督手续

《建设工程质量管理条例》规定,建设单位在领取施工许可证或者开工报告前,应当按照国家有关规定办理工程质量监督手续。

办理工程质量监督手续是法定程序,不办理质量监督手续的,不发施工许可证,工程不得开工。因此,建设单位在领取施工许可证或者开工报告之前,应当依法到建设行政主管部门或铁路、交通、水利等有关管理部门,或者委托的工程质量监督机构办理工程质量监督手续,接受政府主管部门的工程质量监督。

(七) 依法保证建筑材料等符合要求

《建设工程质量管理条例》规定,按照合同约定,由建设单位采购建筑材料、建筑构配件和设备的,建设单位应当保证建筑材料、建筑构配件和设备符合设计文件和合同要求。建设单位不得明示或者暗示施工单位使用不合格的建筑材料、建筑构配件和设备。

(八) 依法进行装修工程

随意拆改建筑主体结构和承重结构等,会危及建设工程安全和人民生命财产安全。因此,《建设工程质量管理条例》规定,涉及建筑主体和承重结构变动的装修工程,建设单位应当在施工前委托原设计单位或者具有相应资质的设计单位提出设计方案;没有设计方案的,不得施工。房屋建筑使用者在装修过程中,不得擅自变动房屋建筑主体和承重结构。

对于涉及建筑主体和承重结构变动的装修工程,设计单位会根据结构形式和特点,对结构受力进行分析,对构件的尺寸、位置、配筋等重新进行计算和设计。因此,建设单位应当委托该建筑工程的原设计单位或者具有相应资质条件的设计单位提出装修工程的设计方案。如果没有设计方案就擅自施工,则将留下质量隐患甚至造成质量事故,后果严重。

房屋使用者在装修过程中,也不得擅自变动房屋建筑主体和承重结构,如拆除隔墙、窗洞改门洞等,都是不允许的。

(九) 建设单位质量违法行为应承担的法律责任

《建筑法》规定,建设单位违反本法规定,要求建筑设计单位或者建筑施工企业违反法律、行政法规和建筑工程质量、安全标准,降低工程质量的,责令改正,可以处以罚款;构成犯罪的,依法追究刑事责任。

《建设工程质量管理条例》规定,建设单位有下列行为之一的,责令改正,处 20 万元以上 50 万元以下的罚款:(1)迫使承包商以低于成本的价格竞标的;(2)任意压缩合理工期的;(3)明示或者暗示设计单位或者施工单位违反工程建设强制性标准,降低工程质量的;(4)施工图设计文件未经审查或者审查不合格,擅自施工的;(5)建设项目必须实行工程监理而未实行工程监理的;(6)未按照国家规定办理工程质量监督手续的;(7)明示或者暗示施工单位施工不合格的建筑材料、建筑构配件和设备的;(8)未按照国家规定将竣工验收报告、有关认可文件或者准许使用文件报送备案的。

二、勘察、设计单位相关的质量责任和义务

《建筑法》规定,建筑工程的勘察、设计单位必须对其勘察、设计的质量负责。勘察、设计文件应当符合有关法律、行政法规的规定和建筑工程质量、安全标准、建筑工程勘察、设计技术规范以及合同的约定。

(一) 依法承揽工程的勘察、设计业务

《建设工程质量管理条例》规定,从事建设工程勘察、设计的单位应当依法取得相应等级的资质证书,并在其资质等级许可的范围内承揽工程。禁止勘察、设计单位超越其

资质等级许可的范围或者以其勘察、设计单位的名义承揽工程。禁止勘察、设计单位允许其他单位或者个人以本单位的名义承揽工程。勘察、设计单位不得转包或者违法分包所承揽的工程。

(二)勘察、设计必须执行强制性标准

《建设工程质量管理条例》规定,勘察、设计单位必须按照工期建设强制性标准进行勘察、设计,并对其勘察、设计的质量负责。

强制性标准是工程建设技术和经验的积累,是勘察、设计工作的技术依据。只有满足工程建设强制性标准才能保证质量,才能满足工程对安全、卫生、环保等多方面的质量要求,因而勘察、设计单位必须严格执行。

(三)勘察单位提供的勘察成果必须真实、准确

《建设工程质量管理条例》规定,勘察单位提供的地质、测量、水文等勘察成果必须真实、准确。

工程勘察工作是建设工作的基础工作,工程勘察成果文件是设计和施工的基础资料和重要依据。其真实准确与否直接影响到设计、施工质量,因而工程勘察成果必须真实准确、安全可靠。

(四)设计依据和设计深度

《建设工程质量管理条例》规定,设计单位应当根据勘察成果文件进行建设工程设计。设计文件应当符合国家规定的设计深度要求,注明工程合理使用年限。

勘察成果文件是设计的基础资料,是设计的依据。因此,先勘察、后设计是工程建设的基本做法,也是基本建设程序的要求。我国对各类设计文件的编制深度都有规定,在实践中应当贯彻执行。工程合理使用年限是指从工程竣工合格之日起,工程的地基基础、主体结构能保证在正常情况下安全使用的年限。它与《建筑法》中的"建筑物合理寿命年限"等在概念上是一致的。

(五)依法规范设计对建筑材料等的选用

《建筑法》《建设工程质量管理条例》规定,设计单位在设计文件中选用的建筑材料、建筑构配件和设备,应当注明规格、型号、性能等技术指标,其质量要求必须符合国家规定的标准。除有特殊要求的建筑材料、专用设备、工艺生产线等外,设计单位不得指定生产厂家、供应商。

为了使建设工程的施工能准确满足设计意图,设计文件中必须注明所选用的建筑材料,建筑构配件和设备的规格、型号、性能等技术指标。这也是设计文件编制深度的要求。但是,在通用产品能保证工程质量的前提下,设计单位不可能故意选用特殊要求的产品,也不能滥用权力限制建设单位或施工单位在材料等采购上的自主权。

(六)依法对设计文件进行技术交底

《建设工程质量管理条例》规定,设计单位应当就审查合格的施工图设计文件向施

工单位作出详细说明。

设计文件的技术交底,通常的做法是设计文件完成后,通过建设单位发给施工单位,再由设计单位将设计的意图、特殊的工艺要求,以及建筑、结构、设备等各专业在施工中的难点、疑点和容易发生的问题等向施工单位做详细说明,并负责解释施工单位对设计图纸的疑问。

对设计文件进行技术交底是设计单位的重要义务,对确保工程质量有重要的意义。

(七)依法参与建设工程质量事故分析

《建设工程质量管理条例》规定,设计单位应当参与建设工程质量事故分析,并对因设计造成的质量事故,提出相应的技术处理方案。

工程质量的好坏,在一定程度上就是工程建设是否准确贯彻了设计意图。因此,一旦发生了质量事故,该工程的设计单位最有可能在短时间内发现存在的问题,对事故的分析具有权威性。这对及时进行事故处理十分有利。对因设计造成的质量事故,原设计单位必须提出相应的技术处理方案,这是设计单位的法定义务。

(八)勘察、设计单位质量违法行为应承担的法律责任

《建设法》规定,建筑设计单位不按照建筑工程质量、安全标准进行设计的,责令改正,处以罚款;造成工程质量事故的,责令停业整顿,降低资质等级或者吊销资质证书,没收违法所得,并处罚款;造成损失的,承担赔偿责任;构成犯罪的,依法追究刑事责任。

《建设工程质量管理条例》规定,有下列行为之一的,责令改正,处10万元以上30万元以下的罚款:(1)勘察单位未按照工程建设强制性标准进行勘察的;(2)设计单位未根据勘察成果文件进行工程设计的;(3)设计单位指定建筑材料,建筑构配件的生产厂家,供应商的;(4)设计单位未按照工程建设强制性标准进行设计的。有以上所列行为,造成工程质量事故的,责令停业整顿,降低资质等级;情节严重的,吊销资质证书;造成损失的,依法承担赔偿责任。

三、工程监理单位相关的质量责任和义务

工程监理单位接受建设单位的委托,代表建设单位,对建设工程进行管理。因此,工程监理单位也是建设工程质量的责任主体之一。

(一)依法承担工程监理业务

《建筑法》规定,工程监理单位应当在其资质等级许可的监理范围内,承担工程监理业务。工程监理单位不得转让工程监理业务。

《建设工程质量管理条例》进一步规定,工程监理单位应当依法取得相应等级的资质证书,并在其资质等级许可的范围内承担工程监理业务。禁止工程监理单位超越本单位资质等级许可的范围或者以其他工程监理单位的名义承担工程监理义务。禁止工程监理单位允许其他单位或者个人以本单位的名义承担工程监理业务。工程监理单位

不得转让工程监理业务。

(二) 对有隶属关系或其他利害关系的回避

《建筑法》和《建设工程质量管理条例》规定,工程监理单位与被监理工程的施工承包单位以及建筑材料、建筑构配件和设备供应单位有隶属关系或者其他利害关系的,不得承担该项建设工程的监理业务。

由于工程监理单位与被监理工程的承包单位以及建筑材料、建筑构配件和设备供应单位之间,是一种监督与被监督的关系,为了保证客观、公正地执行监理任务,工程监理单位与上述单位不能有隶属关系或者其他利害关系。如果有这种关系,工程监理单位在接受监理委托前,应当自行回避,对于没有回避而被发现的,建设单位可以依法解除委托关系。

(三) 监理工作的依据和监理责任

《建设工程质量管理条例》规定,工程监理单位应当依据法律、法规以及有关技术标准、设计文件和建设工程承包合同,代表建设单位对施工质量实施监理,并对施工质量承担监理责任。

工程监理的依据:(1)法律、法规,如《建筑法》《建设工程质量管理条例》等;(2)有关技术标准,如《工程建设标准强制性条文》以及建设工程承包合同中确认采用的推荐性标准等;(3)设计文件、施工图设计等设计文件既是施工的依据,也是监理单位对施工活动进行监督管理的依据;(4)建设工程承包合同,监理单位据此监督施工单位是否全面履行合同约定的义务。

监理单位对施工质量承担监理责任,包括违约责任和违法责任两个方面:(1)违约责任。如果监理单位不按照监理合同约定履行监理义务,给建设单位或其他单位造成损失的,应当承担相应的赔偿责任。(2)违法责任。如果监理单位违法监理,或者降低工程质量标准,造成质量事故的,要承担相应的法律责任。

(四) 工程监理的职责和权限

《建设工程质量管理条例》规定,工程监理单位应当选派具备相应资格的总监理工程师和监理工程师进驻施工现场。未经监理工程师签字,建筑材料、建筑构配件和设备不得在工程上使用或者安装施工单位不得进入下一道工序的施工。未经总监理工程师签字,建设单位不拨付工程款,不进行竣工验收。

(五) 工程监理的形式

《建设工程质量管理条例》规定,监理工程师应当按照工程监理规范的要求,采取旁站、巡视和平行检验等形式,对建设工程实施监理。

所谓旁站,是指对工程中有关地基和结构安全的关键工序和关键施工过程,进行连续不断地监督检查或检验的监理活动,有时甚至要连续跟班监理。所谓巡视,主要是强调除了关键点的质量控制外,监理工程师还应对施工现场进行面上的巡视监理。所谓平行检验,主要是强调监理单位对施工单位已经检验的工程应及时进行检验。对于关键性、较大体量的工程实物,采取分段后平行检验的方式,有利于及时发现质量问题,及时采取措施予以纠正。

(六) 工程监理单位质量违法行为应承担的法律责任

《建筑法》规定,工程监理单位与建设单位或者建筑施工企业串通,弄虚作假,降低工程质量的,责令改正,处以罚款,降低资质等级或者吊销资质证书;有违法所得的,予以没收;造成损失的,承担连带赔偿责任;构成犯罪的,依法追究刑事责任。

《建设工程质量管理条例》规定,工程监理单位有下列行为之一的,责令改正,处 50 万元以上 100 万元以下的罚款,降低资质等级或者吊销资质证书;有违法所得的,予以没收;造成损失的,承担连带赔偿责任:(1)与建设单位或者施工单位串通,弄虚作假、降低工程质量的;(2)将不合格的建设工程、建筑材料、建筑构配件和设备按照合格签字的。

第四节　建设工程竣工验收制度

工程项目的竣工验收是施工过程全过程的最后一道工序,也是工程项目管理的最后一项工作。它是建设投资成果转入生产或使用的标志,也是全面考核投资效益、检验设计和施工质量的重要环节。

一、竣工验收的主体和法定条件

(一) 建设工程竣工验收的主体

《建设工程质量管理条例》规定,建设单位收到建设工程竣工报告后,应当组织设计、施工、工程监理等有关单位进行竣工验收。

对工程进行竣工检查和验收,是建设单位法定的权利和义务。在建设工程完工后,承包单位应当向建设单位提供完整的竣工资料和竣工验收报告,提请建设单位组织竣工和验收。建设单位收到竣工验收报告后,应及时组织有设计、施工、工程监理等有关单位参加的竣工验收,检查整个工程项目是否已按照设计要求和合同约定全部建设完成,并符合竣工验收条件。

(二) 竣工验收应当具备的法定条件

《建筑法》规定,交付竣工验收的建筑工程,必须符合规定的建筑工程质量标准。有完整的工程技术经济资料和经签署的工程保修书,并具备国家规定的其他竣工条件。建筑工程竣工经验收合格后,方可交付使用;未经验收或验收不合格的,不得交付使用。

《建设工程质量管理条例》进一步规定,建设工程竣工验收应当具备下列条件,建设工程经验收合格的,方可交付使用。

1. 完成建设工程设计和合同约定的各项内容

建设工程设计和合同约定的内容,主要是指设计文件所确定的以及承包合同"承包人承揽工程项目一览表"中载明的工作范围,也包括监理工程师签发的变更通知单所确定的工作内容。承包单位必须按合同的约定,按质、按量、按时完成上述工作内容,使工程具有正常的使用功能。

2. 有完整的技术档案和施工管理资料

工程技术档案和施工管理资料是竣工验收和质量保证的重要依据之一,主要包括以下档案和资料:(1)工程项目竣工验收报告;(2)分项、分部工程和单位工程技术人员名单;(3)图纸会审和技术交底记录;(4)设计变更通知单,技术变更核实单;(5)工程质量事故发生后调查和处理资料;(6)隐蔽验收记录及施工日志;(7)竣工图;(8)质量检验评定资料;(9)合同约定的其他资料。

3. 有工程使用的主要建筑材料、建筑构配件和设备的进场试验报告

对建设工程使用的主要建筑材料、建筑构配件和设备,除具有质量合格证明资料外,还应当有进场试验、检验报告,其质量要求必须符合国家规定的标准。

4. 有勘察、设计、施工、工程监理等单位分别签署的质量合格文件

勘察、设计、施工、工程监理等有关单位要依据工程设计文件及承包合同所要求的质量标准,对竣工工程进行检查评定,符合规定的,应当签署合格文件。

5. 有施工单位签署的工程保修书

施工单位同建设单位签署的工程保修书,也是交付竣工验收的条件之一。

凡是没有经过竣工验收或者竣工验收确定为不合格的建设工程,不得交付使用。如果建设单位未提前获得投资效益,在工程未经验收就提前投产或使用,由此而发生的质量等问题,建设单位要承担责任。

二、施工单位应提交的档案资料

施工单位应当按照归档要求制定统一目录,有专业分包工程的,分包单位要按照总承包单位的总体安排做好各项资料整理工作,最后再由总承包单位进行审核、汇总。施工单位一般应当提交的档案资料是:(1)工程技术档案资料;(2)工程质量保证资料;(3)工程检验评定资料;(4)竣工图等。

《建设工程质量管理条例》规定,建设单位应当严格按照国家有关档案管理的规定,及时收集、整理建设项目各环节的文件资料,建立健全建设项目档案,并在建设工程竣工验收后3个月内,向城建档案馆报送一套符合规定的建设工程档案。

三、规划、消防、环保、节能等验收的规定

《建设工程质量管理条例》规定,建设单位应当自建设工程竣工验收合格之日起15日内,将建设工程竣工验收报告和规划、公共消防、环保等部门出具的认可文件或者准

许使用文件报建设行政主管部门或者其他有关部门备案。

(一) 建设工程竣工规划验收

《城乡规划法》规定,县级以上地方人民政府城乡规划主管部门按照国务院规定对建设工程是否符合规划条件予以核实。未经核实或者经核实不符合规划条件的,建设单位不得组织竣工验收。建设单位应当在竣工验收后6个月内向城乡规划主管部门报送有关竣工验收资料。

建设工程竣工后,建设单位应当依法向城乡规划行政主管部门提出竣工规划验收申请,由城乡规划行政主管部门按照选址意见书、建设用地规划许可证、建设工程规划许可证、乡村建设规划许可证及其有关规划的要求,对建设工程进行规划验收,包括对建设用地范围内的各项工程建设情况、建筑物的使用性质、位置、间距、层数、标高、平面、立面、外墙装饰材料和色彩、各类配套服务设施,临时施工用房、施工场地等进行全面核查,并作出验收记录。对于验收合格的,由城乡规划行政主管部门出具规划认可文件或核实建设工程竣工规划验收合格证。

(二) 建设工程竣工消防验收

《中华人民共和国消防法》(以下简称《消防法》)规定,按照国家工程建设消防技术标准需要进行消防设计的建设工程竣工,按照以下规定进行消防验收、备案:(1)国务院公安部门规定的大型的人员密集场所和其他特殊建设工程,建设单位应当向公安机关消防机构申请消防验收;(2)其他建设工程,建设单位在验收后应当报公安消防机构备案,公安消防机构应当进行抽查。依法应当进行消防验收的建设工程,未经消防验收或者消防验收不合格的,禁止投入使用;其他建设工程经依法抽查不合格的,应当停止使用。

公安机关消防机构应当自受理消防验收申请之日起20日内组织消防验收,并出具消防验收意见。公安机关消防机构对申报消防验收的建设工程,应当依照建设工程消防验收评定标准对已经消防设计审核合格的内容组织消防验收。对综合评定结论为合格的建设工程,公安机关消防机构应当出具消防验收合格意见;对综合评定结论为不合格的,应当出具消防验收不合格意见,并说明理由。

(三) 建设工程竣工环保验收

国务院《建设项目环境保护管理条例》规定,建设项目竣工后,建设单位应当向审批该建设项目环境影响报告书、环境影响报告表或者环境影响登记表的环境保护行政主管部门,申请该建设项目需要配套建设的环境保护设施竣工验收。

环境保护设施竣工验收,应当与主体工程竣工验收同时进行。需要进行试生产的建设项目,建设单位应当自建设项目投入试生产之日起3个月内,向审批该建设项目环境影响报告书、环境影响报告表或者环境影响登记表的环境保护行政主管部门,申请该建设项目需要配套建设的环境保护设施竣工验收。分期建设、分期投入生产或者使用的建设项目,其相应的环境保护设施应当分期验收。环境保护行政主管部门应当自收到环境保护设施竣工验收申请之日起30日内,完成验收。建设项目需要配套建设的环境保护设施经验收合格,该建设项目方可正式投入生产或者使用。

(四) 建筑工程竣工节能验收

《中华人民共和国节约能源法》(以下简称《节约能源法》)规定,不符合建筑节能标准的建筑工程,建设主管部门不得批准开工建设;已经开工建设的,应当责令停止施工、限期改正;已经建成的,不得销售或者使用。

国务院《民用建筑节能条例》进一步规定,建设单位组织竣工验收,应当对民用建筑是否符合民用建筑节能强制性标准进行检验;对不符合民用建筑节能强制性标准的,不得出具竣工验收合格报告。

建筑节能工程施工质量的验收,主要应按照国家标准《建筑节能工程施工质量验收规范》《建筑工程施工质量验收统一标准》及各专业工程施工质量验收规范等执行。单位工程竣工验收应在建筑节能分项工程验收合格后进行。

建筑节能工程为单位建筑工程的一个分部工程,并按规定划分为分项工程和检验批。建筑节能工程应该按照分项工程进行验收,如墙体节能工程、幕墙节能工程、门窗节能工程、屋面节能工程、地面节能工程、采暖节能工程、通风与空气调节节能工程、配电与照明节能工程等。当建筑节能分项工程的工程量较大时,可以将分项工程划分为若干个检验批进行验收。当建筑节能工程验收无法按照要求划分分项工程或检验批时,可由建设、施工、监理等各方协商进行划分。但验收项目、验收内容、验收标准和验收记录均应遵守规范的规定。

第五节　建设工程质量保修制度

《建筑法》《建设工程质量管理条例》均规定,建设工程实行质量保修制度。

建设工程质量保修制度,是指建设工程竣工验收后,在规定的保修期限内,因勘察、设计、施工、材料等原因造成的质量缺陷,应当由施工承包单位负责维修、返工或更换,由责任单位负责赔偿损失的法律制度。建设工程质量保修制度对于促进建设各方加强质量管理,保护用户及消费者的合法权益可起到重要的保障作用。

一、质量保修书和最低保修期限的规定

(一) 建设工程质量保修书的提交时间及主要内容

《建设工程质量管理条例》规定,建设工程承包单位在向建设单位提交工程竣工验收报告时,应当向建设单位出具质量保修书。质量保修书中应当明确建设工程的保修范围、保修期限和保修责任等。

建设工程质量保修的承诺,应当由承包单位以建设工程质量保修书这一书面形式

来体现。建设工程质量保修书是一项保修合同,是承包合同所约定双方权利义务的延续,也是施工单位对竣工验收的建设工程承担保修责任的法律文本。

建设工程承包单位应当依法在向建设单位提交工程竣工验收报告资料时,向建设单位出具工程质量保修书。工程质量保修书包括以下主要内容:(1)质量保修范围。《建筑法》规定,建筑工程的保修范围应当包括地基基础工程、主体结构工程、屋面防水工程和其他土建工程,以及电气管线、上下水管线的安装工程,供热、供冷系统工程等项目。当然,不同类型的建设工程,其保修范围有所不同。(2)质量保修期限。《建筑法》规定,保修的期限应当保证建筑物合理寿命年限内正常使用,维护使用者合法权益的原则确定。具体的保修范围和最低保修期限由国务院规定。据此,国务院在《建设工程质量管理条例》中做了明确规定。(3)承担质量保修责任。主要是施工单位向建设单位承诺保修范围、保修期限和有关具体实施保修的措施,如保修的方法、人员及联络办法,保修答复和处理时限,不履行保修责任的罚则等。

需要注意的是,施工单位在建设工程质量保修书中,应当对建设单位合理使用建设工程有所提示。如果是因建设单位或用户使用不当或擅自改动结构、设备位置以及不当装修等造成质量问题的,施工单位不承担保修责任;由此而造成的质量受损或其他用户损失,应当由责任人承担相应的责任。

(二) 建设工程质量的最低保修期限

《建设工程质量管理条例》规定,在正常条件下,建设工程的最低保修期限为:(1)基础设施工程、房屋建筑的地基基础工程和主体结构工程,为设计文件规定的该工程的合理使用年限;(2)屋面防水工程、有防水要求的卫生间、房间和外墙面的防渗漏,为5年;(3)供热与供冷系统,为2个采暖期、供冷期;(4)电气管线、给排水管道、设备安装和装修工程,为2年。其他项目的保修期限由发包方和承包方约定。

1. 地基基础工程和主体结构的保修期

基础设施工程、房屋建筑的地基基础工程和主体结构工程的质量,直接关系到基础设施工程和房屋建筑的整体安全可靠,必须在该工程的合理使用年限内予以保修,即实行终身负责制。可以说,工程合理使用年限就是该工程勘察、设计、施工等单位的质量责任年限。

2. 屋面防水工程、供热与供冷系统等的最低保修期

在《建设工程质量管理条例》中,对屋面防水工程、供热与供冷系统、电气管线、给排水管道、设备安装和装修工程等的最低保修期限分别作出了规定。如果建设单位与施工单位经平等协商另行签订保修合同的,其保修期限可以高于法定的最低保修期限,但不能低于最低保修期限,否则视作无效。

建设工程保修期的起始日是竣工验收合格之日。按照《建设工程质量管理条例》的规定,建设行政主管部门或者其他有关部门发现建设单位在竣工验收过程中有违反国家有关建设工程质量管理规定行为的,责令停止使用,重新组织竣工验收。对于重新组织竣工验收的工程,其保修期为各方都认可的重新组织竣工验收的日期。

3. 建设工程超过合理使用年限后需要继续使用的规定

《建设工程质量管理条例》规定,建设工程在超过合理使用年限内需要继续使用的,产权所有人应当委托具有相应资质等级的勘察、设计单位鉴定,并根据鉴定结果采取加固、维修等措施,重新界定使用期。

二、质量责任的损失赔偿

《建设工程质量管理条例》规定,建设工程在保修范围和保修期限内发生质量问题的,施工单位应当履行保修义务,并对造成的损失承担赔偿责任。

(一) 保修义务的责任落实与损失赔偿责任的承担

《最高人民法院关于审理建设工程施工合同纠纷案件适用法律问题的解释》规定,因保修人未及时履行保修义务,导致建筑物损毁或者造成人身、财产损害的,保修人应当承担赔偿责任。保修人与建筑物所有人或者发包人对建筑物毁损均有过错的,各自承担相应的责任。

建设工程保修的质量问题是在保修范围和保修期限内的质量问题。对于保修义务的承担和维修的经济责任承担应当按下述原则处理:(1)施工单位未按国家有关标准规范和设计要求施工所造成的质量缺陷,由施工单位负责返修并承担经济责任。(2)由于设计问题造成的质量缺陷,先由施工单位负责维修,其经济责任按有关规定通过建设单位向设计单位索赔。(3)因建筑材料、构配件和设备质量不合格引起的质量缺陷,先由施工单位负责维修,其经济责任属于施工单位采购的或经其验收同意的,由施工单位承担经济责任;属于建设单位采购的,由建设单位承担经济责任。(4)因建设单位(含监理单位)错误管理造成的质量缺陷,先由施工单位负责维修,其经济责任由建设单位承担;如属监理单位责任,则由建设单位向监理单位索赔。(5)因使用单位使用不当造成的损坏问题,先由施工单位负责维修,其经济责任由使用单位自行负责。(6)因地震、台风、洪水等自然灾害或其他不可抗拒原因造成的损坏问题,先由施工单位负责维修,建设参与各方再根据国家具体政策分担经济责任。

(二) 建设工程质量保证金

2017年,住建部、财政部《建设工程质量保证金管理暂行办法》规定,建设工程质量保证金(保修金)(以下简称保证金)是指发包人与承包人在建设过程承包合同中约定,从应付的工程款中预留,用以保证承包人在缺陷责任内对建设工程中出现的缺陷进行维修的资金。

1. 缺陷责任期的确定

所谓缺陷,是指建设工程质量不符合工程建设强制性标准,设计文件及承包合同的约定,缺陷责任期一般为1年,最长不超过2年,具体可由发承包双方在合同中约定。

缺陷责任期从工程通过竣(交)工验收之日起计。由于承包人原因导致工程无法按规定期限进行竣(交)工验收的,缺陷责任期从实际通过竣(交)工验收之日起计。由于发包人原因导致工程无法按规定期限进行竣(交)工验收的,在承包人提交竣(交)工验收报告90天后,工程自动进入缺陷责任期。

2. 预留保证金的比例

发包人应按照合同约定方式预留保证金,保证金总预留比例不得高于工程价款结算总额的3%。合同约定由承包人以银行保函替代预留保证金的,保函金额不得高于工程价款结算总额的3%。

缺陷责任期内,由承包人原因造成的缺陷,承包人负责维修,并承担鉴定及维修费用。如承包人不维修也不承担费用,发包人可按合同约定扣除保证金,并由承包人承担违约责任。承包人维修并承担相应费用后,不免除对工程的一般损失赔偿责任。由他人原因造成的缺陷,发包人负责维修,承包人不承担费用,且发包人不得从保证金中扣除费用。

3. 质量保证金的返还

缺陷责任期内,承包人认真履行合同约定的责任,到期后,承包人向发包人申请返还保证金。

发包人在接到承包人返还保证金申请后,应于14日内会同承包人按照合同约定的内容进行核实。如无异议,发包人应当在核实后14日内将保证金返还给承包人,逾期支付的,从逾期之日起,按照同期银行贷款利率计付利息,并承担违约责任。发包人在接到承包人返还保证金申请后14日内不予答复,经催告后14日内仍不予答复,视同认可承包人的返还保证金申请。

发包人与承包人对保证金预留、返还,以及工程维修质量、费用有争议的,按承包合同约定的争议和纠纷解决程序处理。

二、违法行为应承担的法律责任

《建筑法》规定,建筑企业违反本法规定,不履行保修义务的责令改正,可以处以罚款,并对在保修期内因屋顶、墙面渗漏、开裂等质量缺陷造成的损失,承担赔偿责任。

《建设工程质量管理条例》规定,施工单位不履行保修义务或者拖延履行保修义务的责令改正,处10万元以上20万元以下的罚款,并对在保修期内因质量缺陷造成的损失承担赔偿责任。

《建设工程质量保证金管理暂行办法》规定,缺陷责任期内,由承包人原因造成的缺陷,承包人应负责维修,并承担鉴定及维修费用。如承包人不维修也不承担费用,发包人可按合同约定扣除保证金,并由承包人承担违约责任。承包人维修并承担相应费用后,不免除对工程的一般损失赔偿责任。

《建筑业企业资质管理规定》规定,建筑业企业申请晋升资质等级或者主项资质以外的资质,在申请之日前1年内有未履行保修义务,造成严重后果的情形的,建设行政主管部门不予批准。

本章小结

本章主要介绍了工程建设标准,施工单位的质量责任和义务,建设单位及相关单位的质量责任和义务,建设工程竣工验收制度,建设工程质量保修制度等建设工程质量法律制度。

习 题

一、填空题

1. 工程建设国家标准分为_____和_____。
2. 在_____的条文中,使用"必须""严禁""应""不应""不得"等属于强制性标准的用词,而使用"宜""不宜""可"等一般不是强制性标准的规定。
3. 总承包单位与分包单位对分包工程的质量承担_____责任。
4. 涉及结构安全的试块、试件和材料见证取样或送检的比例不得低于有关技术标准中规定应取样数量的_____。
5. 建设单位在领取施工许可证或者开工报告前,应当按照国家有关规定办理_____手续。
6. 勘察、设计单位必须按照_____进行勘察、设计,并对勘察、设计的质量负责。
7. 监理工程师应按照工程监理规范的要求,采取_____、_____和_____等形式,对建设工程实施监理。
8. 对工程进行竣工检查和验收,是_____法定的权利和义务。
9. 屋面防水工程的最低保修期限为_____年。
10. 全部或者部分使用政府投资的建设项目,按工程价款结算总额_____的比例预留保证金。

二、单项选择题

1. 按照《中华人民共和国标准化法》的规定,下列(　　)可以分为强制性标准和推荐性标准。
   A. 技术标准　　　　B. 行业标准　　　　C. 地方标准　　　　D. 企业标准
2. 下列关于工程建设地方标准的表述中,错误的是(　　)。
   A. 在公布国家标准或者行业标准之后,该项地方标准即行废止
   B. 未经备案的工程建设地方标准,不得在建设活动中使用
   C. 地方标准中不存在强制性条文
   D. 地方标准的复审周期一般不超过 5 年

3. 某住宅工程,总承包商经建设单位同意将装修工程分包给某分包单位施工。工程竣工验收发现:混凝土基础工程出现渗漏,部分房间地面石材出现大面积花斑。对上述质量问题的责任承担,说法正确的是(　　)。

A. 由总承包单位对上述问题承担责任,分包单位不承担责任

B. 由总承包单位与分包单位承担连带责任

C. 总承包单位对基础混凝土问题承担责任,分包单位对地面石材问题承担责任

D. 总承包单位对基础混凝土问题承担责任,总包单位与分包单位就地面石材问题承担连带责任

4. 某住宅小区分期开工建设,其中二期5号楼建设单位仍然复制使用一期工程施工图纸。施工时承包方发现图纸使用的02标准图集现已作废,承包方正确的做法是(　　)。

A. 因为图纸已经施工图审查合格,按图施工即可

B. 按现行图集套改后继续施工

C. 由施工单位技术人员修改图纸

D. 向相关单位及时提出修改建议

5. 按照《建设工程施工合同(示范文本)》(GF—2017—0201)通用条款规定,工程具备隐蔽条件后,施工单位进行自检,并在隐蔽前(　　)以书面形式通知监理工程师验收。

A. 1日　　　　B. 36小时　　　　C. 24小时　　　　D. 48小时

6. 某工厂扩建项目需建设二期厂房,厂方将一期建设时的勘察成果提供给设计单位,在厂方一再坚持下,设计单位依法完成了设计任务。工程竣工验收时发现由于设计对地基处理不当引起厂房不均匀沉陷,对此造成的损失应(　　)。

A. 厂方、设计单位、施工单位分摊　　　　B. 设计单位、施工单位分摊

C. 厂方、施工单位分摊　　　　D. 厂方、设计单位分摊

7. 依法为建设单位办理质量监督手续,是(　　)的法定义务。

A. 建设单位　　　　B. 施工单位　　　　C. 监理单位　　　　D. 质量监督机构

8. 某工程承包单位完成了设计图纸和合同规定的施工任务,建设单位欲组织竣工验收,按照《建设工程质量管理条例》规定的工程竣工验收必备条件不包括的是(　　)。

A. 完整的技术档案和施工管理资料

B. 工程使用的主要建筑材料、建筑构配件和设备的进场试验报告

C. 勘察、设计、施工、工程监理等单位共同签署的质量合格文件

D. 施工单位签署的工程保修书

9. 按照《中华人民共和国城乡规划法》的规定,建设单位应当在工程竣工验收后(　　)内向城乡规划主管部门报送相关竣工验收资料。

A. 15日内　　　　B. 30日内　　　　C. 3个月　　　　D. 6个月

10. 某综合楼工程由A企业总承包,其中消防工程由B企业分包。B企业于自检合格后,于2021年5月1日向A企业申请竣工验收,消防分部工程于2021年5月5日由

当地公安消防机构进行了验收,A企业于5月8日向建设单位提出竣工验收申请,建设单位于5月15日组织了竣工验收,验收合格,工程交付使用。则该消防工程的保修期始于2021年(　　)。

A.5月1日　　　　B.5月5日　　　　C.5月8日　　　　D.5月15日

三、多项选择题

1.按照标准的级别,我国将标准划分为(　　)。

A.国家标准　　　　B.行业标准　　　　C.地方标准

D.企业标准　　　　E.推荐性标准

2.工程建设标准批准部门应当对工程项目执行强制性标准情况进行监督检查,其检查内容包括(　　)。

A.工程作业人员是否熟悉强制性标准

B.规划、勘察、设计、施工、验收等是否符合强制性标准的规定

C.采用的材料、设备是否符合强制性标准的规定

D.采用的导则、指南、手册、计算机软件的内容是否符合强制性标准的规定

E.工程安全、质量是否使用了强制性标准

3.以下材料中,施工单位在工程施工中必须进行见证取样或送检的是(　　)。

A.地下防水材料　　　B.承重钢筋连接接头　　　C.混凝土掺加剂

D.砌筑砂浆的水泥　　E.分隔墙的混凝土小型砌块

4.在工程实践中,建设单位应当向施工单位提供原始资料,这些资料主要包括(　　)。

A.可行性研究报告　　　　　　　B.概算批准文件

C.建设用地的征用资料　　　　　D.建设项目所在地规划部门批准文件

E.项目规划总平面图、地下管线、地形地貌等在内的基础资料

5.作为工程建设的施工单位,应承担的质量责任和义务有(　　)。

A.依法承揽工程　　　B.不得分包工程　　　C.不得转包工程

D.不得指定材料供应商　　　E.不得指定检测单位

6.工程质量监督机构对竣工验收实施的监督包括(　　)。

A.验收程序是否合法　　　　B.参加验收单位人员的资格是否符合要求

C.竣工验收资料是否齐全　　D.实体质量是否存在严重缺陷

E.竣工结算是否编制

7.建设工程申请消防验收过程中,建设单位应当提交的材料有(　　)。

A.防火材料的证明文件　　　　B.防火材料的出厂合格证

C.电气防火技术检测合格证明文件　　　D.工程检验评定资料

E.建设工程规划许可证

8.某工程项目由于存在质量争议未予办理竣工结算,建设方提前使用了该工程,则产生的后果是(　　)。

A.其质量争议按该工程保修合同执行　　　B.就有争议部分的竣工结算暂缓办理

C. 视为建设方对争议部分的质量认可   D. 有关部门不予办理权属登记
E. 参照当地建设行政主管部门发布的计价方法或者计价标准结算工程价款

9. 某住宅楼工程设计合理使用年限为 50 年。以下是该工程施工单位和建设单位签订的《工程质量保修书》关于工程保修期的条款，其中符合《建设工程质量管理条例》规定合法有效的是（   ）。

A. 地基基础和主体结构工程为 50 年   B. 屋面防水工程、卫生间防水为 8 年
C. 电气管线、给排水管道为 2 年   D. 供热和供冷系统为 2 年
E. 装饰装修工程为 1 年

10. 某工程公司由于建设单位一直拖欠工程款，近两年拒绝履行保修工作，则工程公司应承担的法律责任包括（   ）。

A. 处以罚款   B. 被扣除保证金   C. 申请晋升资质等级不予批准
D. 申请主项资质以外的资质不予批准   E. 追究刑事责任

四、简答题

1. 工程建设国家标准中哪些标准属于强制性标准的范畴？
2. 建设行政主管部门对工程建设强制性标准进行监督检查的内容有哪些？
3. 对于施工单位而言，哪些试块、试件和材料必须实施见证取样和送检？
4. 隐蔽工程的验收程序是怎样的？
5. 建设单位的质量责任和义务有哪些？
6. 工程监理的形式有哪些？什么是平行检验？
7. 竣工验收应具备的法定条件有哪些？
8. 建筑节能工程验收的程序是怎样的？
9. 工程质量保修书的内容有哪些？
10. 根据相关法律法规的规定，屋面防水工程、供热与供冷系统的最低保修期限是多少？

五、案例分析题

某化工厂在同一厂区建设第二个大型厂房时，为了节省投资，决定不做勘察，便将 4 年前为第一个大型厂房做的勘察成果提供给设计院作为设计依据，让其设计新厂房。设计院不同意。但是，在该化工厂的一再坚持下最终设计院妥协，答应使用旧的勘察成果。厂房建成后使用一年多就发现其北墙墙体多处开裂。该化工厂一纸诉状将施工单位告上法院，请求判定施工单位承担工程质量责任。

问题：
(1) 本案中的质量责任应当由谁承担？
(2) 工程中设计方是否有过错，违反了什么规定？

习题答案

第十章 劳动合同法规

教学目标

通过学习,掌握劳动合同的规定,熟悉集体合同、劳务派遣、非全日制用工,了解违反劳动合同的法律责任。通过本章学习,培养学生人际交往能力、组织管理能力和应变能力,促使学生养成诚实守信的品德,树立社会主义核心价值观,具备公正、敬业、诚信等优良品质。通过本章学习,应达到以下目标:

(1)掌握劳动合同的基本概念和相关规定;
(2)熟悉集体合同、劳务派遣、非全日制用工;
(3)熟悉违反劳动合同的法律责任。

教学要求

知识要点	能力要求	相关知识
劳动合同法概述	(1)掌握劳动合同的基本概念 (2)掌握劳动争议的处理方式	(1)劳动合同的基本概念 (2)劳动争议的处理方式
劳动合同的订立、履行、变更、解除和终止	(1)理解劳动合同的订立 (2)熟悉劳动合同的类型 (3)了解劳动合同的履行和变更 (4)了解劳动合同的解除和终止	(1)劳动合同的订立基本原则 (2)劳动合同的划分类型 (3)劳动合同的履行和变更的特点 (4)劳动合同的解除和终止的特点
集体合同、劳务派遣、非全日制用工	(1)了解集体合同的概念 (2)了解劳务派遣和非全日制用工的概念	(1)集体合同的基本概念 (2)劳务派遣和非全日制用工的基本概念
违反劳动合同的法律责任	了解劳动合同双方的法律责任	(1)用人单位的法律责任 (2)劳动者的法律责任

基本概念

劳动合同、劳动争议、固定期限劳动合同、无固定期限劳动合同、以完成一定工作任务为期限的劳动合同、试用期、劳动合同终止、集体合同、劳务派遣、非全日制用工

※ **引例**

> 某市六建公司系国基电子(上海)有限公司A7厂房工程的承包人,其以油漆承揽合同的形式将油漆工程分包给自然人李某某,约定李某某所雇人员应当接受某市六建公司管理。李某某又将部分油漆工程转包给自然人王某某,王某某招用张某某进行油漆施工。李某某和王某某均无用工主体资格,也无承揽油漆工程的相应资质。2021年3月10日,张某某在进行油漆施工中不慎受伤。11月10日,某区劳动仲裁委员会裁决确定张某某与某市六建公司之间存在劳动关系,但该裁决书未送达某市六建公司。12月29日,张某某提出工伤认定申请,并提交了劳动仲裁裁决书。某区人力资源和社会保障局立案审查后,认为张某某受伤符合工伤认定条件,且某市六建公司经告知,未就张某某所受伤害是否应被认定为工伤进行举证。某区人力资源和社会保障局遂于2022年2月19日认定张某某受伤为工伤。某市六建公司不服,经复议未果,遂起诉请求撤销某区人力资源和社会保障局作出的工伤认定。
>
> 请思考:某市六建公司提起的诉讼请求是否合理?

案例分析

第一节 劳动合同法概述

《劳动法》于1994年7月5日第八届全国人民代表大会常务委员会第八次会议通过,根据2009年8月27日第十一届全国人民代表大会常务委员会第十次会议通过的《关于修改部分法律的决定》第一次修正,根据2018年12月29日第十三届全国人民代表大会常务委员会第七次会议通过的《关于修改〈中华人民共和国劳动法〉等七部法律的决定》第二次修正。

《劳动法》分为十三章,共一百零七条。本书仅节选了与工程建设密切相关的规定进行介绍。《劳动法》的立法目的在于保护劳动者的合法权益,调整劳动关系,建立和维护适应社会主义市场经济的劳动制度,促进经济发展和社会进步。

《劳动法》第二条规定,在中华人民共和国境内的企业、个体经济组织(以下统称用人单位)和与之形成劳动关系的劳动者,适用本法。国家机关、事业组织、社会团体和与之建立劳动合同关系的劳动者,依照本法执行。在《劳动法》的基础上,《中华人民共和国劳动合同法》对劳动合同的订立、履行、终止等作出了更为详尽的规定。

《中华人民共和国劳动合同法》(以下简称《劳动合同法》)由第十届全国人民代表大会常务委员会第二十八次会议通过,根据 2012 年 12 月 28 日第十一届全国人民代表大会常务委员会第三十次会议《关于修改〈中华人民共和国劳动合同法〉的决定》修正。

一、劳动安全卫生

劳动安全卫生,也称职业安全卫生,是安全科学研究的主要领域之一,通常是指影响作业场所内员工、临时工、合同工、外来人员和其他人员安全与健康的条件和因素。根据《劳动法》的有关规定,用人单位和劳动者应当遵守以下有关劳动安全卫生的法律规定。

(1) 用人单位必须建立、健全劳动安全卫生制度,严格执行国家劳动安全卫生规程和标准,对劳动者进行劳动安全卫生教育,防止劳动过程中的事故,减少职业危害。

(2) 劳动安全卫生设施必须符合国家规定的标准。新建、改建、扩建工程的劳动安全卫生设施必须与主体工程同时设计、同时施工、同时投入生产和使用。

(3) 用人单位必须为劳动者提供符合国家规定的劳动安全卫生条件和必要的劳动防护用品,对从事有职业危害作业的劳动者应当定期进行健康检查。

(4) 从事特种作业的劳动者必须经过专门培训并取得特种作业资格。

(5) 劳动者在劳动过程中必须严格遵守安全操作规程。劳动者对用人单位管理人员违章指挥、强令冒险作业,有权拒绝执行;对危害生命安全和身体健康的行为,有权提出批评、检举和控告。

(6) 国家建立伤亡事故和职业病统计报告和处理制度。县级以上各级人民政府劳动行政部门、有关部门和用人单位应当依法对劳动者在劳动过程中发生的伤亡事故和劳动者的职业病状况,进行统计、报告和处理。

二、女职工和未成年工特殊保护

(一) 女职工的特殊保护

根据《劳动法》的有关规定,对女职工的特殊保护规定主要包括以下几个方面。

(1) 禁止安排女职工从事矿山井下、国家规定的第四级体力劳动强度的劳动和其他禁忌从事的劳动。

(2) 不得安排女职工在经期从事高处、低温、冷水作业和国家规定的第三级体力劳动强度的劳动。

(3) 不得安排女职工在怀孕期间从事国家规定的第三级体力劳动强度的劳动和孕期禁忌从事的劳动。对怀孕七个月以上的女职工,不得安排其延长工作时间和夜班劳动。

(4) 女职工生育享受不少于九十天的产假。

(5) 不得安排女职工在哺乳未满一周岁的婴儿期间从事国家规定的第三级体力劳

动强度的劳动和哺乳期禁忌从事的其他劳动,不得安排其延长工作时间和夜班劳动。

(二)未成年工特殊保护

所谓未成年工,是指年满十六周岁未满十八周岁的劳动者。根据《劳动法》的有关规定,对未成年工的特殊保护规定主要包括以下两个方面:

(1)不得安排未成年工从事矿山井下、有毒有害、国家规定的第四级体力劳动强度的劳动和其他禁忌从事的劳动;

(2)用人单位应当对未成年工定期进行健康检查。

三、法律责任

(一)劳动安全设施和劳动卫生条件不符合要求的法律责任

用人单位的劳动安全设施和劳动卫生条件不符合国家规定或者未向劳动者提供必要的劳动防护用品和劳动保护设施的,由劳动行政部门或者有关部门责令改正,可以处以罚款;情节严重的,提请县级以上人民政府决定责令停产整顿;对事故隐患不采取措施,致使发生重大事故,造成劳动者生命和财产损失的,对责任人员比照《刑法》第一百八十七条的规定追究刑事责任。

(二)强令劳动者违章冒险作业的法律责任

用人单位强令劳动者违章冒险作业,发生重大伤亡事故,造成严重后果的,对责任人员依法追究刑事责任。

(三)非法雇用童工的法律责任

用人单位非法招用未满十六周岁的未成年人的,由劳动行政部门责令改正,处以罚款;情节严重的,由工商行政管理部门吊销营业执照。

(四)侵害女职工和未成年工合法权益的法律责任

用人单位违反《劳动法》对女职工和未成年工的保护规定,侵害其合法权益的,由劳动行政部门责令改正,处以罚款;对女职工或者未成年工造成损害的,应当承担赔偿责任。

四、劳动争议的处理

劳动争议,又称劳动纠纷,是指劳动关系的当事人之间因执行劳动法律、法规和履行劳动合同而发生的纠纷,即劳动者与所在单位之间因劳动关系中的权利义务而发生的纠纷。《劳动法》第七十七条明确规定,用人单位与劳动者发生劳动争议,当事人可以依法申请调解、仲裁、提起诉讼,也可以协商解决。2008年5月1日开始施行的《中华人民共和国劳动争议调解仲裁法》(以下简称《劳动争议调解仲裁法》)第五条进一步规定,发生劳动争议,当事人不愿协商、协商不成或者达成和解协议后不履行的,可以向调解组织申请调解;不愿调解、调解不成或者达成调解协议后不履行的,可以向劳动争议仲裁委员会申请仲裁;对仲裁裁决不服的,除本法另有规定的外,可以向人民法院提起诉讼。

(一) 协商解决劳动争议

协商,是指当事人各方在自愿、互谅的基础上,按照法律、政策的规定,通过摆事实讲道理解决纠纷的一种方法。协商的方法是一种简便易行、最有效、最经济的方法,能及时解决争议,消除分歧,提高办事效率,节省费用,也有利于双方的团结和相互的协作关系。

根据《劳动争议调解仲裁法》第四条的规定,发生劳动争议,劳动者可以与用人单位协商,也可以请工会或者第三方共同与用人单位协商,达成和解协议。

(二) 申请调解解决劳动争议

1. 调解组织

发生劳动争议,当事人可以到下列调解组织申请调解:(1)企业劳动争议调解委员会;(2)依法设立的基层人民调解组织;(3)在乡镇、街道设立的具有劳动争议调解职能的组织。

企业劳动争议调解委员会由职工代表和企业代表组成。职工代表由工会成员担任或者由全体职工推举产生,企业代表由企业负责人指定。企业劳动争议调解委员会主任由工会成员或者双方推举的人员担任。

当事人申请劳动争议调解可以书面申请,也可以口头申请。口头申请的,调解组织应当当场记录申请人基本情况,申请调解的争议事项、理由和时间。

2. 调解协议书

经调解达成协议的,应当制作调解协议书。

调解协议书由双方当事人签名或者盖章,经调解员签名并加盖调解组织印章后生效,对双方当事人具有约束力,当事人应当履行。

自劳动争议调解组织收到调解申请之日起15日内未达成调解协议的,当事人可以依法申请仲裁。

3. 调解协议的履行

达成调解协议后,一方当事人在协议约定期限内不履行调解协议的,另一方当事人可以依法申请仲裁。

因支付拖欠劳动报酬、工伤医疗费、经济补偿或者赔偿金事项达成调解协议,用人单位在协议约定期限内不履行的,劳动者可以持调解协议书依法向人民法院申请支付令。人民法院应当依法发出支付令。

(三) 通过劳动争议仲裁委员会进行裁决

1. 劳动争议仲裁的特点

与其他解决方式以及《仲裁法》规定的仲裁相比,劳动争议仲裁有以下基本特点。

从仲裁主体上看,劳动争议仲裁委员会由劳动行政部门代表、工会代表和企业方面代表组成。劳动争议仲裁委员会组成人员应当是单数,是带有司法性质的行政执行机关。它不是一般的民间组织,也区别于司法结构、群众自治性组织和行政机构。

从解决对象看,劳动争议仲裁解决劳动争议,这是与《仲裁法》规定的仲裁方式的重大区别。

从仲裁实行的原则看,劳动争议仲裁实行的是法定管辖,而《仲裁法》规定的是约定管辖。

从与诉讼的关系看,当事人对劳动争议仲裁裁决不服的,可以向法院起诉。《仲裁法》规定的仲裁,则采用或裁或审的体制。

2. 劳动争议仲裁的原则

劳动争议仲裁原则是指劳动争议仲裁机构在仲裁程序中应遵守的准则,它是劳动争议仲裁的特有原则,反映了劳动争议仲裁的本质要求。

(1) 一次裁决原则,即劳动争议仲裁实行一个裁级一次裁决制度,一次裁决即为终局裁决。当事人如不服仲裁裁决,只能依法向人民法院起诉,不得向上一级仲裁委员会申请复议或要求重新处理。

(2) 合议原则。仲裁庭裁决劳动争议案件,实行少数服从多数的原则。合议原则是民主集中制在仲裁工作中的体现,其目的是保证仲裁裁决的公正性。

(3) 强制原则。劳动争议仲裁实行强制原则,主要表现为:当事人申请仲裁无须双方达成一致协议,只要一方申请,仲裁委员会即可受理;在仲裁庭对争议调解不成时,无须得到当事人的同意,可直接行使裁决权;对发生法律效力的仲裁文书,可申请人民法院强制执行。

(四) 劳动争议仲裁的申请与受理

1. 申请

根据《劳动争议调解仲裁法》第二十七条的规定,劳动争议申请仲裁的时效期间为1年。仲裁时效期间从当事人知道或者应当知道其权利被侵害之日起计算。

前款规定的仲裁时效,因当事人一方向对方当事人主张权利,或者向有关部门请求权利救济,或者对方当事人同意履行义务而中断。从中断时起,仲裁时效期间重新计算。

因不可抗力或者有其他正当理由,当事人不能在本条第一款规定的仲裁时效期间申请仲裁的,仲裁时效中止。从中止时效的原因消除之日起,仲裁时效期间继续计算。

劳动关系存续期间因拖欠劳动报酬发生争议的,劳动者申请仲裁不受本条第一款规定的仲裁时效期间的限制;但是,劳动关系终止的,应当自劳动关系终止之日起1年内提出。

申请人申请仲裁应当提交书面仲裁申请,并按照被申请人人数提交副本。

仲裁申请书应当载明下列事项:(1)劳动者的姓名、性别、年龄、职业、工作单位和住所,用人单位的名称、住所和法定代表人或者主要负责人的姓名、职务;(2)仲裁请求和所根据的事实、理由;(3)证据和证据来源、证人姓名和住所。

书写仲裁申请确有困难的,可以口头申请,由劳动争议仲裁委员会记入笔录,并告知对方当事人。

2. 受理

劳动争议仲裁委员会收到仲裁申请之日起5日内,认为符合受理条件的,应当受理,并通知申请人;认为不符合受理条件的,应当书面通知申请人不予受理,并说明理由。对劳动争议仲裁委员会不予受理或者逾期未作出决定的,申请人可以就该劳动争议事项向人民法院提起诉讼。

劳动争议仲裁委员会受理仲裁申请后,应当在5日内将仲裁申请书副本送达被申请人。

被申请人收到仲裁申请书副本后,应当在10日内向劳动争议仲裁委员会提交答辩书。劳动争议仲裁委员会收到答辩书后,应当在5日内将答辩书副本送达申请人。被申请人未提交答辩书的,不影响仲裁程序的进行。

3. 审理

仲裁庭应当在开庭5日前,将开庭日期、地点书面通知双方当事人。当事人有正当理由的,可以在开庭3日前请求延期开庭。是否延期,由劳动争议仲裁委员会决定。

申请人收到书面通知,无正当理由拒不到庭或者未经仲裁庭同意中途退庭的,可以视为撤回仲裁申请。被申请人收到书面通知,无正当理由拒不到庭或者未经仲裁庭同意中途退庭的,可以缺席裁决。

仲裁庭裁决劳动争议案件,应当自劳动争议仲裁委员会受理仲裁申请之日起45日内结束。案情复杂需要延期的,经劳动争议仲裁委员会主任批准,可以延期并书面通知当事人,但是延长期限不得超过15日。逾期未作出仲裁裁决的,当事人可以就该劳动争议事项向人民法院提起诉讼。

仲裁庭裁决劳动争议案件时,其中一部分事实已经清楚,可以就该部分先行裁决。

4. 执行

当事人对仲裁裁决不服的,自收到裁决书之日起15日内,可以向人民法院起诉;期满不起诉的,裁决书即发生法律效力。但是,下列劳动争议,除《劳动争议调解仲裁法》另有规定的外,仲裁裁决为终局裁决,裁决书自作出之日起发生法律效力:

(1)追索劳动报酬、工伤医疗费、经济补偿或者赔偿金,不超过当地月最低工资标准12个月金额的争议;

(2)因执行国家的劳动标准在工作时间、休息休假、社会保险等方面发生的争议。

当事人对发生法律效力的调解书和裁决书,应当依照规定的期限履行。一方当事人逾期不履行的,另一方当事人可以依照民事诉讼法的有关规定向人民法院申请强制执行。

(五)通过人民法院处理劳动争议

人民法院受理劳动争议案件的条件:一是争议案件已经过劳动争议仲裁委员会仲

裁;二是争议案件的当事人在接到仲裁决定书之日起15日内向法院提起。人民法院处理劳动争议适用民事诉讼法规定的程序,由各级人民法院民庭受理,实行两审终审。参见民事诉讼法有关规定。

违法发包引起劳动合同争议案例

第二节 劳动合同的订立

一、劳动关系的建立

(一)劳动关系的含义

劳动关系是指劳动者与用人单位(包括各类企业、个体工商户、事业单位等)在实现劳动过程中建立的社会经济关系。从广义上讲,生活在城市和农村的任何劳动者与任何性质的用人单位之间因从事劳动而结成的社会关系都属于劳动关系的范畴。从狭义上讲,现实经济生活中的劳动关系是指依照国家劳动法律法规规范的劳动法律关系,即双方当事人是被一定的劳动法律规范所规定和确认的权利和义务联系在一起的,其权利和义务的实现是由国家强制力来保障的。劳动法律关系的一方(劳动者)必须加入某一个用人单位,成为该单位的一员,并参加单位的生产劳动,遵守单位内部的劳动规则;而另一方(用人单位)则必须按照劳动者的劳动数量或质量给付其报酬,提供工作条件,并不断改进劳动者的物质文化生活。

(二)确认建立劳动关系的时间

用人单位自用工之日起即与劳动者建立劳动关系。用人单位与劳动者在用工前订立劳动合同的,劳动关系自用工之日起建立。

用人单位应当建立职工名册备查。职工名册应当包括劳动者姓名、性别、居民身份证号码、户籍地址及现住址、联系方式、用工形式、用工起始时间、劳动合同期限等内容。

(三)建立劳动关系时当事人的权利和义务

用人单位招用劳动者时,应当如实告知劳动者工作内容、工作条件、工作地点、职业危害、安全生产状况、劳动报酬,以及劳动者要求了解的其他情况;用人单位有权了解劳动者与劳动合同直接相关的基本情况,劳动者应当如实说明。

用人单位招用劳动者,不得扣押劳动者的居民身份证和其他证件,不得要求劳动者提供担保或者以其他名义向劳动者收取财物。

二、劳动合同的订立与生效

劳动合同是劳动者与用人单位确立劳动关系、明确双方权利和义务的协议。《劳动法》第十六条规定,建立劳动关系应当订立劳动合同。

(一) 劳动合同当事人

劳动合同的当事人为用人单位和劳动者。《中华人民共和国劳动合同法实施条例》(以下简称《劳动合同法实施条例》)进一步规定了,劳动合同法规定的用人单位设立的分支机构,依法取得营业执照或者登记证书的,可以作为用人单位与劳动者订立劳动合同;未依法取得营业执照或者登记证书的,受用人单位委托可以与劳动者订立劳动合同。

(二) 订立劳动合同的时间限制

已建立劳动关系,未同时订立书面劳动合同的,应当自用工之日起一个月内订立书面劳动合同。

1. 因劳动者的原因未能订立劳动合同的法律后果

自用工之日起一个月内,经用人单位书面通知后,劳动者不与用人单位订立书面劳动合同的,用人单位应当书面通知劳动者终止劳动关系,无须向劳动者支付经济补偿,但是应当依法向劳动者支付其实际工作时间的劳动报酬。

2. 因用人单位的原因未能订立劳动合同的法律后果

用人单位自用工之日起超过一个月不满一年未与劳动者订立书面劳动合同的,应当依照《劳动合同法》第八十二条的规定向劳动者每月支付两倍的工资,并与劳动者补订书面劳动合同;劳动者不与用人单位订立书面劳动合同的,用人单位应当书面通知劳动者终止劳动关系,并依照《劳动合同法》第四十七条的规定支付经济补偿。这里用人单位向劳动者每月支付两倍工资的起算时间为用工之日起满一个月的次日,截止时间为补订书面劳动合同的前一日。

用人单位自用工之日起满一年未与劳动者订立书面劳动合同的,自用工之日起满一个月的次日至满一年的前一日应当依照劳动合同法的规定向劳动者每月支付两倍的工资,并视为自用工之日起满一年的当日已经与劳动者订立无固定期限劳动合同,应当立即与劳动者补订书面劳动合同。

(三) 劳动合同的生效

劳动合同由用人单位与劳动者协商一致,并经用人单位与劳动者在劳动合同文本上签字或者盖章生效。

劳动合同文本由用人单位和劳动者各执一份。

三、劳动合同的类型

劳动合同分为固定期限劳动合同、无固定期限劳动合同和以完成一定工作任务为期限的劳动合同。

(一) 固定期限劳动合同

固定期限劳动合同,是指用人单位与劳动者约定合同终止时间的劳动合同。用人单位与劳动者协商一致,可以订立固定期限劳动合同。

(二) 无固定期限劳动合同

无固定期限劳动合同,是指用人单位与劳动者约定无确定终止时间的劳动合同。

用人单位与劳动者协商一致,可以订立无固定期限劳动合同。有下列情形之一,劳动者提出或者同意续订、订立劳动合同的,除劳动者提出订立固定期限劳动合同外,应当订立无固定期限劳动合同:

(1) 劳动者在该用人单位连续工作满10年的;

(2) 用人单位初次实行劳动合同制度或者国有企业改制重新订立劳动合同时,劳动者在该用人单位连续工作满10年且距法定退休年龄不足10年的;

(3) 连续订立两次固定期限劳动合同,且劳动者没有《劳动合同法》第三十九条(即用人单位可以解除劳动合同的条件)和第四十条第一项、第二项规定(即劳动者患病或者非因工负伤,在规定的医疗期满后不能从事原工作,也不能从事由用人单位另行安排的工作的;劳动者不能胜任工作,经过培训或者调整工作岗位,仍不能胜任工作的)的情形,续订劳动合同的。

若劳动者依据此处的规定提出订立无固定期限劳动合同,用人单位应当与其订立无固定期限劳动合同。对劳动合同的内容,双方应当按照合法、公平、平等自愿、协商一致、诚实信用的原则协商确定。

(三) 以完成一定工作任务为期限的劳动合同

以完成一定工作任务为期限的劳动合同,是指用人单位与劳动者约定以某项工作的完成为合同期限的劳动合同。用人单位与劳动者协商一致,可以订立以完成一定工作任务为期限的劳动合同。

四、劳动合同的条款

劳动合同应当具备以下条款:(1)用人单位的名称、住所和法定代表人或者主要负责人;(2)劳动者的姓名、住址和居民身份证或者其他有效身份证件号码;(3)劳动合同期限;(4)工作内容和工作地点;(5)工作时间和休息休假;(6)劳动报酬;(7)社会保险;(8)劳动保护、劳动条件和职业危害防护;(9)法律、法规规定应当纳入劳动合同的其他事项。

劳动合同除前款规定的必备条款外,用人单位与劳动者可以约定试用期、培训、保守秘密、补充保险和福利待遇等其他事项。

劳动合同对劳动报酬和劳动条件等标准约定不明确,引发争议的,用人单位与劳动者可以重新协商;协商不成的,适用集体合同规定;没有集体合同或者集体合同未规定劳动报酬的,实行同工同酬;没有集体合同或者集体合同未规定劳动条件等标准的,适用国家有关规定。

五、试用期

(一)试用期的时间长度限制

劳动合同期限3个月以上不满1年的,试用期不得超过1个月,劳动合同期限1年以上不满3年的,试用期不得超过2个月;3年以上固定期限和无固定期限的劳动合同,试用期不得超过6个月。

(二)试用期的次数限制

同一用人单位与同一劳动者只能约定一次试用期。

以完成一定工作任务为期限的劳动合同或者劳动合同期限不满3个月的,不得约定试用期。

试用期包含在劳动合同期限内。劳动合同仅约定试用期的,试用期不成立,该期限为劳动合同期限。

(三)试用期内的最低工资

《劳动合同法》规定,劳动者在试用期的工资不得低于本单位相同岗位最低档工资或者劳动合同约定工资的80%,并不得低于用人单位所在地的最低工资标准。

2008年9月3日公布实施的《劳动合同法实施条例》对此进一步解释道:劳动者在试用期的工资不得低于本单位相同岗位最低档工资的80%或者不得低于劳动合同约定工资的80%,并不得低于用人单位所在地的最低工资标准。

(四)试用期内合同解除条件的限制

在试用期中,除劳动者有《劳动合同法》第三十九条(即用人单位可以解除劳动合同的条件)和第四十条第一项、第二项(即劳动者患病或者非因工负伤,在规定的医疗期满后不能从事原工作,也不能从事由用人单位另行安排的工作的;劳动者不能胜任工作,经过培训或者调整工作岗位,仍不能胜任工作的)规定的情形外,用人单位不得解除劳动合同。用人单位在试用期解除劳动合同的,应当向劳动者说明理由。

六、服务期

用人单位为劳动者提供专项培训费用,对其进行专业技术培训的,可以与该劳动者订立协议,约定服务期。劳动合同期满,但是用人单位与劳动者依照《劳动合同法》的规定约定的服务期尚未到期的,劳动合同应当续延至服务期满;双方另有约定的,从其约定。

劳动者违反服务期约定的,应当按照约定向用人单位支付违约金。违约金的数额不得超过用人单位提供的培训费用。用人单位要求劳动者支付的违约金不得超过服务期尚未履行部分所应分摊的培训费用。

《劳动合同法实施条例》对于这里的培训费用进一步作出了规定:包括用人单位为了对劳动者进行专业技术培训而支付的有凭证的培训费用、培训期间的差旅费用以及因培训产生的用于该劳动者的其他直接费用。

用人单位与劳动者约定了服务期,劳动者依照《劳动合同法》第三十八条的规定解除劳动合同的,不属于违反服务期的约定,用人单位不得要求劳动者支付违约金。

有下列情形之一,用人单位与劳动者解除约定服务期的劳动合同的,劳动者应当按照劳动合同的约定向用人单位支付违约金:(1)劳动者严重违反用人单位的规章制度的;(2)劳动者严重失职,营私舞弊,给用人单位造成重大损害的;(3)劳动者同时与其他用人单位建立劳动关系,对完成本单位的工作任务造成严重影响,或者经用人单位提出,拒不改正的;(4)劳动者以欺诈、胁迫的手段或者乘人之危,使用人单位在违背真实意思的情况下订立或者变更劳动合同的;(5)劳动者被依法追究刑事责任的。

用人单位与劳动者约定服务期的,不影响按照正常的工资调整机制提高劳动者在服务期期间的劳动报酬。

七、保密协议与竞业限制条款

用人单位与劳动者可以在劳动合同中约定保守用人单位的商业秘密和与知识产权相关的保密事项。

对负有保密义务的劳动者,用人单位可以在劳动合同或者保密协议中与劳动者约定竞业限制条款,并约定在解除或者终止劳动合同后,在竞业限制期限内按月给予劳动者经济补偿。劳动者违反竞业限制约定的,应当按照约定向用人单位支付违约金。

竞业限制的人员限于用人单位的高级管理人员、高级技术人员和其他负有保密义务的人员。竞业限制的范围、地域、期限由用人单位与劳动者约定,竞业限制的约定不得违反法律、法规的规定。

在解除或者终止劳动合同后,上述竞业限制的人员到与本单位生产或者经营同类产品,从事同类业务的有竞争关系的其他用人单位,或者自己开业生产或者经营同类产品、从事同类业务的竞业限制期限,不得超过两年。

除《劳动合同法》第二十二条(关于服务期的规定)和第二十三条(关于保密协议与竞业限制条款的规定)规定的情形外,用人单位不得与劳动者约定由劳动者承担违约金。

八、劳动合同的无效

下列劳动合同无效或者部分无效:(1)以欺诈、胁迫的手段或者乘人之危,使对方在违背真实意思的情况下订立或者变更劳动合同的;(2)用人单位免除自己的法定责任、排除劳动者权利的;(3)违反法律、行政法规强制性规定的。

对劳动合同的无效或者部分无效有争议的,由劳动争议仲裁机构或者人民法院确认。

劳动合同部分无效,不影响其他部分效力的,其他部分仍然有效。

劳动合同被确认无效,劳动者已付出劳动的,用人单位应当向劳动者支付劳动报酬。劳动报酬的数额,参照本单位相同或者相近岗位劳动者的劳动报酬确定。

劳动关系是否构成案例

第三节　劳动合同的履行和变更

劳动合同的履行是指劳动合同的双方当事人按照合同规定,履行各自应承担义务的行为。劳动合同依法订立即具有法律约束力,用人单位与劳动者应当按照劳动合同的约定,全面履行各自的义务。

一、劳动合同的履行

用人单位与劳动者应当按照劳动合同的约定,全面履行各自的义务。

用人单位应当按照劳动合同约定和国家规定,向劳动者及时足额支付劳动报酬。

用人单位拖欠或者未足额支付劳动报酬的,劳动者可以依法向当地人民法院申请支付令,人民法院应当依法发出支付令。

用人单位应当严格执行劳动定额标准,不得强迫或者变相强迫劳动者加班。用人单位安排加班的,应当按照国家有关规定向劳动者支付加班费。

劳动者拒绝用人单位管理人员违章指挥、强令冒险作业的,不视为违反劳动合同。

劳动者对危害生命安全和身体健康的劳动条件,有权对用人单位提出批评、检举和控告。

二、劳动合同的变更

用人单位变更名称、法定代表人、主要负责人或者投资人等事项,不影响劳动合同的履行。

用人单位发生合并或者分立等情况,原劳动合同继续有效,劳动合同由承继其权利和义务的用人单位继续履行。

用人单位与劳动者协商一致,可以变更劳动合同约定的内容。变更劳动合同,应当采用书面形式。

变更后的劳动合同文本由用人单位和劳动者各执一份。

第四节 劳动合同的解除和终止

一、劳动合同的解除

劳动合同的解除是指劳动合同当事人在劳动合同期限届满之前依法提前终止劳动合同关系的行为。劳动合同的解除可分为协商解除、劳动者单方解除和用人单位单方解除等。

用人单位与劳动者协商一致,可以解除劳动合同。用人单位向劳动者提出解除劳动合同并与劳动者协商一致解除劳动合同的,用人单位应当向劳动者给予经济补偿。

劳动者提前 30 日以书面形式通知用人单位,可以解除劳动合同。劳动者在试用期内提前 3 日通知用人单位,可以解除劳动合同。

(一)劳动者可以解除劳动合同的情形

《劳动合同法》规定,用人单位有下列情形之一的,劳动者可以解除劳动合同,用人单位应当向劳动者支付经济补偿:(1)未按照劳动合同约定提供劳动保护或者劳动条件的;(2)未及时足额支付劳动报酬的;(3)未依法为劳动者缴纳社会保险费的;(4)用人单位的规章制度违反法律、法规的规定,损害劳动者权益的;(5)因本法第二十六条第一款(即以欺诈、胁迫的手段或者乘人之危,使对方在违背真实意思的情况下订立或者变更劳动合同的)规定的情形致使劳动合同无效的;(6)法律、行政法规规定劳动者可以解除劳动合同的其他情形。

用人单位以暴力、威胁或者非法限制人身自由的手段强迫劳动者劳动的,或者用人单位违章指挥、强令冒险作业危及劳动者人身安全的,劳动者可以立即解除劳动合同,不需事先告知用人单位。

在此基础上,《劳动合同法实施条例》进一步规定,具备下列情形之一的,劳动者可以与用人单位解除固定期限劳动合同、无固定期限劳动合同或者以完成一定工作任务为期限的劳动合同：(1)劳动者与用人单位协商一致的；(2)劳动者提前 30 日以书面形式通知用人单位的；(3)劳动者在试用期内提前 3 日通知用人单位的；(4)用人单位在劳动合同中免除自己的法定责任、排除劳动者权利的；(5)用人单位违反法律、行政法规强制性规定的。

(二) 用人单位可以解除劳动合同的情形

用人单位单方解除劳动合同，应当事先将理由通知工会。用人单位违反法律、行政法规规定或者劳动合同约定的，工会有权要求用人单位纠正。用人单位应当研究工会的意见，并将处理结果书面通知工会。

除用人单位与劳动者协商一致，用人单位可以与劳动者解除合同外，下列情形，用人单位也可以与劳动者解除合同。

1. 随时解除

《劳动合同法》规定，有下列情形之一的，用人单位可以解除劳动合同：(1)在试用期间被证明不符合录用条件的；(2)严重违反用人单位的规章制度的；(3)严重失职，营私舞弊，给用人单位造成重大损害的；(4)劳动者同时与其他用人单位建立劳动关系，对完成本单位的工作任务造成严重影响，或者经用人单位提出，拒不改正的；(5)因本法第二十六条第一款第一项（即以欺诈、胁迫的手段或者乘人之危，使对方在违背真实意思的情况下订立或者变更劳动合同的）规定的情形致使劳动合同无效的；(6)被依法追究刑事责任的。

2. 预告解除

有下列情形之一的，用人单位提前 30 日以书面形式通知劳动者本人或者额外支付劳动者 1 个月工资后，可以解除劳动合同，用人单位应当向劳动者支付经济补偿：(1)劳动者患病或者非因工负伤，在规定的医疗期满后不能从事原工作，也不能从事由用人单位另行安排的工作的；(2)劳动者不能胜任工作，经过培训或者调整工作岗位，仍不能胜任工作的；(3)劳动合同订立时所依据的客观情况发生重大变化，致使劳动合同无法履行，经用人单位与劳动者协商，未能就变更劳动合同内容达成协议的。

用人单位依照此规定，选择额外支付劳动者 1 个月工资解除劳动合同的，其额外支付的工资应当按照该劳动者上 1 个月的工资标准确定。

3. 经济性裁员

有下列情形之一，需要裁减人员 20 人以上或者裁减不足 20 人但占企业职工总数 10% 以上的，用人单位提前 30 日向工会或者全体职工说明情况，听取工会或者职工的意见后，裁减人员方案经向劳动行政部门报告，可以裁减人员，用人单位应当向劳动者支付经济补偿：(1)依照企业破产法规定进行重整的；(2)生产经营发生严重困难的；(3)企业转产、重大技术革新或者经营方式调整，经变更劳动合同后，仍需裁减人员的；(4)其他因劳动合同订立时所依据的客观经济情况发生重大变化，致使劳动合同无法履行的。

裁减人员时,应当优先留用下列人员:(1)与本单位订立较长期限的固定期限劳动合同的;(2)与本单位订立无固定期限劳动合同的;(3)家庭无其他就业人员,有需要扶养的老人或者未成年人的。

用人单位依照《劳动合同法》规定裁减人员,在6个月内重新招用人员的,应当通知被裁减的人员,并在同等条件下优先招用被裁减的人员。

(三)用人单位不得解除劳动合同的情形

劳动者有下列情形之一的,用人单位不得依照《劳动合同法》第四十条、第四十一条的规定解除劳动合同:(1)从事接触职业病危害作业的劳动者未进行离岗前职业健康检查,或者疑似职业病病人在诊断或者医学观察期间的;(2)在本单位患职业病或者因工负伤并被确认丧失或者部分丧失劳动能力的;(3)患病或者非因工负伤,在规定的医疗期内的;(4)女职工在孕期、产期、哺乳期的;(5)在本单位连续工作满15年,且距法定退休年龄不足5年的;(6)法律、行政法规规定的其他情形。

二、劳动合同的终止

劳动合同的终止,是指符合法律规定情形时,双方当事人的权利和义务不复存在,劳动合同的法律效力即行消灭。

《劳动合同法》规定,有下列情形之一的,劳动合同终止。用人单位与劳动者不得在劳动合同法规定的劳动合同终止情形之外约定其他的劳动合同终止条件:(1)劳动者达到法定退休年龄的,劳动合同终止。(2)劳动合同期满的。除用人单位维持或者提高劳动合同约定条件续订劳动合同,劳动者不同意续订的情形外,依照本项规定终止固定期限劳动合同的,用人单位应当向劳动者支付经济补偿。(3)劳动者开始依法享受基本养老保险待遇的。(4)劳动者死亡,或者被人民法院宣告死亡或者宣告失踪的。(5)用人单位被依法宣告破产的;依照本项规定终止劳动合同的,用人单位应当向劳动者支付经济补偿。(6)用人单位被吊销营业执照、责令关闭、撤销或者用人单位决定提前解散的;依照本项规定终止劳动合同的,用人单位应当向劳动者支付经济补偿。(7)法律、行政法规规定的其他情形。

劳动合同期满,有《劳动合同法》第四十二条(即用人单位不得解除劳动合同的规定)规定情形之一的,劳动合同应当续延至相应的情形消失时终止。但是,本法第四十二条第二项规定丧失或者部分丧失劳动能力劳动者的劳动合同的终止,按照国家有关工伤保险的规定执行。

三、终止合同的经济补偿

(一)经济补偿的情形

1. 以完成一定工作任务为期限的劳动合同终止的补偿

以完成一定工作任务为期限的劳动合同因任务完成而终止的,用人单位应当依照

《劳动合同法》第四十七条的规定向劳动者支付经济补偿。

2. 工伤职工的劳动合同终止的补偿

用人单位依法终止工伤职工的劳动合同的,除依照《劳动合同法》第四十七条的规定支付经济补偿外,还应当依照国家有关工伤保险的规定支付一次性工伤医疗补助金和伤残就业补助金。

3. 违反《劳动合同法》的规定解除或者终止劳动合同的补偿

用人单位违反《劳动合同法》的规定解除或者终止劳动合同,依照本法第四十七条规定的经济补偿标准的2倍向劳动者支付赔偿金的,不再支付经济补偿。赔偿金的计算年限自用工之日起计算。

(二)补偿标准

《劳动合同法》第四十七条规定了终止劳动合同的补偿标准,具体标准为:

经济补偿按劳动者在本单位工作的年限,每满1年支付1个月工资的标准向劳动者支付。6个月以上不满1年的,按1年计算;不满6个月的,向劳动者支付半个月工资的经济补偿。

劳动者月工资高于用人单位所在直辖市、设区的市级人民政府公布的本地区上年度职工月平均工资3倍的,向其支付经济补偿的标准按职工月平均工资3倍的数额支付,向其支付经济补偿的年限最高不超过12年。

本条所称月工资是指劳动者在劳动合同解除或者终止前12个月的平均工资。按照劳动者应得工资计算,包括计时工资或者计件工资以及奖金、津贴和补贴等货币性收入。劳动者在劳动合同解除或者终止前12个月的平均工资低于当地最低工资标准的,按照当地最低工资标准计算。劳动者工作不满12个月的,按照实际工作的月数计算平均工资。

(三)违约与赔偿

用人单位违反《劳动合同法》规定解除或者终止劳动合同,劳动者要求继续履行劳动合同的,用人单位应当继续履行;劳动者不要求继续履行劳动合同或者劳动合同已经不能继续履行的,用人单位应当依照本法第八十七条规定支付赔偿金。赔偿金额度依照本法第四十七条规定的经济补偿标准的二倍向劳动者支付赔偿金。

意外伤害保险不能替代缴纳社会保险的法定义务案例

第五节　违反劳动合同的法律责任

一、用人单位的法律责任

(一) 规章制度违法应承担的法律责任

用人单位直接涉及劳动者切身利益的规章制度违反法律、法规规定的,由劳动行政部门责令改正,给予警告;给劳动者造成损害的,应当承担赔偿责任。

(二) 订立劳动合同违法应承担的法律责任

用人单位自用工之日起超过 1 个月不满 1 年未与劳动者订立书面劳动合同的,应当向劳动者每月支付两倍的工资;用人单位违反规定不与劳动者订立无固定期限劳动合同的,自应当订立无固定期限劳动合同之日起向劳动者每月支付两倍的工资;用人单位违反规定与劳动者约定试用期的,由劳动行政部门责令改正;违法约定的试用期已经履行的,由用人单位以劳动者试用期满月工资为标准,按已经履行的超过法定试用期的期间向劳动者支付赔偿金;用人单位违反规定,扣押劳动者居民身份证等证件的,由劳动行政部门责令限期退还劳动者本人,并依照有关法律规定给予处罚;用人单位违反规定,以担保或者其他名义向劳动者收取财物的,由劳动行政部门责令限期退还劳动者本人,并以每人 500 元以上 2000 元以下的标准处以罚款;给劳动者造成损害的,应当承担赔偿责任。

(三) 侵犯劳动者劳动报酬权应承担的法律责任

用人单位有下列情形之一的,由劳动行政部门责令限期支付劳动报酬、加班费或者经济补偿;劳动报酬低于当地最低工资标准的,应当支付其差额部分;逾期不支付的,责令用人单位按应付金额 50% 以上 100% 以下的标准向劳动者加付赔偿金:未按照劳动合同的约定或者国家规定及时足额支付劳动者劳动报酬的;低于当地最低工资标准支付劳动者工资的;安排加班不支付加班费的;解除或者终止劳动合同,未依照《劳动合同法》规定向劳动者支付经济补偿的。

(四) 劳动合同无效应承担的法律责任

劳动合同依法被确认无效,给对方造成损害的,用人单位有过错的,用人单位一方应当承担赔偿责任。

(五) 违法解除或终止劳动合同应承担的法律责任

用人单位违法解除或者终止劳动合同的,应当依照《劳动合同法》第四十七条规定的经济补偿标准的二倍向劳动者支付赔偿金;用人单位违反《劳动合同法》规定未向劳动者出具解除或者终止劳动合同的书面证明,由劳动行政部门责令改正;给劳动者造成损害的,应当承担赔偿责任。

(六) 侵犯劳动者人身权应承担的法律责任

用人单位有下列情形之一的,依法给予行政处罚;构成犯罪的,依法追究刑事责任;给劳动者造成损害的,应当承担赔偿责任:以暴力、威胁或者非法限制人身自由的手段强迫劳动的;违章指挥或者强令冒险作业危及劳动者人身安全的;侮辱、体罚、殴打、非法搜查或者拘禁劳动者的;劳动条件恶劣、环境污染严重,给劳动者身心健康造成严重损害的。对不具备合法经营资格的用人单位的违法犯罪行为,依法追究法律责任;劳动者已经付出劳动的,该单位或者其出资人应当依照本法有关规定向劳动者支付劳动报酬、经济补偿、赔偿金;给劳动者造成损害的,应当承担赔偿责任。

二、劳动者的法律责任

劳动者违法解除劳动合同,或者违反劳动合同中约定的保密义务或者竞业限制,给用人单位造成损失的,应当承担赔偿责任。

劳动合同依法被确认无效,给对方造成损害的,劳动者有过错的,劳动者应当承担赔偿责任。

三、连带赔偿责任

(一) 用人单位与劳动者的连带赔偿责任

用人单位招用与其他用人单位尚未解除或者终止劳动合同的劳动者,给其他用人单位造成损失的,应当承担连带赔偿责任。

(二) 派遣单位与用工单位的连带赔偿责任

劳务派遣单位违反规定的,由劳动行政部门和其他有关主管部门责令改正;情节严重的,以每人1000元以上5000元以下的标准处以罚款,并由工商行政管理部门吊销营业执照;给被派遣劳动者造成损害的,劳务派遣单位与用工单位承担连带赔偿责任。

(三) 发包组织与个人承包经营者的连带赔偿责任

个人承包经营违反规定招用劳动者,给劳动者造成损害的,发包的组织与个人承包经营者承担连带赔偿责任。

本章小结

本章对劳动合同法律制度作了较详细的阐述,包括劳动合同法概述、劳动合同的订立、劳动合同的履行和变更、劳动合同的解除和终止、关于劳动合同的特别规定、违反劳动合同的法律责任。

本章的教学目标是使学生具备劳动合同的法律知识,通过案例对法律规定有更深入的了解。

一、简答题

1. 试述集体合同与劳动合同的关系。
2. 《中华人民共和国劳动合同法》中对试用期是如何规定的?
3. 什么情形下劳动者可以单方解除劳动合同?

二、案例分析题

李某在2020年6月9日进入乙公司从事生产操作工作,试用期1个月,试用期满后乙公司与李某签订劳动合同,合同期限为2020年7月9日至2022年7月8日。乙公司为了员工在年底能拿到工资回家,实行分期支付工资,每月支付生活费650元,余下工资年底一次性支付给员工。由于生产业务订单多,乙公司在2020年9月1日至2020年11月30日经常安排员工加班,2020年的节假日也未休息,但乙公司为了节省用工成本,在6个月内给予员工实行了调休,乙公司认为已实行了调休,所以按照员工的工作时间计算,该期间已不存在加班费。2021年3月6日,李某同单位的王某因琐事争吵,继而动手打架,乙公司将其两人解除劳动合同,乙公司内没有制定规章制度,也没有规定在公司内打架要解除劳动合同的其他书面约定。2021年4月19日,李某向劳动仲裁机构申请劳动争议仲裁。

问题:该案中乙公司有哪些行为不符合法律规定?

习题答案

第十一章 建设工程相关的其他法规

教学目标

通过学习,了解与建设工程有关的其他相关法规:环境保护法规制度、消防法规制度、节约能源法规制度、档案法规制度、税收法规制度。通过本章学习,学生应当意识到生态环境保护的重要性,践行绿水青山就是金山银山的理念,从而培养学生在未来工作中具备绿色、环保、低碳、节能的行为习惯。通过本章学习,应达到以下目标:

(1)掌握消防法规制度及节约能源法规制度与工程建设相关内容的基本概念和相关规定;

(2)熟悉环境保护法规制度与工程建设相关内容;

(3)熟悉档案法规制度及税收法规制度与工程建设相关内容。

教学要求

知识要点	能力要求	相关知识
环境保护法规制度与 工程建设相关内容	(1)了解环境保护法概述 (2)熟悉环境保护"三同时"制度	(1)环境保护基本制度 (2)环境影响评价
消防法规制度与 工程建设相关内容	掌握消防设计的审核与验收	(1)消防设计和施工质量责任 (2)消防设计的审核与验收
节约能源法规制度 与工程建设相关内容	(1)掌握民用建筑节能的有关规定 (2)掌握建设工程项目的节能管理	(1)节约能源法的特点 (2)节能管理制度 (3)建筑节能规定
档案法规制度与 工程建设相关内容	(1)了解建设工程档案的种类 (2)了解建设工程档案的移交程序	(1)建设工程档案的种类 (2)建设工程档案的移交程序
税收法规制度与 工程建设相关内容	(1)了解纳税人的权利和义务 (2)了解税务管理的制度	(1)纳税人的权利和义务 (2)税务管理的制度

基本概念

环境保护法、环境保护"三同时"制度、消防设计的审核与验收、民用建筑节能、建设工程节能、建设工程档案、重大建设项目档案验收、税务管理

※引例

> 2021年1月2日某省环保局收到举报信,反映某县某水泥有限公司(简称水泥公司)违法生产,污染严重,对周围居民造成极大影响。1月2日某省环境监理总队接到某省环保局转来的举报信后,1月3日派人和某县环保局共赴现场检查。在检查过程中约见了水泥公司的总经理许某和投诉人,查明:水泥公司是当地招商企业,由许某等人投资200余万元兴建,2020年5月3日动工,2020年10月23日投产,截至2021年1月3日未办理环保审批手续,也未办理工商营业执照。
>
> 某县环保局曾于2020年5月18日对水泥公司下达了停止建设通知书。水泥公司从事水泥半成品加工,从其他厂家购买水泥熟料进行加工,生产425号硅酸盐水泥。水泥公司的主要生产设备是一台直径2.2m的球磨,污染防治措施只有一套简易的布袋除尘装置。某省环境监理总队建议责令水泥公司停止生产,按规定限期补办环保手续。
>
> 某省环保局认为水泥公司存在以下违法行为:(1)该工程项目应当办理环境影响报告书或环境影响报告表,但水泥公司未办理建设项目环境影响评价手续且擅自开工建设,违反了《中华人民共和国环境影响评价法》第十六条和第二十二条的规定;(2)水泥生产线污染防治措施不达标,违反了《中华人民共和国大气污染防治法》第四十六条和第四十八条的规定。
>
> 根据《中华人民共和国环境影响评价法》和《中华人民共和国大气污染防治法》的有关规定,对水泥公司作出如下行政处罚:
>
> (1)责令水泥公司立即停止生产;(2)处2万元罚款。
>
> 请思考:某省环保局对于水泥公司的行政处罚是否合理?

案例分析

第一节 环境保护法规中与工程建设相关的内容

一、环境保护法概述

环境保护法有广义和狭义之分。广义的环境保护法指的是与环境保护相关的法律体系;狭义的环境保护法指的是1989年12月26日实施的《中华人民共和国环境保护法》(以下简称《环境保护法》),于2014年4月24日第十二届全国人民代表大会常务委员会第八次会议修订。由于工程建设与环境保护息息相关，所以本部分将在《环境保护法》的基础上，从广义的环境保护法的范畴进行论述。其中主要涉及《中华人民共和国水污染防治法》《中华人民共和国大气污染防治法》《中华人民共和国环境噪声污染防治法》和《中华人民共和国固体废物污染环境防治法》。

环境影响评价，是指对规划和建设项目实施后可能造成的环境影响进行分析、预测和评估，提出预防或者减轻不良环境影响的对策和措施，进行跟踪监测的方法与制度。

为了实施可持续发展战略，预防因规划和建设项目实施后对环境造成不良影响，促进经济、社会和环境的协调发展，在国务院《建设项目环境保护管理条例》(1998年11月29日国务院令第253号发布)已有规定的基础上，我国于2002年10月28日公布了《中华人民共和国环境影响评价法》(以下简称《环境影响评价法》)，进一步以法律的形式确立了环境影响评价制度。现行版本为2018年12月29日，第十三届全国人民代表大会常务委员会第七次会议第二次修正。

（一）建设项目环境影响评价的分类管理

我国根据建设项目对环境的影响程度，对建设项目的环境影响评价实行分类管理，建设单位应当依法组织编制相应的环境影响评价文件，具体如下：

(1) 可能造成重大环境影响的，应当编制环境影响报告书，对产生的环境影响进行全面评价；

(2) 可能造成轻度环境影响的，应当编制环境影响报告表，对产生的环境影响进行分析或者专项评价；

(3) 对环境影响很小、不需要进行环境影响评价的，应当填报环境影响登记表。

（二）建设项目环境影响评价文件的审批管理

根据《环境影响评价法》的规定，建设项目的环境影响评价文件，由建设单位按照国务院的规定报有审批权的环境保护行政主管部门审批；建设项目有行业主管部门的，其环境影响报告书或者环境影响报告表应当经行业主管部门预审后，报有审批权的环境保护行政主管部门审批。建设项目的环境影响评价文件未经法律规定的审批部门审查或者审查后未予批准的，该项目审批部门不得批准其建设，建设单位不得开工建设。

建设项目的环境影响评价文件经批准后，建设项目的性质、规模、地点、采用的生产工艺或者防治污染、防止生态破坏的措施发生重大变动的，建设单位应当重新报批建设项目的环境影响评价文件。建设项目的环境影响评价文件自批准之日起超过5年，方决定该项目开工建设的，其环境影响评价文件应当报原审批部门重新审核。

（三）环境影响的后评价和跟踪管理

在项目建设、运行过程中产生不符合经审批的环境影响评价文件的情形的，建设单位应当组织环境影响的后评价，采取改进措施，并报原环境影响评价文件审批部门和建设项目审批部门备案；原环境影响评价文件审批部门也可以责成建设单位进行环境影响的后评价，采取改进措施。

环境保护行政主管部门应当对建设项目投入生产或者使用后所产生的环境影响进行跟踪检查,对造成严重环境污染或者生态破坏的,应当查清原因、查明责任。

二、环境保护"三同时"制度

所谓环境保护"三同时"制度,是指建设项目需要配套建设的环境保护设施,必须与主体工程同时设计、同时施工、同时投产使用。《环境影响评价法》第二十六条规定,建设项目建设过程中,建设单位应当同时实施环境影响报告书、环境影响报告表以及环境影响评价文件审批部门审批意见中提出的环境保护对策措施。环境保护"三同时"制度是建设项目环境保护法律制度的重要组成部分,《建设项目环境保护管理条例》对环境保护"三同时"制度进行了详细规定。

(一)设计阶段

建设项目的初步设计,应当按照环境保护设计规范的要求,编制环境保护篇章,并依据经批准的建设项目环境影响报告书或者环境影响报告表,在环境保护篇章中落实防治环境污染和生态破坏的措施以及环境保护设施投资概算。

(二)试生产阶段

建设项目的主体工程完工后,需要进行试生产的,其配套建设的环境保护设施必须与主体工程同时投入试运行。建设项目试生产期间,建设单位应当对环境保护设施运行情况和建设项目对环境的影响进行监测。

(三)竣工验收和投产使用阶段

建设项目竣工后,建设单位应当向审批环境影响评价文件的环境保护行政主管部门申请该建设项目需要配套建设的环境保护设施竣工验收。环境保护设施竣工验收,应当与主体工程竣工验收同时进行。需要进行试生产的建设项目,建设单位应当自建设项目投入试生产之日起3个月内。向审批环境影响评价文件的环境保护行政主管部门申请该建设项目需要配套建设的环境保护设施竣工验收。分期建设、分期投入生产或者使用的建设项目,其相应的环境保护设施应当分期验收。建设项目需要配套建设的环境保护设施经验收合格,该建设项目方可正式投入生产或者使用。

第二节 消防法规中与工程建设相关的内容

消防法指的是1998年9月1日起施行的《消防法》,历经2008年修订,2019年、2021年修正。该法的目的在于预防火灾和减少火灾危害,保护公民人身、公共财产和公民财产的安全,维护公共安全。

施工企业不按照消防设计文件和消防技术标准施工降低消防施工质量案例

一、建设工程消防设计与验收

建设工程的消防设计、施工必须符合国家工程建设消防技术标准。建设、设计、施工、工程监理等单位依法对建设工程的消防设计、施工质量负责。

对按照国家工程建设消防技术标准需要进行消防设计的建设工程,实行建设工程消防设计审查验收制度。

(一)建设工程消防设计与验收的有关规定

国务院住房和城乡建设主管部门规定的特殊建设工程,建设单位应当将消防设计文件报送住房和城乡建设主管部门审查,住房和城乡建设主管部门依法对审查的结果负责。其他建设工程,建设单位申请领取施工许可证或者申请批准开工报告时应当提供满足施工需要的消防设计图纸及技术资料。

特殊建设工程未经消防设计审查或者审查不合格的,建设单位、施工单位不得施工;其他建设工程,建设单位未提供满足施工需要的消防设计图纸及技术资料的,有关部门不得发放施工许可证或者批准开工报告。

国务院住房和城乡建设主管部门规定应当申请消防验收的建设工程竣工,建设单位应当向住房和城乡建设主管部门申请消防验收。其他建设工程,建设单位在验收后应当报住房和城乡建设主管部门备案,住房和城乡建设主管部门应当进行抽查。依法应当进行消防验收的建设工程,未经消防验收或者消防验收不合格的,禁止投入使用;其他建设工程经依法抽查不合格的,应当停止使用。

(二)法律责任

1. 未进行建设工程消防设计与验收的责任

有下列行为之一的,由住房和城乡建设主管部门、消防救援机构按照各自职权责令停止施工、停止使用或者停产停业,并处三万元以上三十万元以下罚款:

(1)依法应当进行消防设计审查的建设工程,未经依法审查或者审查不合格,擅自施工的;

(2)依法应当进行消防验收的建设工程,未经消防验收或者消防验收不合格,擅自投入使用的;

(3)《消防法》第十三条规定的其他建设工程验收后经依法抽查不合格,不停止使用的;

(4)公众聚集场所未经消防救援机构许可,擅自投入使用、营业的,或者经核查发现场所使用、营业情况与承诺内容不符的。

2. 降低建设工程消防设计与验收标准的责任

有下列行为之一的,由住房和城乡建设主管部门责令改正或者停止施工,并处一万元以上十万元以下罚款：

（1）建设单位要求建筑设计单位或者建筑施工企业降低消防技术标准设计、施工的；

（2）建筑设计单位不按照消防技术标准强制性要求进行消防设计的；

（3）建筑施工企业不按照消防设计文件和消防技术标准施工,降低消防施工质量的；

（4）工程监理单位与建设单位或者建筑施工企业串通,弄虚作假,降低消防施工质量的。

二、工程建设中应当采取的消防安全措施

工程建设中应当采取的消防安全措施有以下几个方面。

（1）在设有车间或者仓库的建筑物内,不得设置员工集体宿舍。在设有车间或者仓库的建筑物内,已经设置员工集体宿舍的,应当限期加以解决。对于暂时确有困难的,应当采取必要的消防安全措施,经公安消防机构批准后,可以继续使用。

（2）生产、储存、运输、销售或者使用、销毁易燃易爆危险物品的单位、个人,必须执行国家有关消防安全的规定。进入生产、储存易燃易爆危险物品的场所,必须执行国家有关消防安全的规定。禁止携带火种进入生产、储存易燃易爆危险物品的场所。储存可燃物资仓库的管理,必须执行国家有关消防安全的规定。

（3）禁止在具有火灾、爆炸危险的场所使用明火；因特殊情况需要使用明火作业的,应当按照规定事先办理审批手续。作业人员应当遵守消防安全规定,并采取相应的消防安全措施。进行电焊、气焊等具有火灾危险的作业人员和自动消防系统的操作人员,必须持证上岗,并严格遵守消防安全操作规程。

（4）消防产品的质量必须符合国家标准或者行业标准。禁止生产、销售或者使用未经依照《中华人民共和国产品质量法》的规定确定的检验机构检验合格的消防产品。禁止使用不符合国家标准或者行业标准的配件或者灭火剂维修消防设施和器材。公安消防机构及其工作人员不得利用职务为用户指定消防产品的销售单位和品牌。

（5）电器产品、燃气用具的质量必须符合国家标准或者行业标准。电器产品、燃气用具的安装、使用和线路、管路的设计、敷设,必须符合国家有关消防安全技术规定。

（6）任何单位、个人不得损坏或者擅自挪用、拆除、停用消防设施、器材,不得埋压、圈占消火栓,不得占用防火间距,不得堵塞消防通道。公用和城建等单位在修建道路以及停电、停水、截断通信线路时有可能影响消防队灭火救援的,必须事先通知当地公安消防机构。

第三节 节约能源法规中与工程建设相关的内容

所谓节能,是指加强用能管理,采取技术上可行、经济上合理以及环境和社会可以承受的措施,减少从能源生产到消费各个环节中的损失和浪费,更加有效、合理地利用能源。

为了推进全社会节约能源,提高能源利用效率和经济效益,保护环境,保障国民经济和社会的发展,满足人民生活需要,我国于1997年11月1日发布了《节约能源法》,并自1998年1月1日起开始实施。2007年10月28日第十届全国人民代表大会常务委员会第三十次会议修订,修订后的《节约能源法》于2008年4月1日施行。根据2016年7月2日第十二届全国人民代表大会常务委员会第二十一次会议《关于修改〈中华人民共和国节约能源法〉等六部法律的决定》第一次修正。根据2018年10月26日第十三届全国人民代表大会常务委员会第六次会议《关于修改〈中华人民共和国野生动物保护法〉等十五部法律的决定》第二次修正。

一、民用建筑节能的有关规定

(一) 民用建筑节能的含义

民用建筑节能,是指在保证民用建筑使用功能和室内热环境质量的前提下,降低其使用过程中能源消耗的活动。

国家鼓励和扶持在新建建筑和既有建筑节能改造中采用太阳能、地热能等可再生能源。在具备太阳能利用条件的地区,有关地方人民政府及其部门应当采取有效措施,鼓励和扶持单位、个人安装使用太阳能热水系统、照明系统、供热系统、采暖制冷系统等太阳能利用系统。

民用建筑节能项目依法享受税收优惠。

(二) 建设节能主体的节能义务

1. 城乡规划主管部门与建设主管部门的节能义务

编制城市详细规划、镇详细规划,应当按照民用建筑节能的要求,确定建筑的布局、形状和朝向。

城乡规划主管部门依法对民用建筑进行规划审查,应当就设计方案是否符合民用建筑节能强制性标准征求同级建设主管部门的意见;建设主管部门应当自收到征求意见材料之日起10日内提出意见。征求意见时间不计算在规划许可的期限内。

对不符合民用建筑节能强制性标准的,不得颁发建设工程规划许可证。

2. 施工图审查机构的节能义务

施工图设计文件审查机构应当按照民用建筑节能强制性标准对施工图设计文件进行审查;经审查不符合民用建筑节能强制性标准的,县级以上地方人民政府建设主管部门不得颁发施工许可证。

3. 建设单位的节能义务

建设单位不得明示或者暗示设计单位、施工单位违反民用建筑节能强制性标准进行设计、施工,不得明示或者暗示施工单位使用不符合施工图设计文件要求的墙体材料、保温材料、门窗、采暖制冷系统和照明设备。

按照合同约定由建设单位采购墙体材料、保温材料、门窗、采暖制冷系统和照明设备的,建设单位应当保证其符合施工图设计文件要求。

建设单位组织竣工验收,应当对民用建筑是否符合民用建筑节能强制性标准进行查验;对不符合民用建筑节能强制性标准的,不得出具竣工验收合格报告。

房地产开发企业销售商品房,应当向购买人明示所售商品房的能源消耗指标、节能措施和保护要求、保温工程保修期等信息,并在商品房买卖合同和住宅质量保证书、住宅使用说明书中载明。

4. 设计单位、施工单位、工程监理单位的节能义务

设计单位、施工单位、工程监理单位及其注册执业人员,应当按照民用建筑节能强制性标准进行设计、施工、监理。

施工单位应当对进入施工现场的墙体材料、保温材料、门窗、采暖制冷系统和照明设备进行查验;不符合施工图设计文件要求的,不得使用。

工程监理单位发现施工单位不按照民用建筑节能强制性标准施工的,应当要求施工单位改正;施工单位拒不改正的,工程监理单位应当及时报告建设单位,并向有关主管部门报告。

墙体、屋面的保温工程施工时,监理工程师应当按照工程监理规范的要求,采取旁站、巡视和平行检验等形式实施监理。

未经监理工程师签字,墙体材料、保温材料、门窗、采暖制冷系统和照明设备不得在建筑上使用或者安装,施工单位不得进行下一道工序的施工。

(三) 法律责任

1. 建设单位的法律责任

建设单位有下列行为之一的,由县级以上地方人民政府建设主管部门责令改正,处 20 万元以上 50 万元以下的罚款:

(1) 明示或者暗示设计单位、施工单位违反民用建筑节能强制性标准进行设计、施工的;

(2) 明示或者暗示施工单位使用不符合施工图设计文件要求的墙体材料、保温材料、门窗、采暖制冷系统和照明设备的;

(3) 采购不符合施工图设计文件要求的墙体材料、保温材料、门窗、采暖制冷系统和照明设备的;

(4) 使用列入禁止使用目录的技术、工艺、材料和设备的。

建设单位对不符合民用建筑节能强制性标准的民用建筑项目出具竣工验收合格报

告的,由县级以上地方人民政府建设主管部门责令改正,处民用建筑项目合同价款2%以上4%以下的罚款;造成损失的,依法承担赔偿责任。

2. 设计单位的法律责任

设计单位未按照民用建筑节能强制性标准进行设计,或者使用列入禁止使用目录的技术、工艺、材料和设备的,由县级以上地方人民政府建设主管部门责令改正,处10万元以上30万元以下的罚款;情节严重的,由颁发资质证书的部门责令停业整顿,降低资质等级或者吊销资质证书;造成损失的,依法承担赔偿责任。

3. 施工单位的法律责任

施工单位未按照民用建筑节能强制性标准进行施工的,由县级以上地方人民政府建设主管部门责令改正,处民用建筑项目合同价款2%以上4%以下的罚款;情节严重的,由颁发资质证书的部门责令停业整顿,降低资质等级或者吊销资质证书,造成损失的,依法承担赔偿责任。

4. 工程监理单位的法律责任

工程监理单位有下列行为之一的,由县级以上地方人民政府建设主管部门责令限期改正;逾期未改正的,处10万元以上30万元以下的罚款;情节严重的,由颁发资质证书的部门责令停业整顿,降低资质等级或者吊销资质证书;造成损失的,依法承担赔偿责任;未按照民用建筑节能强制性标准实施监理的;墙体、屋面的保温工程施工时,未采取旁站、巡视和平行检验等形式实施监理的。

对不符合施工图设计文件要求的墙体材料、保温材料、门窗、采暖制冷系统和照明设备,按照符合施工图设计文件要求签字的,依照《建设工程质量管理条例》第六十七条的规定处罚。

施工单位建筑材料违反节约能源法案例

二、建设工程项目的节能管理

(一) 节能的含义

节约能源(以下简称节能),是指加强用能管理,采取技术上可行、经济上合理以及环境和社会可以承受的措施,从能源生产到消费的各个环节,降低消耗、减少损失和污染物排放、制止浪费,有效、合理地利用能源。

节约资源是我国的基本国策。

(二) 节能管理的基本思路

依据《节约能源法》,我国进行节能管理的基本思路包括以下内容。

1. 编制节能计划

国务院和县级以上地方各级人民政府应当将节能工作纳入国民经济和社会发展规划、年度计划，并组织编制和实施节能中长期专项规划、年度节能计划。

国务院和县级以上地方各级人民政府每年向本级人民代表大会或者其常务委员会报告节能工作。

2. 节能考核评价

国家实行节能目标责任制和节能考核评价制度，将节能目标完成情况作为对地方人民政府及其负责人考核评价的内容。

省、自治区、直辖市人民政府每年向国务院报告节能目标责任的履行情况。

3. 节能产业政策

国家实行有利于节能和环境保护的产业政策，限制发展高耗能、高污染行业，发展节能环保型产业。

国务院和省、自治区、直辖市人民政府应当加强节能工作，合理调整产业结构、企业结构、产品结构和能源消费结构，推动企业降低单位产值能耗和单位产品能耗，淘汰落后的生产能力，改进能源的开发、加工、转换、输送、储存和供应，提高能源利用效率。

国家鼓励、支持开发和利用新能源、可再生能源。

4. 节能技术创新

国家鼓励、支持节能科学技术的研究、开发、示范和推广，促进节能技术创新与进步。

国家开展节能宣传和教育，将节能知识纳入国民教育和培训体系，普及节能科学知识，增强全民的节能意识，提倡节约型的消费方式。

5. 节能监督

任何单位和个人都应当依法履行节能义务，有权检举浪费能源的行为；新闻媒体应当宣传节能法律、法规和政策，发挥舆论监督作用。

国务院管理节能工作的部门主管全国的节能监督管理工作。国务院有关部门在各自的职责范围内负责节能监督管理工作，并接受国务院管理节能工作的部门的指导。

县级以上地方各级人民政府管理节能工作的部门负责本行政区域内的节能监督管理工作。县级以上地方各级人民政府有关部门在各自的职责范围内负责节能监督管理工作，并接受同级管理节能工作的部门的指导。

第四节　档案法规中与工程建设相关的内容

《中华人民共和国档案法》（以下简称《档案法》）于1987年9月5日第六届全国人民代表大会常务委员会第二十二次会议通过。2020年6月20日，第十三届全国人民代表大会常务委员会第十九次会议修订，自2021年1月1日起施行。

《档案法》的立法目的在于加强对档案的管理和收集、整理工作,有效地保护和利用档案,为中国特色社会主义现代化建设服务。

《档案法》分为八章,共五十三条。本书仅节选其中与工程建设密切相关的规定进行介绍。

《建设工程文件归档规范》,编号为 GB/T 50328—2019,自 2020 年 3 月 1 日起实施。原国家标准《建设工程文件归档规范》GB/T 50328—2014 同时废止。该规范适用于建设工程文件的归档整理以及建设工程档案的验收。专业工程按有关规定执行。

为了做好重大项目的档案验收,国家档案局制定了《重大建设项目档案验收办法》。该办法对重大建设项目档案验收的组织、验收申请、验收要求作出了更具体的规定。

一、建设工程档案的种类

根据国家标准《建设工程文件归档规范》(GB/T 50328—2019),建设工程档案是指在工程建设活动中直接形成的具有归档保存价值的文字、图纸、图表、声像、电子文件等各种形式的历史记录。根据该国家标准,应当归档的建设工程文件主要包括以下内容。

(一)工程准备阶段文件

工程准备阶段文件,指工程开工以前,在立项、审批、用地、勘察、设计、招投标等工程准备阶段形成的文件。主要包括以下内容。

1. 立项文件

(1)项目建议书;

(2)项目建议书审批意见及前期工作通知书;

(3)可行性研究报告及附件;

(4)可行性研究报告审批意见;

(5)关于立项有关的会议纪要、领导讲话;

(6)专家建议文件;

(7)调查资料及项目评估研究材料等。

2. 建设用地、征地、拆迁文件

(1)选址申请及选址规划意见通知书;

(2)用地申请报告及县级以上人民政府城乡建设用地批准书;

(3)拆迁安置意见、协议、方案等;

(4)建设用地规划许可证及其附件;

(5)划拨建设用地文件。

3. 勘察、测绘、设计文件

(1)工程地质勘察报告;

(2)水文地质勘察报告、自然条件、地震调查;

(3)建设用地钉桩通知单(书);

(4) 地形测量和拔地测量成果报告；

(5) 申报的规划设计条件和规划设计条件通知书；

(6) 初步设计图纸和说明；

(7) 技术设计图纸和说明；

(8) 审定设计方案通知书及审查意见；

(9) 有关行政主管部门（人防、环保、消防、交通、园林、市政、文物、通信、保密、河潮、教育、白蚁防治、卫生等）批准文件或取得的有关协议；

(10) 施工图及其说明；

(11) 设计计算书；

(12) 政府有关部门对施工图设计文件的审批意见等。

4. 招投标文件

(1) 勘察设计招投标文件；

(2) 勘察设计承包合同；

(3) 施工招投标文件；

(4) 施工承包合同；

(5) 工程监理招投标文件；

(6) 监理委托合同等。

5. 开工审批文件

(1) 建设项目列入年度计划的申报文件；

(2) 建设项目列入年度的批复文件或年度计划项目表；

(3) 规划审批申报表及报送的文件和图纸；

(4) 建设工程规划许可证及其附件；

(5) 建设工程开工审查表；

(6) 建设工程施工许可证；

(7) 投资许可证、审计证明、缴纳绿化建设费等证明；

(8) 工程质量监督手续等。

6. 财务文件

(1) 工程投资估算材料；

(2) 工程设计概算材料；

(3) 施工图预算材料；

(4) 施工预算等。

7. 建设、施工、监理机构及负责人名单

(1) 工程项目管理机构（项目经理部）及负责人名单；

(2) 工程项目监理机构（项目监理部）及负责人名单；

(3) 工程项目施工管理机构（施工项目经理部）及负责人名单等。

（二）监理文件

监理文件，指工程监理单位在工程监理过程中形成的文件，主要包括以下内容：

(1) 监理规划,包括监理规划、监理实施细则和监理部总控制计划等;
(2) 监理月报中的有关质量问题;
(3) 监理会议纪要中的有关质量问题;
(4) 进度控制文件,包括工程开工/复工审批表、工程开工/复工暂停令等;
(5) 质量控制文件,包括不合格项目通知、质量事故报告及处理意见等;
(6) 造价控制文件,包括预付款报审与支付、月付款报审与支付、设计变更、洽商费用报审与签认、工程竣工结算审核意见书等;
(7) 分包资质文件,包括分包单位资质材料、供货单位资质材料、试验等单位资质材料;
(8) 监理通知,包括有关进度控制的监理通知、有关质量控制的监理通知、有关造价控制的监理通知;
(9) 合同与其他事项管理文件,包括工程延期报告及审批、费用索赔报告及审批、合同争议、违约报告及处理意见、合同变更材料等;
(10) 监理工作总结,包括专题总结、月报总结、工程竣工总结、质量评价意见报告。

(三) 施工文件

施工文件,指施工单位在工程施工过程中形成的文件。不同专业的工程对施工文件的要求不尽相同,一般包括:
(1) 施工技术准备文件,包括施工组织设计、技术交底、图纸会审记录、施工预算的编制和审查、施工日志等;
(2) 施工现场准备文件,包括控制网设置资料、工程定位测量资料、基槽开挖线测量资料、施工安全措施、施工环保措施等;
(3) 地基处理记录;
(4) 工程图纸变更记录,包括设计会议会审记录、设计变更记录、工程洽商记录等;
(5) 施工材料、预制构件质量证明文件及复试试验报告;
(6) 设备、产品质量检查、安装记录,包括设备、产品质量合格证、质量保证书、设备装箱单、商检证明和说明书、开箱报告、设备安装记录、设备试运行记录、设备明细表等;
(7) 施工试验记录、隐蔽工程检查记录;
(8) 施工记录,包括工程定位测量检查记录、预检工程检查记录、沉降观测记录、结构吊装记录、工程竣工测量、新型建筑材料、施工新技术等;
(9) 工程质量事故处理记录;
(10) 工程质量检验记录,包括检验批质量验收记录、分面工程质量验收记录、基础、主体工程验收记录、分部(子分部)工程质量验收记录等。

(四) 竣工图和竣工验收文件

竣工图是指工程竣工验收后,真实反映建设工程项目施工结果的图样。竣工验收文件是指建设工程项目竣工验收活动中形成的文件。竣工验收文件主要包括以下内容:

(1) 工程竣工总结,包括工程概况表、工程竣工总结;

(2) 竣工验收记录,包括单位(子单位)工程质量验收记录、竣工验收证明书、竣工验收报告、竣工验收备案表(包括各专项验收认可文件)、工程质量保修书等;

(3) 财务文件,包括决算文件、交付使用财产总表和财产明细表;

(4) 声像、缩微、电子档案,包括工程照片、录音、录像材料、各种光盘、磁盘等。

二、建设工程档案的移交程序

(一) 基本规定

《建设工程文件归档规范》(GB/T 50328—2019)规定,建设、勘察、设计、施工、监理等单位应将工程文件的形成和积累纳入工程建设管理的各个环节和有关人员的职责范围。建设单位在工程招标及与勘察、设计、施工、监理等单位签订合同时,应对工程文件的套数、费用、质量、移交时间等提出明确要求。勘察、设计、施工、监理等单位应将本单位形成的工程文件立卷后向建设单位移交。

建设单位应当收集和整理工程准备阶段、竣工验收阶段形成的文件,并应进行立卷归档。建设单位还应当负责组织、监督和检查勘察、设计、施工、监理等单位的工程文件的形成、积累和立卷归档工作,并收集和汇总勘察、设计、施工、监理等单位立卷归档的工程档案。

建设工程项目实行总承包的,总包单位负责收集、汇总各分包单位形成的工程档案,并应及时向建设单位移交;各分包单位应将本单位形成的工程文件整理、立卷后及时移交总包单位。建设工程项目由几个单位承包的,各承包单位负责收集、整理立卷其承包项目的工程文件,并应及时向建设单位移交。

(二) 工程文件的归档范围及质量要求

对与工程建设有关的重要活动、记载工程建设主要过程和现状、具有保存价值的各种载体的文件,均应收集齐全,整理立卷后归档。归档的工程文件应为原件。工程文件的内容及其深度必须符合国家有关工程勘察、设计、施工、监理等方面的技术规范、标准和规程。

(三) 工程文件的归档

归档文件必须完整、准确、系统,能够反映工程建设活动的全过程。归档的文件必须经过分类整理,并应组成符合要求的案卷。根据建设程序和工程特点,归档可以分阶段进行,也可以在单位或分部工程通过竣工验收后进行。勘察、设计单位应当在任务完成时,施工、监理单位应当在工程竣工验收前,将各自形成的有关工程档案向建设单位归档。凡设计、施工及监理单位需要向本单位归档的文件,应按国家有关规定单独立卷归档。

勘察、设计、施工单位在收齐工程文件并整理立卷后,建设单位、监理单位应根据城建管理机构的要求对档案文件完整、准确、系统情况和案卷质量进行审查。审查合格后向建设单位移交。工程档案一般不少于两套,一套由建设单位保管,另一套(原件)移交当地城建档案馆(室)。勘察、设计、施工、监理等单位向建设单位移交档案时,应编制移交清单,双方签字、盖章后方可交接。

(四) 建设单位向政府主管机构移交建设项目档案

《建设工程质量管理条例》第十七条规定,建设单位应当严格按照国家有关档案管理的规定,及时收集、整理建设项目各环节的文件资料,建立、健全建设项目档案,并在建设工程竣工验收后,及时向建设行政主管部门或者其他有关部门移交建设项目档案。

涉及城建档案馆(室)档案接收范围的工程,建设单位在组织工程竣工验收前,应提请城建档案管理机构对工程档案进行预验收。建设单位未取得城建档案管理机构出具的认可文件,不得组织工程竣工验收。

城建档案管理部门在进行工程档案的验收时,应重点验收以下内容:
(1) 工程档案齐全、系统、完整;
(2) 工程档案的内容真实、准确地反映工程建设活动和工程实际状况;
(3) 工程档案已整理立卷,立卷符合本规范的规定;
(4) 竣工图绘制方法、图式及规格等符合专业技术要求,图面整洁,盖有竣工图章;
(5) 文件的形成、来源符合实际,要求单位或个人签章的文件,其签章手续完备;
(6) 文件材质、幅面、书写、绘图、用墨、托裱等符合要求。

列入城建档案馆(室)接收范围的工程,建设单位在工程竣工验收后3个月内,必须向城建档案馆(室)移交一套符合规定的工程档案。

停建、缓建建设工程的档案,暂由建设单位保管。对改建、扩建和维修工程,建设单位应当组织设计、施工单位据实修改、补充和完善原工程档案。对改变的部件,应当重新编制工程档案,并在工程竣工验收后3个月内向城建档案馆(室)移交。

建设单位向城建档案馆(室)移交工程档案时,应办理移交手续,填写移交目录,双方签字、盖章后交接。

建设工程竣工验收后,建设单位未按规定移交建设工程档案的,依据《建设工程质量管理条例》第五十九条的规定,建设单位除应被责令改正外,还应当受到罚款的行政处罚。

三、重大建设项目档案验收

为了做好重大项目的档案验收,国家档案局制定了《重大建设项目档案验收办法》。该办法对重大建设项目档案验收的组织、验收申请、验收要求作出了更具体的规定。该办法适用于各级政府投资主管部门组织或委托组织进行竣工验收的固定资产投资项目(以下简称项目)。所称各级政府投资主管部门是指各级政府发展改革部门和具有投资管理职能的经济(贸易)部门。

(一) 项目档案验收的组织

(1) 国家发展和改革委员会组织验收的项目,由国家档案局组织项目档案的验收;

(2) 国家发展和改革委员会委托中央主管部门(含中央管理企业,下同)、省级政府投资主管部门组织验收的项目,由中央主管部门档案机构、省级档案行政管理部门组织项目档案的验收,验收结果报国家档案局备案;

(3) 省以下各级政府投资主管部门组织验收的项目,由同级档案行政管理部门组织项目档案的验收;

(4) 国家档案局对中央主管部门档案机构、省级档案行政管理部门组织的项目档案验收进行监督、指导。项目主管部门、各级档案行政管理部门应加强项目档案验收前的指导和咨询,必要时可组织预检。

(二) 项目档案验收组的组成

(1) 国家档案局组织的项目档案验收,验收组由国家档案局、中央主管部门、项目所在地省级档案行政管理部门等单位组成;

(2) 中央主管部门档案机构组织的项目档案验收,验收组由中央主管部门档案机构及项目所在地省级档案行政管理部门等单位组成;

(3) 省级及省以下各级档案行政管理部门组织的项目档案验收,由档案行政管理部门、项目主管部门等单位组成;

(4) 凡在城市规划区范围内建设的项目,项目档案验收组成员应包括项目所在地的城建档案接收单位;

(5) 项目档案验收组人数为不少于 5 人的单数,组长由验收组织单位人员担任。必要时可邀请有关专业人员参加验收组。

(三) 验收申请

项目建设单位(法人)应向项目档案验收组织单位报送档案验收申请报告,并填报《重大建设项目档案验收申请表》。项目档案验收组织单位应在收到档案验收申请报告的 10 个工作日内作出答复。

申请项目档案验收应具备下列条件:

(1) 项目主体工程和辅助设施已按照设计建成,能满足生产或使用的需要;

(2) 项目试运行指标考核合格或者达到设计能力;

(3) 完成了项目建设全过程文件材料的收集、整理与归档工作;

(4) 基本完成了项目档案的分类、组卷、编目等整理工作。

项目档案验收前,项目建设单位(法人)应组织项目设计、施工、监理等方面负责人以及有关人员,根据档案工作的相关要求,依照《重大建设项目档案验收内容及要求》进行全面自检。

项目档案验收申请报告的主要内容包括:

(1) 项目建设及项目档案管理概况;

(2) 保证项目档案的完整、准确、系统所采取的控制措施;
(3) 项目文件材料的形成、收集、整理与归档情况,竣工图的编制情况及质量状况;
(4) 档案在项目建设、管理、试运行中的作用;
(5) 存在的问题及解决措施。

(四) 项目档案验收会议

项目档案验收应在项目竣工验收3个月之前完成。项目档案验收以验收组织单位召集验收会议的形式进行。项目档案验收组全体成员参加项目档案验收会议,项目的建设单位(法人)、设计、施工、监理和生产运行管理或使用单位的有关人员列席会议。

项目档案验收会议的主要议程包括:
(1) 项目建设单位(法人)汇报项目建设概况、项目档案工作情况;
(2) 监理单位汇报项目档案质量的审核情况;
(3) 项目档案验收组检查项目档案及档案管理情况;
(4) 项目档案验收组对项目档案质量进行综合评价;
(5) 项目档案验收组形成并宣布项目档案验收意见。

(五) 档案质量的评价

检查项目档案,采用质询、现场查验、抽查案卷的方式。抽查档案的数量应不少于100卷,抽查重点为项目前期管理性文件、隐蔽工程文件、竣工文件、质检文件、重要合同、协议等。

项目档案验收应根据《建设项目档案管理规范》(DA/T 28—2018),对项目档案的完整性、准确性、系统性进行评价。

(六) 项目档案验收意见的主要内容

项目档案验收意见主要有以下内容:
(1) 项目建设概况;
(2) 项目档案管理情况,包括项目档案工作的基础管理工作,项目文件材料的形成、收集、整理与归档情况,竣工图的编制情况及质量,档案的种类、数量,档案的完整性、准确性、系统性及安全性评价,档案验收的结论性意见;
(3) 存在问题、整改要求与建议。

(七) 档案验收结果

项目档案验收结果分为合格与不合格。项目档案验收组半数以上成员同意通过验收的为合格。

项目档案验收合格的项目,由项目档案验收组出具项目档案验收意见。

项目档案验收不合格的项目,由项目档案验收组提出整改意见,要求项目建设单位(法人)于项目竣工验收前对存在的问题限期整改,并进行复查。复查后仍不合格的,不得进行竣工验收,并由项目档案验收组提请有关部门对项目建设单位(法人)通报批评。造成档案损失的,应依法追究有关单位及人员的责任。

关于丢失职工人事档案的案例

第五节 税收法规中与工程建设相关的内容

税收是政府为了满足社会公共需要,凭借其政治权利,按照法律规定,强制、无偿地取得财政收入的一种形式。在建设工程活动中,应当熟悉和执行税收相关法律制度。

一、企业所得税

(一) 企业所得税的概念和特点

企业所得税是对我国境内的企业和其他取得收入的组织的生产经营所得和其他所得征收的所得税。

企业所得税具有以下特点:(1)纳税人分为居民企业和非居民企业两大类。在我国现行的企业所得税税制中,纳税人分为居民企业和非居民企业两类。居民企业对来源于我国境内外的所得负无限纳税义务,非居民企业仅对中国境内的所得缴纳企业所得税。(2)征税以量能课税为原则,税负公平。量能课税原则是税收公平原则的法律体现,赋税负担必须在一国纳税人之间公平分配,所有的纳税主体按其实质负担税收的能力,负担其应负的税收。(3)计税依据为应纳税所得额。企业所得税的计税依据是应纳税所得额,即企业每个纳税年度的收入总额减去不征税收入、免税收入、各项扣除以及允许弥补的以前年度亏损后的余额。企业所得税的计税依据是应纳税所得额,而不是收入额,这是所得税与增值税的最大区别。

(二) 纳税人

《中华人民共和国企业所得税法》(以下简称《企业所得税法》)规定,在中华人民共和国境内,企业和其他取得收入的组织为企业所得税的纳税人,依照规定缴纳企业所得税。个人独资企业、合伙企业不适用《企业所得税法》。

(三) 征税对象

居民企业应当就其来源于中国境内、境外的所得缴纳企业所得税。非居民企业在中国境内设立机构、场所的,应当就其所设机构、场所取得的来源于中国境内的所得,以及发生在中国境外但与其所设机构、场所有实际联系的所得,缴纳企业所得税。非居民企业在中国境内未设立机构、场所的,或者虽设立机构、场所但取得的所得与其所设机构、场所没有实际联系的,应当就其来源于中国境内的所得缴纳企业所得税。

(四) 税率

企业所得税实行比例税率。企业所得税的税率为25%,适用于居民企业和在中国境内设立机构、场所的且取得的所得来源于中国境内或者所得发生在中国境外但与其所设机构、场所有实际联系的非居民企业。非居民企业在中国境内未设立机构、场所的,或者虽设立机构、场所但取得的所得与其所设机构、场所没有实际联系的,应当就其来源于中国境内的所得缴纳企业所得税,适用税率为20%。

符合条件的小型微利企业,减按20%的税率征收企业所得税。国家需要重点扶持的高新技术企业,减按15%的税率征收企业所得税。

(五) 应纳税所得额

企业每一纳税年度的收入总额,减除不征税收入、免税收入、各项扣除以及允许弥补的以前年度亏损后的余额,为应纳税所得额。

二、企业增值税

(一) 增值税的概念和特点

增值税是以商品和劳务在流转过程中产生的增值额作为征税对象而征收的一种流转税。增值税是对商品在流转过程中的增值额部分征税。

增值税具有以下特点:(1)增值税只对商品在生产流通过程中的价值增值额征收,不会重复计税,这是增值税最本质的特征,也是增值税区别于其他间接税的显著特点。(2)实行价外税制度。增值税是以不含税的销售额为计税依据的,增值税专用发票的开具都会分别注明商品的价格和增值税税额部分。在计税时,作为计税依据的销售额中不包含增值税税额,这样有利于形成均衡的生产价格,并有利于税负转嫁。(3)从增值税的征税范围看,对从事应税交易的所有单位和个人,在货物、服务、无形资产、不动产和金融商品增值的各个生产流通环节向纳税人普遍征收,具有普遍性。

(二) 增值税的纳税人

《中华人民共和国增值税暂行条例》规定,在中华人民共和国境内销售货物或者加工、修理修配劳务,销售服务、无形资产、不动产以及进口货物的单位和个人,为增值税的纳税人。根据纳税人的经营规模以及会计核算的健全程度,我国将增值税的纳税人分为一般纳税人和小规模纳税人。区分一般纳税人和小规模纳税人的主要意义在于,二者在增值税法中的地位不同:一般纳税人可以领购和自行开具增值税专用发票,采用抵扣法缴纳增值税;而小规模纳税人缴纳增值税款只能采取简易方法,不能采用抵扣法。小规模纳税人以外的纳税人应当向主管税务机关办理登记。小规模纳税人会计核算健全,能够提供准确税务资料的,可以向主管税务机关办理登记,不作为小规模纳税人计算应纳税额。小规模纳税人的标准由国务院财政、税务主管部门规定。

(三) 增值税的征税范围

增值税的征税范围有销售货物、提供加工和修理修配劳务、销售服务、销售不动产、进口货物等。

(四) 增值税的税率

一般纳税人的增值税税率按照国务院常务会议决定,从2019日起,增值税税率进行如下调整:

(1)纳税人销售货物、劳务、有形动产租赁服务或者进口货物,除下述第(2)项、第(4)项、第(5)项另有规定外,税率为17%。(2)纳税人销售交通运输、邮政、基础电信、建筑、不动产租赁服务,销售不动产,转让土地使用权,销售或者进口下列货物,税率为11%:①粮食等农产品、食用植物油、食用盐;②自来水、暖气、冷气、热水、煤气、石油液化气、天然气、二甲醚、沼气、居民用煤炭制品;③图书、报纸、杂志、音像制品、电子出版物;④饲料、化肥、农药、农机、农膜;⑤国务院规定的其他货物。(3)纳税人销售服务、无形资产,除上述第(1)项、第(2)项和下述第(5)项另有规定外,税率为6%。(4)纳税人出口货物,税率为零;但是,国务院另有规定的除外。(5)境内单位和个人跨境销售国务院规定范围内的服务、无形资产,税率为零。

三、其他税种

(一) 环境保护税

环境保护税是为了保护和改善环境,减少污染物排放,推进生态文明建设而征收的一种税。

环境保护税是指在中华人民共和国领域和中华人民共和国管辖的其他海域,直接向环境排放应税污染物的企业、事业单位和其他生产经营者为纳税人征收的一种税。将排污费的缴纳人作为环境保护税的纳税人,根据现行排污收费项目、计费办法和收费标准,设置环境保护税的税目、计税依据和税额标准。

(二) 个人所得税

个人所得税是以自然人取得的各项应税所得为征税对象而征收的一种所得税。

在中国境内有住所,或者无住所而一个纳税年度内在中国境内居住累计满183天的个人,为居民个人。居民个人从中国境内和境外取得的所得,依照规定缴纳个人所得税。在中国境内无住所又不居住,或者无住所而一个纳税年度内在中国境内居住累计不满183天的个人,为非居民个人。非居民个人从中国境内取得的所得,依照规定缴纳个人所得税。

(三) 城市维护建设税

《中华人民共和国城市维护建设税法》规定,在中华人民共和国境内缴纳增值税、消费税的单位和个人,为城市维护建设税的纳税人,应当依照规定缴纳城市维护建设税。

城市维护建设税以纳税人依法实际缴纳的增值税、消费税税额为计税依据。对进口货物或者境外单位和个人向境内销售劳务、服务、无形资产缴纳的增值税、消费税税额,不征收城市维护建设税。

(四) 教育费附加

《征收教育费附加的暂行规定》中规定,凡缴纳消费税、增值税、营业税的单位和个人,除按规定,缴纳农村教育事业费附加的单位外,都应当依照规定缴纳教育费附加。教育费附加,以各单位和个人实际缴纳的增值税、营业税、消费税的税额为计征依据,教育费附加率为3%,分别与增值税、营业税、消费税同时缴纳。除国务院另有规定者外,任何地区、部门不得擅自提高或者降低教育费附加率。

(五) 城镇土地使用税

《中华人民共和国城镇土地使用税暂行条例》规定,在城市、县城、建制镇、工矿区范围内使用土地的单位和个人,为城镇土地使用税的纳税人,应当依照规定缴纳土地使用税。单位,包括国有企业、集体企业、私营企业、股份制企业、外商投资企业、外国企业以及其他企业和事业单位、社会团体、国家机关、军队以及其他单位;个人,包括个体工商户以及其他个人。

本章小结

本章对建设工程相关法律制度作了较详细的阐述,包括环境保护法律制度、节约能源法律制度、档案法律制度、税收法律制度等。

在环境保护法律制度中,主要介绍了环境保护基本制度、水污染防治、大气污染防治、环境噪声污染防治和固体废物污染防治等。在节约能源法律制度中,主要介绍了新修订的《节约能源法》的特点、节能管理制度和建筑节能的节能规定。在档案法律制度中,主要介绍了工程档案的分类、建设工程文件归档整理和重大建设项目档案验收等。在税收法律制度中,主要介绍了税收基本制度、纳税人的权利与义务、税务管理制度、税款征收制度和违反税法的法律责任等。

一、简答题

1. 工程建设标准的级别分为哪几类?
2. 什么是环境保护"三同时"制度?
3. 简述各参建单位的节能责任。

4. 建设工程文件主要包括哪些?

5. 纳税人应如何进行税务登记?

二、案例分析题

某市郊四个村委会起诉位于该市郊的水泥厂。原告诉称,被告在生产水泥过程中超标排放粉尘,污染环境,影响农作物生长和人畜健康,给原告造成了损害。因而请求赔偿11年的经济损失共约693万元,水泥厂停产或搬迁。被告辩称,水泥厂因建设过早,初期的确有超标排污问题,但自《中华人民共和国环境保护法》及其他相关法律公布以来,经过治理,排尘已经达标,成分性能与一般尘土相同,而不是水泥粉尘,因此不必承担责任。该市中院审理此案,认为原告起诉依据是以硅酸盐水泥粉尘为研究对象的试验结论,而调查化验发现被告排放粉尘主要为未经煅烧的生料粉尘。生料粉尘的危害尚无确切研究结果和定论。原告无法提供确切证据,因此不予完全支持。而被告以前确实曾有长期超标排放的行为,因此判决被告赔偿该时期的损害,并一次性赔偿原告35万元。

问题:

(1)该中院的判决是否恰当?为什么?

(2)您认为合适的判决应为如何?

习题答案

第十二章 建设工程纠纷解决的相关法规

教学目标

通过学习,掌握建设工程纠纷的主要种类和法律解决途径,熟悉调解与和解制度、仲裁制度、民事诉讼制度,了解行政复议和行政诉讼制度。通过本章学习,培养学生正确运用法律手段处理建筑实践中常见的纠纷来维护自身合法权益,培养学生敬畏法律、遵守法律的思想意识,提升学生道德品质和职业操守。通过本章学习,应达到以下目标:

(1)掌握建设工程纠纷的主要种类和法律解决途径;
(2)熟悉调解与和解制度、仲裁制度及民事诉讼制度;
(3)了解行政复议和行政诉讼制度。

教学要求

知识要点	能力要求	相关知识
建设工程纠纷主要种类和法律解决途径	(1)掌握建设工程纠纷的主要种类 (2)掌握解决建设工程纠纷途径	(1)建设工程民事纠纷 (2)建设工程行政纠纷 (3)建设工程纠纷的法律解决途径
和解与调解制度	熟悉和解与调解制度的概述	和解与调解制度的概述
仲裁制度	(1)熟悉仲裁制度概述 (2)熟悉仲裁协议及仲裁程序	(1)仲裁制度概述 (2)仲裁协议及仲裁程序
民事诉讼制度	(1)熟悉民事诉讼概述 (2)熟悉证据的特点 (3)了解诉讼管辖制度及诉讼回避制度 (4)熟悉审判程序、审判监督程序及执行程序	(1)民事诉讼概述 (2)证据的特点 (3)诉讼管辖制度及诉讼回避制度 (4)审判程序、审判监督程序及执行程序
行政复议和行政诉讼制度	(1)了解行政复议范围及程序 (2)了解行政诉讼受理范围及程序	(1)行政复议范围及程序 (2)行政诉讼受理范围及程序

基本概念

建设工程民事纠纷、建设工程行政纠纷、行政复议、行政诉讼、和解、调解、仲裁、仲裁协议、民事诉讼

※引例

原告：××建筑公司

被告：××房地产公司

一、基本案情

2019年原告与被告签订建筑安装工程施工合同，约定由原告承包被告某项目一期和二期工程。一期工程如期于2020年9月竣工并交付使用。工程质量经建筑工程质量监督站评定为优良等级，后又经省建设厅评定为省优良样板工程。而此项工程，被告欠工程尾款75万元。二期工程由原告施工，工程进度按合同约定进行，至收尾阶段，被告欠工程尾款560万元。另按合同约定，被告还应付两项工程逾期付款违约金46万元，逾期付款利息100万元。被告拖欠巨额工程款，原告为维护企业的合法权益，在多次与被告交涉未果的情况下，于2021年诉至人民法院。

二、案件审理

法院审理过程中，被告对原告诉指无异议，但对一期工程延误20天的工期，要求原告承担违约责任。法院在审理中查明，原告施工期间，市防汛国道指挥部于2020年8月1日发布冻结全市所有建筑施工单位的砂石建筑材料，以备统一调用的6号令，直到8月28日此令才得以解除。延误工期20天系不可抗拒力造成，原告不承担责任。

2021年12月法院对此案作出判决，就一期工程欠款判决被告偿付原告75万元，并付给原告垫付的案件受理费49300元。然而，判决下达后，被告既未在法定时限内提出上诉，判决生效后又不履行法律文书确定的还款义务。2022年11月，法院裁定将被告二期工程1~8层和地下室拍卖。

当法院下达194号民事裁定书后，某保险公司于12月15日向法院提出执行异议，声明二期工程由该公司全额出资兴建，拥有产权，并出示了一份实际上并未履行的所谓"联合开发"的合同，试图否定被告作为开发单位的身份。可是，在同年12月12日给原告的复函中则称该公司"已按合同向被告付款"，表明被告是开发单位。原来被告将未竣工在建项目二期卖给了保险公司，某保险公司则在四层以上安排了员工居住。依据《中华人民共和国建筑法》，未验收工程是不准使用的。处于此种情况下，某保险公司想为自身一辩。但是，法院在2023年4月12日明确通知该公司："你公司提出的执行异议不成立，现予以驳回。你公司应按我院194号裁定书履行。"

请同学们思考下，法院裁判的理由。

案例分析

第一节 建设工程纠纷主要种类和法律解决途径

一、建设工程纠纷的主要种类

(一) 建设工程民事纠纷

民事纠纷的特点有:(1)民事纠纷主体之间的法律地位平等;(2)民事纠纷的内容是对民事权利义务的争议;(3)民事纠纷的可处分性。这主要是针对有关财产关系的民事纠纷,而有关人身关系的民事纠纷多具有不可处分性。

在建设工程领域,较为普遍和重要的民事纠纷主要是合同纠纷、侵权纠纷。

发包人和承包人就有关工期、质量、造价等产生的建设工程合同争议,是建设工程领域最常见的民事纠纷。

建筑工程民事纠纷之合同纠纷案例

(二) 建设工程行政纠纷

行政机关的行政行为具有以下特征:(1)行政行为是执行法律的行为。任何行政行为均须有法律根据,具有从属法律性,没有法律的明确规定或授权,行政主体不得作出任何行政行为。(2)行政行为具有一定的裁量性。这是由立法技术本身的局限性和行政管理的广泛性、变动性、应变性所决定的。(3)行政主体在实施行政行为时具有单方意志性,不必与行政相对方协商或征得其同意,便可依法自主做出。(4)行政行为是以国家强制力保障实施的,带有强制性。行政相对方必须服从并配合行政行为,否则行政主体将予以制裁或强制执行。(5)行政行为以无偿为原则,以有偿为例外。只有当特定行政相对人承担了特别公共负担,或者分享了特殊公共利益时,方可为有偿的。

在建设工程领域,行政机关易引发行政纠纷的具体行政行为主要有以下几种:

(1) 行政许可,即行政机关根据公民、法人或者其他组织的申请。经依法审查,准予其从事特定活动的行政管理行为,如施工许可、专业人员执业资格注册、企业资质等级核准、安全生产许可等。行政许可易引发的行政纠纷通常是行政机关的行政不作为、违反法定程序等。

(2) 行政处罚，即行政机关或其他行政主体依照法定职权、程序对于违法但尚未构成犯罪的相对人给予行政制裁的具体行政行为。常见的行政处罚为警告、罚款、没收违法所得、取消投标资格、责令停止施工、责令停业整顿、降低资质等级、吊销资质证书等。行政处罚易导致的行政纠纷，通常是行政处罚超越职权、滥用职权、违反法定程序、事实认定错误、适用法律错误等。

(3) 行政奖励，即行政机关依照条件和程序，对为国家、社会和建设事业作出重大贡献的单位和个人，给予物质或精神鼓励的具体行政行为，如表彰建设系统先进集体、劳动模范和先进工作者等。行政奖励易引发的行政纠纷，通常是违反程序、滥用职权、行政不作为等。

(4) 行政裁决，即行政机关或法定授权的组织，依照法律授权，对平等主体之间发生的与行政管理活动密切相关的、特定的民事纠纷（争议）进行审查，并作出裁决的具体行政行为，如对特定的侵权纠纷、损害赔偿纠纷、权属纠纷、国有资产产权纠纷以及劳动工资、经济补偿纠纷等的裁决。行政裁决易引发的行政纠纷，通常是行政裁决违反法定程序、事实认定错误、适用法律错误等。

二、民事纠纷的法律解决途径

建设工程民事纠纷的处理方式主要有四种：分别是和解、调解、仲裁、诉讼。《民法典》规定，当事人可以通过和解或者调解解决合同争议。当事人不愿和解、调解或者和解、调解不成的，可以根据仲裁协议向仲裁机构申请仲裁。当事人没有订立仲裁协议或者仲裁协议无效的，可以向人民法院起诉。当事人应当履行发生法律效力的判决、仲裁裁决、调解书；拒不履行的，对方可以请求人民法院执行。

三、行政纠纷的法律解决途径

行政纠纷的法律解决途径主要有两种，即行政复议和行政诉讼。

（一）行政复议

行政复议是公民、法人或其他组织（作为行政相对人）认为行政机关的具体行政行为侵犯其合法权益，依法请求法定的行政复议机关审查该具体行政行为的合法性、适当性，该复议机关依照法定程序对该具体行政行为进行审查，并作出行政复议决定的法律制度。

（二）行政诉讼

行政诉讼的主要特征是：(1) 行政诉讼是法院解决行政机关实施具体行政行为时与公民、法人或其他组织发生的争议；(2) 行政诉讼为公民、法人或其他组织提供法律救济的同时，具有监督行政机关依法行政的功能；(3) 行政诉讼的被告与原告是恒定的，即被告只能是行政机关，原告则是作为行政行为相对人的公民、法人或其他组织，而不可能互易诉讼身份。

第二节 和解与调解制度

一、和解

(一) 和解的概念

和解是指当事人在自愿互谅的基础上,就已经发生的争议进行协商并达成协议,自行解决争议的一种方式。

和解达成的协议不具有强制执行的效力,但是可以成为原合同的补充部分。当事人不按照和解达成的协议执行,另一方当事人不可以申请强制执行,但是却可以追究其违约责任。

(二) 和解的适用

1. 未经仲裁和诉讼的和解

发生争议后,当事人即可以自行和解。如果达成一致意见,就不需要进行仲裁或者诉讼。

2. 申请仲裁后的和解

当事人申请仲裁后,可以自行和解。达成和解协议的,可以请求仲裁庭根据和解协议作出裁决书,也可以撤回仲裁申请。当事人达成和解协议,撤回仲裁申请后反悔的,可以根据仲裁协议申请仲裁。

3. 诉讼后的和解

当事人在诉讼中和解的,应由原告申请撤诉,经法院裁定撤诉后结束诉讼。

4. 执行中的和解

在执行中,双方当事人在自愿协商的基础上,达成的和解协议,产生结束执行程序的效力。如果一方当事人不履行和解协议或者反悔的,对方当事人只可以申请人民法院按照原生效法律文书强制执行。

二、调解

1. 调解的概念

调解,是指第三人(即调解人)应纠纷当事人的请求,依法或依合同约定,对双方当事人进行说服教育,居中调停,使其在互相谅解、互相让步的基础上解决其纠纷的一种途径。

2. 调解的形式

(1) 民间调解,即在当事人以外的第三人或组织的主持下,通过相互谅解,使纠纷得到解决的方式。民间调解达成的协议不具有强制约束力。

(2) 行政调解,是指在有关行政机关的主持下,依据相关法律、行政法规、规章及政策,处理纠纷的方式。行政调解达成的协议也不具有强制约束力。

(3) 法院调解,是指在人民法院的主持下,在双方当事人自愿的基础上,以制作调解书的形式,从而解决纠纷的方式。调解书经双方当事人签收后,即具有法律效力。

(4) 仲裁调解,即仲裁庭在作出裁决前进行调解的解决纠纷的方式。当事人自愿调解的,仲裁庭应当调解。仲裁的调解达成协议,仲裁庭应当制作调解书或者根据协议的结果制作裁决书。调解书与裁决书具有同等法律效力,调解书经当事人签收后即发生法律效力。

第三节 仲裁制度

一、仲裁制度概述

(一) 仲裁的概念

仲裁指发生争议的当事人(申请人与被申请人),根据其达成的仲裁协议,自愿将该争议提交中立的第三者(仲裁机构)进行裁判的争议解决的方式。

在我国,《中华人民共和国仲裁法》(以下简称《仲裁法》)是调整和规范仲裁制度的基本法律,但《仲裁法》的调整范围仅限于民商事仲裁,即"平等主体的公民、法人和其他组织之间发生的合同纠纷和其他财产权纠纷"仲裁,劳动争议仲裁和农业承包合同纠纷仲裁不受《仲裁法》的调整。此外,根据《仲裁法》第三条的规定,下列纠纷不能仲裁:(1)婚姻、收养、监护、扶养、继承纠纷;(2)依法应当由行政机关处理的行政争议。

(二) 仲裁的基本特点

作为一种解决财产权益纠纷的民间性裁判制度,仲裁既不同于解决同类争议的司法、行政途径,也不同于人民调解委员会的调解和当事人的自行和解。其具有以下特点。

1. 自愿性

当事人的自愿性是仲裁最突出的特点。仲裁以双方当事人的自愿为前提,即当事人之间的纠纷是否提交仲裁,交与谁仲裁,仲裁庭如何组成,由谁组成,以及仲裁的审理方式、开庭形式等都是在当事人自愿的基础上,由双方当事人协商确定的。因此,仲裁是最能充分体现当事人意思自治原则的争议解决方式。

2. 专业性

民商事纠纷往往涉及特殊的知识领域,会遇到许多复杂的法律、经济贸易和有关的技术性问题,故专家裁判更能体现专业权威性。因此,具有一定专业水平和能力的专家担任仲裁员,对当事人之间的纠纷进行裁决是仲裁公正性的重要保障。专家仲裁是民商事仲裁的重要特点之一。

3. 灵活性

由于仲裁充分体现当事人的意思自治,仲裁中的许多具体程序都是由当事人协商确定和选择的。因此,与诉讼相比,仲裁程序更加灵活且更具弹性。

4. 保密性

仲裁以不公开审理为原则,有关的仲裁法律和仲裁规则也同时规定了仲裁员及仲裁秘书人员的保密义务。仲裁的保密性较强。

5. 快捷性

仲裁实行一裁终局制,仲裁裁决一经仲裁庭作出即发生法律效力。这使当事人之间的纠纷能够迅速得以解决。

6. 经济性

仲裁的经济性主要表现在:时间上的快捷性使得仲裁所需费用相对减少;仲裁无须多审级收费,使得仲裁费往往低于诉讼费;仲裁的自愿性、保密性使当事人之间通常没有激烈的对抗,且商业秘密不必公之于众,对当事人之间今后的商业机会影响较小。

7. 独立性

仲裁机构独立于行政机构,仲裁机构之间也无隶属关系,仲裁庭独立进行仲裁,不受任何机关、社会团体和个人的干涉。不受仲裁机构的干涉,显示出最大的独立性。

二、仲裁协议

在民商事仲裁中,仲裁协议是仲裁的前提,没有仲裁协议,就不存在有效的仲裁。

(一)仲裁协议的概念

仲裁协议是指当事人自愿将他们之间已经发生或者可能发生的争议提交仲裁解决的协议。

仲裁协议法律效力表现为以下方面。

1. 对双方当事人的法律效力

仲裁协议是双方当事人就纠纷解决方式达成的一致意思表示。发生纠纷后,当事人只能通过向仲裁协议中所确定的仲裁机构申请仲裁的方式解决纠纷,而丧失了就该纠纷提起诉讼的权利。如果一方当事人违背仲裁协议就该争议起诉的,另一方当事人有权要求法院停止诉讼,法院也应当驳回当事人的起诉。

2. 对法院的法律效力

有效的仲裁协议可以排除法院对订立于仲裁协议中的争议事项的司法管辖权,这是仲裁协议法律效力的重要体现。

3. 对仲裁机构的效力

仲裁协议是仲裁委员会受理仲裁案件的依据,没有仲裁协议就没有仲裁机构对案件的管辖权。同时,仲裁机构的管辖权又受到仲裁协议的严格限制。仲裁庭只能对当事人在仲裁协议中约定的争议事项进行仲裁,而对仲裁协议约定范围之外的其他争议无权仲裁。

(二) 仲裁协议的内容

合法有效的仲裁协议应当具备以下法定内容:

1. 请求仲裁的意思表示

这是仲裁协议的首要内容,因为当事人以仲裁方式解决纠纷的意愿正是通过请求仲裁的意思表示体现出来的。对仲裁协议中意思表示的要求是明确、肯定的。

2. 仲裁事项

仲裁事项是当事人提交仲裁的具体争议事项。仲裁庭只能在仲裁协议确定的仲裁事项的范围内进行仲裁,超出这一范围进行仲裁,所作的仲裁裁决,经一方当事人申请,法院可以不予执行或者撤销。按照《仲裁法》的规定,对仲裁事项没有约定或者约定不明的,当事人应就此达成补充协议,达不成补充协议的,仲裁协议无效。

3. 选定的仲裁委员会

仲裁委员会是受理仲裁案件的机构。由于仲裁没有法定管辖的规定,因此,仲裁委员会是由当事人自主选定的。如果当事人在仲裁协议中不选定仲裁委员会,仲裁就无法进行。

(三) 仲裁协议效力的确认

1. 确认方式

当事人对仲裁协议效力有异议的,应当在仲裁庭首次开庭前提出。当事人既可以请求仲裁委员会作出决定,也可以请求人民法院裁定。一方请求仲裁委员会作出决定,另一方请求人民法院作出裁定的,由人民法院裁定。

当事人协议选择国内的仲裁机构仲裁后,一方对仲裁协议的效力有异议请求人民法院裁定的,由该仲裁委员会所在地的中级人民法院管辖。当事人对仲裁委员会没有约定或者约定不明的,由被告所在地的中级人民法院管辖。

当事人对仲裁协议的效力有异议,一方申请仲裁机构确认协议有效,另一方请求人民法院确认仲裁协议无效,如果仲裁机构先于人民法院接受申请并已作出决定,人民法院不予受理;如果仲裁机构接受申请后尚未作出决定,人民法院应予受理,同时通知仲裁机构中止仲裁。

2. 仲裁协议无效的情形

仲裁协议在下列情形下无效:

以口头方式订立的仲裁协议无效。仲裁协议必须以书面方式订立,以口头方式订立的仲裁协议不受法律保护。

约定的仲裁事项超过法律规定的仲裁范围。根据法律规定,婚姻、收养、监护、扶养、继承纠纷以及依法应当由行政机关处理的行政争议不能仲裁。

无民事行为能力人或者限制行为能力人订立的仲裁协议无效。

一方采取胁迫手段,迫使对方订立仲裁协议的,该仲裁协议无效。

仲裁协议对仲裁事项、仲裁委员会没有约定或者约定不明确,当事人对此又达不成补充协议的,仲裁协议无效。

仲裁协议无效,使得仲裁协议不再具有约束力。当事人之间的纠纷既可以通过诉讼方式解决,也可以重新达成仲裁协议以仲裁的方式解决。对于法院来说,由于排斥司法管辖权的原因已经消失,法院对于当事人的纠纷恢复了管辖权,而仲裁机构则因仲裁协议的无效不能对当事人之间的纠纷进行审理和裁决。

三、仲裁程序

仲裁程序即仲裁委员会对当事人提请仲裁的争议案件进行审理并作出仲裁裁决,以及当事人为解决争议案件进行仲裁活动所遵守的程序规定。

(一)申请仲裁

当事人申请仲裁必须符合下列条件:(1)存在有效的仲裁协议;(2)有具体的仲裁请求、事实和理由;(3)属于仲裁委员会的受理范围。

当事人申请仲裁,应当向仲裁委员会递交仲裁协议、仲裁申请书及副本。

(二)审查与受理

仲裁委员会收到仲裁申请书之日起5日内经审查认为符合受理条件的,应当受理,并通知当事人;认为不符合受理条件的,应当书面通知当事人不予受理,并说明理由。如果仲裁委员会在审查中发现仲裁申请书有欠缺,应当让申请人予以完备;如果认为仲裁协议需要补充,也应当让当事人补充仲裁协议。仲裁委员会自当事人递交经完备的仲裁申请书或者补充仲裁协议之日起5日内予以受理。

(三)组成仲裁庭

仲裁庭是行使仲裁权的主体。在我国,仲裁庭的组成形式有两种,即合议仲裁庭和独任仲裁庭。仲裁庭的组成必须按照法定程序进行。

1. 仲裁庭形式的确定

当事人收到仲裁委员会的仲裁规则和仲裁员名册后,应约定仲裁庭的组成形式,并在仲裁规则规定的期间内加以确定。对于仲裁庭的组成形式,当事人既可以选择合议仲裁庭,也可以选择独任仲裁庭。如果当事人没有在仲裁规则规定的期限内约定仲裁庭形式,则由仲裁委员会主任指定。

2. 仲裁员的产生

根据《仲裁法》,当事人约定由3名仲裁员组成仲裁庭的,应当各自选定或者各自委托仲裁委员会主任指定1名仲裁员,第三名仲裁员由当事人共同选定或者共同委托仲裁委员会主任指定。第三名仲裁员是首席仲裁员。

独任仲裁员应当由当事人共同选定或者共同委托仲裁委员会主任指定该独任仲裁员。当事人没有在规定期限内选定的,由仲裁委员会主任指定。

(四)仲裁审理

仲裁审理的主要任务是审查、核实证据,查明案件事实,分清是非责任,正确适用法律,确认当事人之间的权利义务关系,解决当事人之间的纠纷。

1. 仲裁审理的方式

仲裁审理的方式可以分为开庭审理和书面审理两种。所谓开庭审,是指在仲裁庭的主持下,在双方当事人和其他仲裁参与人的参加下,按照法定程序,对案件进行审理并作出裁决的方式。开庭审理是仲裁审理的主要方式。开庭审理不公开进行,当事人协议公开的,可以公开进行,但涉及国家秘密的除外。

所谓书面审理是指在双方当事人及其他仲裁参与人不到庭参加审理的情况下,仲裁庭根据当事人提供的仲裁申请书、答辩书以及其他书面材料作出裁决的过程。书面审理是开庭审理的必要补充。

2. 开庭通知

仲裁委员会应当在仲裁规则规定的期限内将开庭日期通知双方当事人。向双方当事人通知开庭日期是仲裁程序的重要环节,它有利于切实保障当事人参加仲裁审理的权利。如果申请人经书面通知,无正当理由不到庭可以视为撤回仲裁申请;被申请人经书面通知,无正当理由不到庭可以缺席裁决。

3. 开庭审理程序

(1) 开庭仲裁,由首席仲裁员或者独任仲裁员宣布开庭。随后,首席仲裁员或者独任仲裁员核对当事人,宣布案由,宣布仲裁庭组成人员和记录人员名单,告知当事人有关权利义务,询问是否提出回避申请。

(2) 开庭调查,仲裁庭通常按照下列顺序进行开庭调查:当事人陈述;证人作证;出示书证、物证和视听资料;宣读勘验笔录、现场笔录;宣读鉴定结论。

(3) 当事人辩论,当事人在仲裁过程中有权辩论。辩论终结时,首席仲裁员或者独任仲裁员应当征询当事人的最后意见。当事人辩论是开庭审理的重要程序。辩论通常按照下列顺序进行:申请人及其代理人发言;被申请人及其代理人发言;双方相互辩论。

在仲裁程序中,仲裁申请人和被申请人都应当按时出庭,未经仲裁庭许可不得中途退庭。否则,对申请人经书面通知,无正当理由不到庭或者未经仲裁庭许可中途退庭的,视为撤回仲裁申请;对被申请人经书面通知,无正当理由不到庭或者未经仲裁庭许可中途退庭的,则按缺席裁决。

(4) 仲裁和解、调解。仲裁和解,是指仲裁当事人通过协商,自行解决已提交仲裁的争议事项的行为。《仲裁法》规定,当事人申请仲裁后,可以自行和解。当事人达成和解协议的,可以请求仲裁庭根据和解协议作出裁决书,也可以撤回仲裁申请。如果当事人撤回仲裁申请后反悔的,则可以仍根据原仲裁协议申请仲裁。

仲裁调解,是指在仲裁庭的主持下,仲裁当事人在自愿协商、互谅互让基础上达成协议从而解决纠纷的一种制度。《仲裁法》规定,在作出裁决前可以先行调解。当事人自愿调解的,仲裁庭应当调解。调解不成的,应当及时作出裁决。

经仲裁庭调解,双方当事人达成协议的,仲裁庭应当制作调解书,经双方当事人签收后即发生法律效力。如果在调解书签收前当事人反悔的,仲裁庭应当及时作出裁决。仲裁庭除了可以制作仲裁调解书之外,也可以根据协议的结果制作裁决书。调解书与裁决书具有同等的法律效力。

(5) 仲裁裁决,是指仲裁庭对当事人之间所争议的事项进行审理后所作出的终局的权威性判定。仲裁裁决的作出,标志着当事人之间的纠纷的最终解决。

仲裁裁决是由仲裁庭作出的。独任仲裁庭审理的案件由独任仲裁员作出仲裁裁决。合议仲裁庭审理的案件由3名仲裁员集体作出仲裁裁决。当仲裁庭成员不能形成一致意见时,按多数仲裁员的意见作出仲裁裁决;在仲裁庭无法形成多数意见时,按首席仲裁员的意见作出裁决。

仲裁裁决书是仲裁庭对纠纷案件作出裁决的法律文书。根据《仲裁法》第五十四条的规定,裁决书应当写明仲裁请求、争议事实、裁决理由、裁决结果、仲裁费用的负担和裁决日期。当事人协议不愿写明争议事实和裁决理由的,可以不写。裁决书由仲裁员签名,加盖仲裁委员会的印章。对仲裁裁决持不同意见的仲裁员可以不签名。

仲裁裁决从裁决书作出之日起发生法律效力。其效力体现在以下几点:(1)当事人不得就已经裁决的事项再行申请仲裁,也不得就此提起诉讼;(2)仲裁机构不得随意变更已经生效的仲裁裁决;(3)其他任何机关或个人均不得变更仲裁裁决;(4)仲裁裁决具有执行力。

四、仲裁裁决的撤销

仲裁实行一裁终局制度,仲裁裁决一经作出,即发生法律效力。如果仲裁裁决发生错误就必然损害当事人的合法权益,而仲裁制度没有内部的监督制度,因此,只能由法院进行外部监督,具体体现在仲裁裁决的撤销与不予执行。

仲裁裁决撤销,是指对符合法定应予撤销情形的仲裁裁决,当事人申请,人民法院裁定撤销仲裁裁决的行为。

(一) 撤销仲裁裁决的条件

仲裁裁决作出后,撤销仲裁裁决必须符合下列条件。

(1) 提出撤销仲裁裁决申请的主体必须是仲裁当事人。

(2) 必须向有管辖权的人民法院提出撤销的申请。根据规定,当事人申请撤销仲裁裁决,必须向仲裁委员会所在地的中级人民法院提出。

(3) 必须在法定的期限内提出撤销申请。我国仲裁法规定,当事人申请撤销仲裁裁决的,应当自收到裁决书之日起6个月内提出。

(4) 必须有证据证明仲裁裁决有法律规定的应予撤销的情形。

(二) 法律规定应当撤销仲裁裁决的情形

(1) 没有仲裁协议;

(2) 仲裁的事项不属于仲裁协议约定的范围或者仲裁委员会无权仲裁；
(3) 仲裁庭的组成或者仲裁的程序违反法定程序；
(4) 仲裁裁决所依据的证据是伪造的；
(5) 对方当事人隐瞒了足以影响公正裁决的证据；
(6) 仲裁员在仲裁该案时有索贿、徇私舞弊、枉法裁决的行为。

五、仲裁裁决的执行

仲裁裁决能否得到执行事关当事人实体权利的实现。在裁决履行期限内,若义务方不履行仲裁裁决,权利方可申请人民法院强制执行,义务方也可提出证明仲裁裁决有法定不予执行的情形,请求人民法院不予执行。

(一) 仲裁裁决的执行主体

仲裁裁决的执行,是指人民法院经当事人申请,采取强制措施将仲裁裁决书中的内容付诸实现的行为和程序。

义务方在规定的期限内不履行仲裁裁决时,权利方在符合前述条件的情况下,有权请求人民法院强制执行。当事人申请执行时应当向人民法院递交申请书,在申请书中应说明对方当事人的基本情况以及申请执行的事项和理由,并向法院提交作为执行依据的生效仲裁裁决书或仲裁调解书。受申请的人民法院应当根据民事诉讼法规定的执行程序予以执行。有关执行程序,参见民事诉讼部分。

(二) 仲裁裁决的不予执行

人民法院接到当事人的执行申请后,应当及时按照仲裁裁决予以执行。但是,如果被申请执行人提出证据证明仲裁裁决有法定不予执行情形的,被申请执行人可以请求人民法院不予执行该仲裁裁决,人民法院组成合议庭审查核实后,裁定不予执行。根据仲裁法和民事诉讼法的规定,对国内仲裁而言,不予执行仲裁裁决的情形如下。

(1) 当事人在合同中没有仲裁条款或者事后没有达成书面仲裁协议的；
(2) 裁决的事项不属于仲裁协议的范围或者仲裁机构无权仲裁的；
(3) 仲裁庭的组成或者仲裁的程序违反法定程序的；
(4) 认定事实的主要证据不足的；
(5) 适用法律确有错误的；
(6) 仲裁员在仲裁该案时有索贿受贿、徇私舞弊、枉法裁决行为的。

人民法院经组成合议庭审查核实仲裁裁决,确认有以上情形之一的,应当作出不予执行的裁定,并将此裁定送达双方当事人和仲裁委员会。如果人民法院发现仲裁机构作出的调解书确有错误,也应当不执行。仲裁裁决被人民法院依法裁定不予执行的,当事人不能申请人民法院再审。就该纠纷双方当事人可以重新达成仲裁协议,并依据该仲裁协议申请仲裁,也可以向人民法院提起诉讼。

仲裁制度案例

第四节　民事诉讼制度

一、民事诉讼概述

(一) 民事诉讼的概念

民事诉讼,是指人民法院在当事人和其他诉讼参与人的参加下,以审理、裁判、执行等方式解决民事纠纷的活动。

在我国,《中华人民共和国民事诉讼法》(以下简称《民事诉讼法》)是调整和规范法院和诉讼参与人的各种民事诉讼活动的基本法律。

诉讼参与人包括原告、被告、第三人、证人、鉴定人、勘验人等。

(二) 民事诉讼的基本特点

与调解、仲裁这些非诉讼解决纠纷的方式相比,民事诉讼有以下特征。

1. 公权性

民事诉讼是由法院代表国家行使审判权解决民事争议的。它既不同于群众自治组织性质的人民调解委员会以调解方式解决纠纷,也不同于由民间性质的仲裁委员会以仲裁方式解决纠纷。

2. 强制性

民事诉讼的强制性,既表现在案件的受理上又反映在裁判的执行上。调解、仲裁均建立在当事人自愿的基础上,只要有一方不愿意选择上述方式解决争议,调解、仲裁就无从进行。民事诉讼则不同,只要原告起诉符合《民事诉讼法》规定的条件,无论被告是否愿意,诉讼均会发生。同时,若当事人不自动履行生效裁判所确定的义务,法院可以依法强制执行。

3. 程序性

民事诉讼是依照法定程序进行的诉讼活动,无论是法院还是当事人或者其他诉讼参与人,都应按照《民事诉讼法》设定的程序实施诉讼行为,违反诉讼程序常常会引起一定的法律后果。而人民调解没有严格的程序规则,仲裁虽然也需要按预先设定的程序进行,但其程序相当灵活,当事人对程序的选择权也较大。

二、民事诉讼法

民事诉讼是以司法方式解决平等主体之间的纠纷,是由法院代表国家行使审判权解决民事争议的方式。民事诉讼是解决民事纠纷的最终方式,只要没有仲裁协议的民事纠纷最终都是可以通过民事诉讼解决的。

民事诉讼由《民事诉讼法》调整,民事诉讼法的基本制度包括以下内容。

1. 合议制度

合议制度,是指由3人以上单数人员组成合议庭,对民事案件进行集体审理和评议裁判的制度。合议庭评议案件,实行少数服从多数的原则。在民事诉讼过程中,除适用简易程序由审判员一人独任审判以外,均采用合议制度。

2. 回避制度

回避制度是指为了保证案件的公正审判而要求与案件有一定利害关系的审判人员或其他有关人员不得参与本案的审理活动或诉讼活动的审判制度。

3. 公开审判制度

公开审判制度,是指人民法院审理民事案件,除法律规定的情况外,审判过程及结果应当向社会公开的制度。

4. 两审终审制度

两审终审制度是指一个民事案件经过两级法院审理就宣告终结的制度。最高人民法院作出的一审判决、裁定为终审判决、裁定。另外,根据《民事诉讼法》,适用特别程序、督促程序、公示催告程序和企业法人破产还债程序审理的案件,实行一审终审。

三、诉讼管辖制度

民事诉讼中的管辖,是指各级法院之间和同级法院之间受理第一审民事案件的分工和权限。

(一)级别管辖

级别管辖,是指按照一定的标准,划分上下级法院之间受理第一审民事案件的分工和权限。《民事诉讼法》主要根据案件的性质、复杂程度和案件影响来确定级别管辖。各级人民法院都管辖第一审民事案件。

(1)基层人民法院管辖第一审民事案件,法律另有规定除外。

(2)中级人民法院管辖下列第一审民事案件:重大涉外案件;在本辖区有重大影响的案件;最高人民法院确定由中级人民法院管辖的案件。

(3)高级人民法院管辖在本辖区有重大影响的第一审民事案件。

(4)最高人民法院管辖下列第一市民事案件:在全国有重大影响的案件;认为应当由本院审理的案件。

（二）地域管辖

地域管辖，是指按照各法院的辖区和民事案件的隶属关系，划分同级法院受理第一审民事案件的分工和权限。地域管辖实际上是着重于法院与当事人、诉讼标的以及法律事实之间的隶属关系和关联关系来确定的，主要包括以下几种情况。

1. 一般地域管辖

一般地域管辖，通常实行"原告就被告"原则，即以被告住所地作为确定管辖的标准。

2. 特殊地域管辖

特殊地域管辖，是指以被告住所地、诉讼标的所在地或法律事实所在地为标准确定的管辖。《民事诉讼法》规定了9种特殊地域管辖的诉讼，其中与建设工程关系最为密切的是因合同纠纷提起的诉讼。

3. 专属管辖

专属管辖，是指法律规定某些特殊类型的案件专门由特定的法院管辖。专属管辖是排他性管辖，排除了诉讼当事人协议选择管辖法院的权利。专属管辖与一般地域管辖和特殊地域的关系是：凡法律规定为专属管辖的诉讼，均适用专属管辖。

（三）移送管辖和指定管辖

1. 移送管辖

人民法院发现受理的案件不属于本院管辖的，应当移送有管辖权的人民法院，受移送的人民法院应当受理。受移送的人民法院认为受移送的案件依照规定不属于本院管辖的，应当报请上级人民法院指定管辖，不得再自行移送。

2. 指定管辖

有管辖权的人民法院由于特殊原因，不能行使管辖权的，由上级人民法院指定管辖。人民法院之间因管辖权发生争议，由争议双方协商解决；协商解决不了的，报请他们的共同上级人民法院指定管辖。

（四）管辖权异议

管辖权异议，是指当事人向受诉法院提出的该法院对案件无管辖权的主张。《民事诉讼法》第三十八条规定，人民法院受理案件后，当事人对管辖权有异议的，应当在提交答辩状期间提出。人民法院对当事人提出的异议，应当审查。异议成立的，裁定将案件移交有管辖权的人民法院；异议不成立的，裁定驳回。

四、诉讼回避制度

根据《民事诉讼法》第四十五条规定，审判人员、书记员、翻译人员、鉴定人、勘验人有下列情形之一的，必须回避，当事人有权用口头或者书面方式申请回避：（1）是本案当事人或者当事人、诉讼代理人的近亲属；（2）与本案有利害关系；（3）与本案当事人有其他关系,可能影响对案件公正审理的。

根据《民事诉讼法》的有关规定,当事人提出回避申请,应当说明理由,在案件开始审理时提出。回避事由在案件开始审理后知道的,也可以在法庭辩论终结前提出。院长担任审判长时的回避,由审判委员会决定;审判人员的回避,由院长决定;其他人员的回避,由审判长决定。人民法院对当事人提出的回避申请,应当在申请提出的三日内,以口头或者书面形式作出决定。申请人对决定不服的,可以在接到决定时申请复议一次。复议期间,被申请回避的人员,不停止参与本案的工作。人民法院对复议申请,应当在三日内作出复议决定,并通知复议申请人。

五、审判程序

审判程序是民事诉讼法规定的最为重要的内容,它是人民法院审理案件适用的程序,可以分为一审程序、二审程序和审判监督程序。

(一) 一审程序

一审程序包括普通程序和简易程序,普通程序是指人民法院审理第一审民事案件通常适用的程序。普通程序是第一审程序中最基本的程序,具有独立性和广泛性,是整个民事审判程序的基础。本节主要介绍普通程序,普通程序分以下几个阶段。

1. 起诉

起诉,是指公民、法人和其他组织在其民事权益受到侵害或者发生争议时,请求人民法院通过审判给予司法保护的诉讼行为。起诉是当事人获得司法保护的手段,也是人民法院对民事案件行使审判权的前提。

依照《民事诉讼法》第一百零八条的规定,起诉必须符合下列条件:(1)原告是与本案有直接利害关系的公民、法人和其他组织;(2)有明确的被告;(3)有具体的诉讼请求和事实、理由;(4)属于人民法院受理民事诉讼的范围和受诉人民法院管辖。

起诉的方式分书面形式和口头形式两种。《民事诉讼法》第一百零九条第一款规定,起诉应向人民法院递交起诉状。由此可见,《民事诉讼法》规定的起诉形式是以书面为原则的。但当事人书写起诉状有困难的,也可口头起诉,由人民法院记入笔录,并告知对方当事人。

2. 审查与受理

人民法院对原告的起诉情况进行审查后,认为符合起诉条件的,即应在7日内立案,并通知当事人。认为不符合起诉条件的,应当在7日内裁定不予受理,原告对不予受理裁定不服的,可以提起上诉。如果人民法院在立案后发现起诉不符合法定条件的,裁定驳回起诉,当事人对驳回起诉不服的,可以上诉。

3. 审理前的准备

审理前的准备,是指人民法院接受原告起诉并决定立案受理后,在开庭审理之前,由承办案件的审判员依法所做的各种准备工作。

经当事人申请,人民法院可以组织当事人在开庭审理前交换证据。经当事人申请,人民法院可以调查收集证据,或者在法定情况下,依职权调查收集证据或者委托外地人民法院调查。

4. 开庭审理

开庭审理是指人民法院在当事人和其他诉讼参与人参加下,对案件进行实体审理的诉讼活动。主要有以下几个步骤:

(1) 准备开庭,即由书记员查明当事人和其他诉讼参与人是否到庭,宣布法庭纪律,由审判长核对当事人,宣布开庭并公布法庭组成人员。

(2) 法庭调查阶段。根据《民事诉讼法》第一百二十四条的规定,法庭调查按照下列程序进行:①当事人陈述;②告知证人的权利义务,证人作证,宣读未到庭的证人证言;③出示书证、物证和视听资料;④宣读鉴定结论;⑤宣读勘验笔录。

这是一个证明的过程,由举证、质证、认证组成。经过庭审质证的证据,能够当即认定的应当当庭认定。未经庭审质证的证据资料不能作为定案的依据。

审判员如果认为案情已经查清,即可宣布终结法庭调查,转入法庭辩论阶段。

(3) 法庭辩论,其顺序为:原告及其诉讼代理人发言;被告及其诉讼代理人答辩;第三人及其诉讼代理人发言或答辩;相互辩论。法庭辩论终结后,由审判长按原告、被告、第三人的先后顺序征得各方面最后意见。

法庭辩论结束后,法院作出判决前,对于能够调解的,可以在事实清楚的基础上进行调解,调解不成的,应当及时判决。

5. 合议庭评议和宣判

法庭辩论结束后,调解又没达成协议的,合议庭成员退庭进行评议。评议是秘密进行的。合议庭评议完毕后应制作判决书,宣告判决公开进行。宣告判决时,须告知当事人上诉的权利、上诉期限和上诉法院。

人民法院适用普通程序审理的案件,应在立案之日起6个月内审结,有特殊情况需延长的,由本院院长批准,可延长6个月;还需要延长的,报请上级人民法院批准。

(二) 第二审程序

第二审程序又叫终审程序,是指民事诉讼当事人不服地方各级人民法院未生效的第一审裁判,在法定期限内向上级人民法院提起上诉,上一级人民法院对案件进行审理所适用的程序。第二审程序并不是每一个民事案件的必经程序,如果当事人在案件一审过程中达成调解协议或者在上诉期内未提起上诉,一审法院的裁判就发生法律效力,第二审程序也因无当事人的上诉而无从发生,当事人的上诉是第二审程序发生的前提。

1. 上诉的提起和受理

上诉人都是第一审程序中的当事人,上诉的对象必须是依法可以上诉的判决和裁定,须在法定的上诉期限内提起

对判决不服,提起上诉的时间为15天;对裁定不服,提起上诉的期限为10天。只有当双方的上诉期都届满,均未提起上诉的,裁判才发生法律效力。

上诉应提交上诉状,当事人口头表示上诉的,也应在上诉期内补交上诉状。

上级人民法院接到上诉状后,认为符合法定条件的,应当立案审理。上诉人在第二审人民法院受理上诉后,到第二审作出终审判决以前,认为上诉理由不充分,或接受了第一审人民法院的裁判,而向第二审人民法院申请,要求撤回上诉,这种行为称为上诉的撤回。撤回是否准许,由第二审人民法院裁定。

2. 上诉的审理

第二审人民法院应当对上诉请求的有关事实和适用法律进行审查,但判决违反法律禁止性规定、侵害社会公共利益或者他人利益者除外。当事人没有提出请求的,不予审查。被上诉人在答辩中要求变更或者补充第一审判决内容的,可以不予审查。

第二审人民法院对上诉案件可以根据案件的具体情况分别采取以下两种方式进行审理:一是开庭审理,二是进行裁判。

3. 对上诉案件的裁判

第二审人民法院经过审理后根据案件的情况分别作出以下处理:

(1) 维持原判,即原判认定事实清楚,适用法律正确的,判决驳回上诉,维持原判;

(2) 依法改判,如原判决适用法律错误的,依法改判;

(3) 发回重审,即原判决违反法定程序,可能影响案件正确判决的,裁定撤销原判决,发回原审人民法院重审;

(4) 发回重审或查清事实后改判,原判决认定事实错误或原判决认定事实不清,证据不足,裁定撤销原判,发回原审人民法院重审,或查清事实后改判。

4. 二审裁判的法律效力

我国实行两审终审制度,第二审人民法院对上诉案件作出裁判后,该裁判发生如下效力:(1)当事人不得再行上诉;(2)不得就同一诉讼标的,以同一事实和理由再行起诉;(3)对具有给付内容的裁判具有强制执行的效力。

六、审判监督程序

审判监督程序即再审程序,是指由有审判监督权的法定机关和人员提起,或由当事人申请,由人民法院对发生法律效力的判决、裁定、调解书再次审理的程序。

(一) 人民法院提起再审的程序

人民法院提起再审,必须是已经发生法律效力的判决裁定确有错误。其程序为:各级人民法院院长发现本院作出的已生效的判决、裁定确有错误,认为需要再审的,应当裁定中止原判决、裁定的执行。最高人民法院对地方各级人民法院已生效的判决、裁定,上级人民法院对下级人民法院已生效的判决、裁定,发现确有错误的,有权提审或指令下级人民法院再审。再审的裁定中同时写明中止原判决、裁定的执行。

(二) 当事人申请再审的程序

当事人申请不一定引起审判监督程序,只有在同时符合下列条件的前提下,由人民法院依法决定,才可以启动再审程序。

1. 当事人申请再审的条件

根据2021年12月24日第十三届全国人民代表大会常务委员会第三十二次会议《关于修改〈中华人民共和国民事诉讼法〉的决定》第四次修正,当事人对已经发生法律效力的判决、裁定,认为有错误的,可以向上一级人民法院申请再审,但不停止判决、裁定的执行。

对违反法定程序可能影响案件正确判决、裁定的情形,或者审判人员在审理该案件时有贪污受贿、徇私舞弊、枉法裁判行为的,人民法院应当再审。

2. 当事人可以申请再审的时间

当事人申请再审,应当在判决、裁定发生法律效力后二年内提出;二年后据以作出原判决、裁定的法律文书被撤销或者变更,以及发现审判人员在审理该案件时有贪污受贿、徇私舞弊、枉法裁判行为的,自知道或者应当知道之日起三个月内提出。

(三) 人民检察院

抗诉是指人民检察院对人民法院发生法律效力的判决、裁定,发现有提起抗诉的法定情形,提请人民法院对案件重新审理。最高人民检察院对各级人民法院已经发生法律效力的判决、裁定,上级人民检察院对下级人民法院已经发生法律效力的判决、裁定,发现有符合上文当事人可以申请再审情形之一的,应当按照审判监督程序提起抗诉。地方各级人民检察院对同级人民法院已经发生法律效力的判决、裁定,发现有符合上文当事人可以申请再审情形之一的,应当提请上级人民检察院向同级人民法院提出抗诉。

七、诉讼执行

审判程序与执行程序是并列的独立程序。审判程序是产生裁判书的过程,执行程序是实现裁判书内容的过程。

(一) 执行程序的概念

执行程序,是指人民法院的执行组织依照法定的程序,对发生法律效力的法律文书确定的给付内容,以国家强制力为后盾,依法采取强制措施,迫使义务人履行义务的行为。执行应当具备以下条件:(1)执行以生效法律文书为根据;(2)执行根据必须具备给付内容;(3)执行必须以负有义务的一方当事人无故拒不履行义务为前提。

(二) 执行根据

执行根据是当事人申请执行,人民法院移交执行以及人民法院采取强制措施的依据。执行根据是执行程序发生的基础,没有执行根据,当事人不能向人民法院申请执行,人民法院也不得采取强制措施,执行根据主要有:(1)人民法院制作的发生法律效力的民事判决书、裁定书以及生效的调解书等;(2)人民法院作出的具有财产给付内容的发生法律效力的刑事判决书、裁定书;(3)仲裁机构制作的依法由人民法院执行的仲裁裁决书、生效的仲裁调解书;(4)公证机关依法作出的赋予强制执行效力的公证债权文书;(5)人民法院作出的先予执行的裁定、执行回转的裁定以及承认并协助执行外国判决、裁定或裁决的裁定;(6)我国行政机关作出的法律明确规定由人民法院执行的行政决定。

(三)执行案件的管辖

发生法律效力的民事判决、裁定,以及刑事判决、裁定中的财产部分,由第一审人民法院或者与第一审人民法院同级的被执行的财产所在地人民法院执行。

(四)执行程序

1. 申请

人民法院作出的判决、裁定等法律文书,当事人必须履行。如果无故不履行,另一方当事人可向有管辖权的人民法院申请强制执行。申请强制执行应提交申请强制执行书,并附作为执行根据的法律文书。申请强制执行,还须遵守申请执行期限。申请执行的期间为两年。申请执行时效的中止、中断,适用法律有关诉讼时效中止、中断的规定。这里的期间,从法律文书规定履行期间的最后一日起计算;法律文书规定分期履行的,从规定的每次履行期间的最后一日起计算;法律文书未规定履行期间的,从法律文书生效之日起计算。

2. 执行

人民法院的裁判生效后,由审判该案的审判人员将案件直接交付执行人员,随即开始执行程序。提交执行的案件有三类:(1)判决、裁定具有交付赡养费、抚养费、医药费等内容的案件;(2)具有财产执行内容的刑事判决书;(3)审判人员认为涉及国家、集体或公民重大利益的案件。

3. 再申请

人民法院自收到申请执行书之日起超过六个月未执行的,申请执行人可以向上一级人民法院申请执行。上一级人民法院经审查,可以责令原人民法院在一定期限内执行,也可以决定由本院执行或者指令其他人民法院执行。

(五)执行措施

执行措施是指人民法院依照法定程序强制执行生效法律文书的方法和手段。在执行中,执行措施和执行程序是合为一体的。执行员接到申请执行书或者移交执行书,应当向被执行人发出执行通知,责令其在指定的期间履行,逾期不履行的,强制执行。被执行人不履行法律文书确定的义务,并有可能隐匿、转移财产的,执行员可以立即采取强制执行措施。

(六)执行中止和终结

1. 执行中止

执行中止即在执行过程中,因发生特殊情况,需要暂时停止执行程序。有下列情况之一的,人民法院应裁定中止执行:申请人表示可以延期执行的;案外人对执行标的提出确有理由异议的;作为一方当事人的公民死亡,需要等待继承人继承权利或承担义务的;作为一方当事人的法人或其他组织终止,尚未确定权利义务承受人的;人民法院认为应当中止执行的其他情形如被执行人确无财产可供执行等。中止的情形消失后,恢复执行。

2. 执行终结

执行终结即在执行过程中,由于出现某些特殊情况,执行工作无法继续进行或没有必要继续进行时,结束执行程序。有下列情况之一的,人民法院应当裁定终结执行:申请人撤销申请的;据以执行的法律文书被撤销的;作为被执行人的公民死亡,无遗产可供执行,又无义务承担人的;追索赡养费、抚养赞、抚育费案件的权利人死亡的;作为被执行人的公民因生活困难无力偿还借款,无收入来源,又丧失劳动能力的;人民法院认为应当终结执行的其他情形。

建设工程性质认定与鉴定意见采信裁判规则案例

第五节 行政复议和行政诉讼制度

行政复议,是指行政机关根据上级行政机关对下级行政机关的监督权,在当事人的申请和参加下,按照行政复议程序对具体行政行为进行合法性和适当性审查,并作出裁决解决行政侵权争议的活动。行政复议的基本法律依据是《中华人民共和国行政复议法》(以下简称《行政复议法》)。

行政诉讼,是指人民法院应当事人的请求,通过审查行政行为合法性的方式,解决特定范围内行政争议的活动。行政诉讼的基本法律依据是《中华人民共和国行政诉讼法》(以下简称《行政诉讼法》)。行政诉讼和民事诉讼、刑事诉讼构成我国基本诉讼制度。

除法律、法规规定必须先申请行政复议的以外,行政纠纷当事人可以自由选择申请行政复议还是提起行政诉讼。行政将纠纷当事人对行政复议决定不服的,除法律规定行政复议决定为最终裁决的以外,可以依照《行政诉讼法》的规定向人民法院提起行政诉讼。

一、行政复议范围

(一)可以申请行政复议的事项

行政复议保护的是公民、法人或其他组织的合法权益。行政争议当事人认为行政机关的行政行为侵犯其合法权益的,有权依法提出行政复议申请。《行政复议法》规定,有下列情形之一的,公民、法人或者其他组织可以依照本法申请行政复议:(1)对行政机关作出的行政处罚决定不服;(2)对行政机关作出的行政强制措施、行政强制执行决定不服;(3)申请行政许可,行政机关拒绝或者在法定期限内不予答复,或者对行政机关作出的有关行政许可的其他决定不服;(4)对行政机关作出的确认自然资源的所有权或者使用权的决定不服;(5)对行政机关作出的征收征用决定及其补偿决定不服;(6)对行政机关作出的赔偿决定或者不予赔偿决定不服;(7)对行政机关作出的不予受理工伤认定申请的决定或者工伤认定结论不服;(8)认为行政机关侵犯其经营自主权或者农村土地承包经营权、农村土地经营权;(9)认为行政机关滥用行政权力排除或者限制竞争;(10)认为行政机关违法集资、摊派费用或者违法要求履行其他义务;(11)申请行政机关履行保护人身权利、财产权利、受教育权利等合法权益的法定职责,行政机关拒绝履行、未依法履行或者不予答复;(12)申请行政机关依法给付抚恤金、社会保险待遇或者最低生活保障等社会保障,行政机关没有依法给付;(13)认为行政机关不依法订立、不依法履行、未按照约定履行或者违法变更、解除政府特许经营协议、土地房屋征收补偿协议等行政协议;(14)认为行政机关在政府信息公开工作中侵犯其合法权益;(15)认为行政机关的其他行政行为侵犯其合法权益。

(二) 不得申请行政复议的事项

下列事项应按规定的纠纷处理方式解决,而不能提起行政复议。

(1) 行政机关的行政处分或者其他人事处理决定。当事人不服行政机关作出的行政处分的,应当依照有关法律、行政法规的规定(如《中华人民共和国国家公务员法》等)提起申诉。

(2) 行政机关对民事纠纷作出的调解或者其他处理。当事人不服行政机关对民事纠纷作出的调解或者处理,如建设行政管理部门对有关建设工程合同争议进行的调解、劳动部门对劳动争议的调解、公安部门对治安争议的调解等,当事人应当依法申请仲裁,或者向法院提起民事诉讼。

二、行政复议程序

根据《行政复议法》的有关规定,行政复议应当遵守以下程序规则。

(一) 行政复议申请

当事人认为具体行政行为侵犯其合法权益的,可以自知道该具体行政行为之日起60日内提出行政复议申请,但法律规定的申请期限超过60日的除外。因不可抗力或者其他正当理由耽误法定申请期限的,申请期限自障碍消除之日起继续计算。

申请人对县级以上地方各级人民政府工作部门的具体行政行为不服的,申请人可以向该部门的本级人民政府申请行政复议,也可以向上一级主管部门申请行政复议。

（二）行政复议受理

行政复议机关收到复议申请后,应当在法定期限内进行审查。对不符合法律规定的行政复议申请,决定不予受理的,应书面告知申请人。行政复议期间具体行政行为不停止执行。但是,有下列情形之一的,可以停止执行:(1)被申请人认为需要停止执行的;(2)行政复议机关认为需要停止执行的;(3)申请人申请停止执行,行政复议机关认为其要求合理,决定停止执行的;(4)法律规定停止执行的。

（三）行政复议决定

申请人可以查阅被申请人提出的书面答复、作出具体行政行为的证据、依据和其他有关材料,除法律规定不得公开的情形外,行政复议机关不得拒绝。行政复议过程中,被申请人不得自行向申请人和其他有关组织或者个人收集证据。

根据《行政复议法》第六十一条的规定,行政复议机关依照本法审理行政复议案件,由行政复议机构对行政行为进行审查,提出意见,经行政复议机关的负责人同意或者集体讨论通过后,以行政复议机关的名义作出下述行政复议决定。

(1) 具体行政行为认定事实清楚,证据确凿,适用法律正确,程序合法,内容适当的,决定维持。

(2) 被申请人不履行法定职责的,决定其在一定期限内履行。

(3) 具体行政行为有下列情形之一的,决定撤销、变更或者确认该具体行政行为违法。决定撤销或者确认该具体行政行为违法的,可以责令被申请人在一定期限内重新作出具体行政行为:主要事实不清、证据不足的;适用依据错误的;违反法定程序的;超越或者滥用职权的。具体行政行为明显不当的。

(4) 被申请人不按照法律规定提出书面答复,提交当初作出具体行政行为的证据、依据和其他材料的,视为该具体行政行为没有证据、依据,决定撤销该具体行政行为。

三、行政诉讼受理范围

（一）应当受理的行政案件

人民法院受理公民、法人和其他组织对下列具体行政行为不服提起的诉讼:

(1) 对拘留、罚款、吊销许可证和执照、责令停产停业、没收财物等行政处罚不服的;

(2) 对限制人身自由或者对财产的查封、扣押、冻结财产等行政强制措施不服的;

(3) 认为行政机关侵犯法律规定的经营自主权的;

(4) 认为符合法定条件申请行政机关颁发许可证和执照,行政机关拒绝颁发或者不予答复的;

(5) 申请行政机关履行保护人身权、财产权的法定职责,行政机关拒绝履行或者不予答复的;

(6) 认为行政机关没有依法发给抚恤金的;

(7) 认为行政机关违法要求履行其他义务的；
(8) 认为行政机关侵犯其他人身权、财产权的。

(二) 不予受理的行政案件

人民法院不予受理公民、法人或者其他组织对下列事项提起的诉讼：
(1) 国防、外交等国家行为；
(2) 行政法规、规章或者行政机关制定、发布的具有普遍约束力的决定、命令；
(3) 行政机关对行政机关工作人员的奖惩、任免等决定；
(4) 法律规定由行政机关最终裁决的具体行政行为。

四、行政诉讼程序

行政诉讼程序是国家审判机关为解决行政争议，运用司法程序而依法实施的整个诉讼行为及其过程。它包括第一审程序、第二审程序和审判监督程序。但并非每个案件都必须全部经过三个程序。

(一) 第一审程序

1. 起诉

起诉的条件：根据《行政诉讼法》第四十九条的规定，提起行政诉讼应符合以下条件：原告是认为具体行政行为侵犯其合法权益的公民、法人或者其他组织；有明确的被告；有具体的诉讼请求和事实根据；属于人民法院受案范围和受诉人民法院管辖。

起诉的期限：申请人不服行政复议决定的，可以在收到行政复议决定书之日起15日内向人民法院提起诉讼。复议机关逾期不做决定的，申请人可以在复议期满之日起15日内起诉，法律另有规定的从其规定。公民、法人或者其他组织直接向人民法院提起公诉的，应当在知道做出具体行政行为之日起3个月内提出，法律另有规定的除外。起诉应以书面形式进行。

2. 受理

受理是指人民法院对公民、法人或者其他组织的起诉进行审查，认为符合法律规定的起诉条件而决定立案并予审理的诉讼行为。对起诉审查的内容包括：法定条件、法定起诉程序、法定起诉期限、是否重复起诉等。

人民法院接到起诉状后应当在7日内审查立案或者裁定不予受理。原告对裁定不服的可以提起上诉。

3. 审理前的准备

人民法院审理行政案件，由审判员组成合议庭，或者由审判员、陪审员组成合议庭。合议庭成员，应当是3人以上的单数。人民法院应当在立案之日起5日内，将起诉状副本发送被告，被告应当在收到起诉状副本之日起10日内向人民法院提交做出具体行为的有关材料，并提交答辩状。人民法院应当在收到答辩状之日起5日内，将答辩状副本发送原告，被告不提出答辩状的不影响人民法院审理。

4. 开庭审理

开庭审理是指在审判人员的主持下,在当事人和其他诉讼参与人的参加下,依法定程序对行政案件进行审理并作出裁判的诉讼活动。开庭审理分为:审理开始阶段、法庭调查阶段、法庭辩论阶段、合议庭评议阶段和判决裁定阶段。

人民法院作出一审判决可分为四种形式。

(1) 维持原判,具体行政行为证据确凿,适用法律正确,符合法定程序的,判决维持。

(2) 撤销判决,即撤销或者部分撤销并责令重新作出具体行政行为。撤销判决的条件是:主要证据不足的;适用法律、法规错误的;违反法定程序的;超越职权、滥用职权的。有上述情况之一的,可作出撤销判决。

(3) 履行判决,即责令被告限期履行法定职责的判决。

(4) 变更判决,即变更显失公平的行政处罚的判决。当事人对第一审判决不服的,有权在判决书送达之日起15日内向上一级人民法院提起上诉,逾期不上诉的,一审判决即发生法律效力。

(二) 第二审程序

第二审程序是人民法院对下级人民法院第一审案件所作出的判决、裁定在发生法律效力之前,基于当事人的上诉,依据事实和法律,对案件进行审理的程序。二审法院审理上诉案件,除《行政诉讼法》有特别规定外,均适用一审程序的规定。

1. 上诉期限

当事人不服人民法院第一审判决的,有权在判决书送达之日起15日内向上一级人民法院提起上诉。当事人不服人民法院第一审裁定的,有权在裁定书送达之日起10日内向上一级人民法院提起上诉。逾期不提起上诉的,人民法院的第一审判决或者裁定发生法律效力。

2. 审理方式

人民法院对上诉案件,认为事实清楚的,可以实行书面审理。

3. 上诉的判决

人民法院审理上诉案件,按照下列情形,分别处理:

(1) 原判决认定事实清楚,适用法律、法规正确的,判决驳回上诉,维持原判。

(2) 原判决认定事实清楚,但是适用法律、法规错误的,依法改判。

(3) 原判决认定事实不清,证据不足,或者由于违反法定程序可能影响案件正确判决的,裁定撤销原判,发回原审人民法院重审,也可以查清事实后改判。当事人对重审案件的判决、裁定,可以上诉。

第二审判决、裁定,是终审判决、裁定。当事人对已经发生法律效力的判决、裁定,认为确有错误的,可以提出申诉,申请再审,但判决、裁定不停止执行。

(三) 执行

《行政诉讼法》第九十四条规定,当事人必须履行人民法院发生法律效力的判决、裁定、调解书。原告拒绝履行判决、裁定的,被告行政机关可以向第一审法院申请强制执行,或者依法强制执行。被告行政机关拒绝履行判决、裁定的,第一审法院可以采取以下措施:

(1) 对应当归还的罚款或者应当给付的赔偿金,通知银行从该行政机关的账户内划拨;

(2) 在规定期限内不履行的,从期满之日起,对该行政机关按日处以罚款;

(3) 向该行政机关的上一级行政机关或者监察、人事机关提出司法建议。接受司法建议的机关,根据有关规定进行处理,并将处理情况告知人民法院;

(4) 拒不履行判决、裁定,情节严重构成犯罪的,依法追究主管人员和直接责任人员的刑事责任。

本章小结

本章主要介绍建设工程纠纷解决制度。

建设工程纠纷分为建设工程民事纠纷和建设工程行政纠纷。民事纠纷主要是合同纠纷、侵权纠纷。建设工程民事纠纷的处理方式主要有四种:分别是和解、调解、仲裁、诉讼。行政纠纷的法律解决途径主要有两种,即行政复议和行政诉讼。

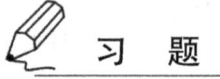

习 题

一、简答题

1. 民事纠纷的法律解决途径有哪些?
2. 仲裁协议的内容有哪些?
3. 什么是行政复议和行政诉讼?

二、案例分析题

2020年5月5日A建筑公司与B房地产公司签署建筑施工协议,该协议约定B公司将其开发的某楼盘工程委托A公司施工,付款方式为:部分工程款以建成后房屋中的5套抵顶,B公司保证所抵顶房屋销售手续合法有效。2021年2月22日,陈某与A公司签订房屋销售合同,约定:陈某购买B公司抵给A公司的一套600平方米房屋,单价为5000元/平方米,价款为300万元;合同签订之日起三日内交付首付款150万元,余款通过银行按揭方式,在2021年9月1日房屋交付使用前支付。根据A公司与B公司之前的约定,房屋的销售许可证、银行按揭、产权办理等手续系由B公司协助陈某办理。合同签订当日,陈某即向A公司交付首付款150元。后因A公司与B公司间建设工程施工合同产生纠纷,B公司未履行建筑施工协议约定的抵顶义务,致使陈某无法办理按揭贷款和取得房屋所有权。B公司于2021年9月2日取得案涉房屋的预售许可证,于2022年7月将案涉房屋出售给案外人致使陈某无法取得涉案房屋。

2020年8月,陈某向法院提起诉讼,请求:(1)解除陈某与A公司签订的房屋销售合同;(2)判令A公司返还陈某购房款150万元及利息;(3)判令A公司与B公司连带赔偿陈某房屋增值损失886.98万元。一审诉讼中,陈某申请对案涉房屋现值进行鉴定,某房地产评估公司接受法院委托,确定案涉房屋在估价时点2019年8月16日的市场价格为1186.98万元,单价为19783元/平方米。一审法院经审理认为A公司与B公司签订的建筑施工协议有效,但未对涉案房屋的归属作出处理。此后,陈某对一审判决不服,向高级人民法院提出上诉,称原审判决认定事实错误。二审法院经审理查明原审认定的基本事实属实,另查明A公司与B公司建设工程施工合同纠纷一案,已由法院于2022年10月25日作出终审判决。二审法院认为A公司与B公司于2020年5月5日签订的建筑施工协议已经生效,判决认定其为合法有效,一审法院认定该合同有效正确。A公司与B公司建设工程施工合同纠纷一案,法院于2022年作出终审判决,认定A公司与B公司签订的建筑施工协议有效,但对涉案房屋归属未作处理。

问题:

(1)陈某与A公司签订房屋销售合同时,A公司并未实际取得涉案房屋所有权,这是否影响合同效力?为什么?

(2)陈某关于A公司与B公司连带赔偿房屋增值损失886.98万元的诉讼请求能否得到支持?为什么?

习题答案